本书系江苏省教育科学"十二五"规划2013年度重点资助课题
"政策文本与政策语境——改革开放以来的基础教育课程政策研究"
（课题批准号B-a/2013/01/025）研究成果

苏州大学省重点学科（教育学）经费资助出版

中国基础教育
课程政策三十年 (1978—2008)
基于政策语境视角

彭彩霞◎著

中国社会科学出版社

图书在版编目（CIP）数据

中国基础教育课程政策三十年：1978~2008：基于政策语境视角/彭彩霞著.
北京：中国社会科学出版社，2015.12
ISBN 978 - 7 - 5161 - 6243 - 9

Ⅰ.① 中…　Ⅱ.①彭…　Ⅲ.①基础教育—课程改革—教育政策—研究—
中国—1978~2008　Ⅳ.①G632.3

中国版本图书馆 CIP 数据核字（2015）第 123572 号

出 版 人	赵剑英	
责任编辑	李炳青	
责任校对	王佳玉	
责任印制	李寡寡	

出　　版	中国社会科学出版社	
社　　址	北京鼓楼西大街甲 158 号	
邮　　编	100720	
网　　址	http://www.csspw.cn	
发 行 部	010 - 84083685	
门 市 部	010 - 84029450	
经　　销	新华书店及其他书店	

印刷装订	北京金瀑印刷有限责任公司
版　　次	2015 年 12 月第 1 版
印　　次	2015 年 12 月第 1 次印刷

开　　本	710×1000　1/16
印　　张	14.5
插　　页	2
字　　数	251 千字
定　　价	48.00 元

凡购买中国社会科学出版社图书,如有质量问题请与本社联系调换
电话:010 - 84083683

目　　录

第一编　中国基础教育课程政策的
总体演进(1978—2008)

第二编　中国基础教育课程政策的
多元语境（1978—2008）

第三编　总结与省思

第四编　附录

第 一 编

中国基础教育课程政策的
总体演进（1978—2008）

第 一 章

绪　　论*

第一节　问题缘起

一　亟待关注的课程政策领域

课程学家贝哈（Behar）于 1994 年曾把整个课程领域分为 11 个部分（课程哲学、课程理论、课程研究、课程历史、课程变革、课程发展、课程设计、课程实施、课程评价、课程政策、课程），课程政策是其中一个部分①。日本京都大学教授天野正辉曾指出："当代课程研究事实上涵盖了不可分割的三个层面问题的研究，这就是：（1）课程政策研究；（2）学校课程设计的研究；（3）每个教师的课程实施问题的研究。"关于这三个层面之间的关系，课程专家白月桥认为，课程政策、课程设计和课程实施三个层面既各自独立，又密切相关。在这三者当中课程政策居于主导地位，一个国家制定课程的政策决定着这个国家课程的特点，只有对课程政策进行大的变革，才能使课程设计和课程实施有大的发展。而在以往的课程研究中，学界不仅未能清楚地揭示这三个层面的区别与联系，而且各层面中不同范畴的问题也混淆不清，没有科学地揭示三者之间的相互关系。由此，他提出，有必要对课程政策的变化、课程政策变化的社会动力、课

　＊　本章部分内容已发表,分别为：

《当代西方课程政策研究之回眸与审视》,载《清华大学教育研究》2009 年第 4 期；

《我国课程政策研究之探索:应然关注与可能思路》,载《教育理论与实践》2010 年第 6 期；

《基于政策语境视角的课程政策分析》,载《现代教育管理》2010 年第 2 期。

　①　Linda S. Behar, *The Knowledge Base of Curriculum：An Empirical Analysis*, Maryland：University Press of America, 1994.

程政策对课程变革的作用、课程政策与课程决策的相互关系等问题进行探讨。[①]

　　然而，在传统的课程研究领域，人们往往不把课程政策当作一个"学术"问题对待，而把它完全当作一种政府行为，这不仅使课程政策的科学性及发展速度受到影响，也影响了课程改革实践的质量，进而影响了课程理论体系的科学性、完整性。因此，有关课程政策的研究亟待加强。

二　课程改革与课程政策问题为学术兴趣所在

　　这一研究课题的提出也与笔者较长时间以来的学术兴趣点有关。课程与教学论是笔者的硕士专业，课程的相关问题如课程改革、课程理论等是笔者一直关注的领域。在硕士阶段的研究历程中，笔者有一个强烈意识是：我们似乎总是如国际教育改革专家富兰所言的："尚未在新一轮变革中学到什么，就匆匆奔赴下一轮。"

　　算起来，我国的课程改革频率与其他国家比起来应是不落后的，竭力在彰显着课程对不断变化的社会和时代需求的回应，在新中国成立以来的60多年里，就有8次大规模的基础教育课程改革，国家共颁发课程计划（教学计划）20余套，也就是说除了"文化大革命"期间，差不多每两年至三年都要发布一套新的课程计划。从"选修课程""核心课程"到"活动课程""校本课程"，从"小组合作学习"到"研究性学习"，从"愉快教学""成功教学"到"个性化教学""反思性教学"等，课程教学理念层出不穷。从新的课程表、新设备到新教材，体现着改革的确在不断繁荣着可触可见的、物质的产品。但这些改革究竟在多大程度上改变了传统的课程教学风貌，似乎很难对此作出理直气壮的回答。

　　由此，在课程改革的问题上，改掉浮躁、急功近利的研究心态，作一种理性、沉静的历史审视是非常必要的，历史研究通过追根溯源、爬梳剔理，往往对问题的探讨更为严谨、深厚。尤其如培根所言"历史使人明智"，历史能让我们更敏锐和智慧地面对现实。由此，博士阶段笔者选择攻读教育史专业，从历史的视角重点研究课程尤其是课程改革问题。受时间和精力的限制，这种关注侧重于文本方面，而课程改革的首要问题是制

---

　　① 白月桥：《素质教育课程构建研究》，教育科学出版社2001年版，第17页。

定正确和明确的指导思想，它往往体现在制定出来的课程政策之中。另外，课程政策不仅是理论的提升与提炼，有其理论基础，可以作为行动的指南和准则，更重要的是政策本身具有约束力，可以规定和约束实践的方向、进程和标准——鉴于对课程改革的关注集中在课程政策方面，笔者对文本的关注也就集中在课程政策方面。

三 国外学者研究视角的启发

2008 年，笔者在美国哥伦比亚大学教育学院课程与教学系访学一年，这段学习经历从多方面影响了笔者的学术研究。

首先，在资料的搜集和阅读中，美国课程史学家库本（Larry Cuban）有名的"飓风"隐喻引发了笔者的兴趣。他直言不讳地将美国大多数课程改革比作"海上的飓风"——"海上狂风大作，波涛汹涌，而海床却波澜不惊"。就是说，轰轰烈烈的课程改革的旋风在不断掀起，新的课程理念不断涌现，与此相关的理论基础也在此消彼长，但教学实践仍保持以教师为中心的稳定模式，对此他以一个多世纪以来 7000 余例课堂的研究为佐证；改革并未能真正改变"教育实践的内核"，教师如何理解知识的性质，学生在学习过程中的角色，这些知识观与学习观如何在课堂显现，等等。对于这一问题库本主要从文化的视角切入，从社会文化、学校文化、教师职业文化、教学文化等方面作出了解释，凸显了作为"海床"的已有文化的巨大"惰性"和"隐蔽性"。虽这一视角与我的研究路径不相一致，但对于其著作的阅读使我有机会切入了解课程改革的其他相关研究视角。

譬如，博依德（Boyd，W.L.）在 20 世纪 70 年代末也关注到了课程改革的问题，"在二十多年系统改革的努力之后——从 20 世纪 60 年代的新课程材料到最近联邦发起的革新项目——近来的研究（如古德莱德；Berman& MaLaughlin）已经揭示，与诸多的主张相反，真正的变化很少。我们因此需要理解这一矛盾，似乎要有很多重大变化的依据的，但如何变化却如此少"。改革为何未能致使其产生真正的变化，他从政策的视角进行了诠释，他认为，我们通常对这一问题最简明扼要的解释是政策没有得到很好的实施，但是，"在政策的制定和政策的实施之间这一极其重要的差距中，并没有说出全部真相。教育政策的制定过程自身有着抑制变革的对立因素"。① 他的这一视角启发笔者从政策制定过程方面来思考问题。

　　而在哥伦比亚大学教育学院悠久醇厚学术氛围的熏陶下,在课堂的耳濡目染中给笔者学术研究的思维方式带来最大影响则是"语境"(Context)这一术语。在一般意义上,"context"是指文字作品中有助于理解一段话或一个词的"上下文",也常翻译成"背景""情境"等。在美国,无论是教授在课堂讲授、学生之间的讨论和交流还是学者的论文或著作,都非常注重对言辞、观点或者人物、事件的具体语境、特定背景的介绍、追问和争辩,因此这是使用相当频繁的一个学术研究术语。这启示着笔者从课程政策文本产生的语境这一角度来思考问题,而不再仅仅集中于静态的文本本身。

　　在文献的阅读当中,发现有不少政策研究者对"语境"都有一定程度的关涉,比如科德(John A. Codd)就指出:"政策文本……是在一个特定的语境中建构的一种意识形态的文本。解构的任务应始于对那个语境的认知。"② 同时,政策科学的奠基人拉斯韦尔(Harold Lasswell)也强调,政策科学有三个主要属性,其第一个属性即为语境性(contextuality);英国政策社会学家史蒂芬·鲍尔(Stephen Ball)和理查德·博(Richard Bowe)提出政策文本(policy text)和政策语境(policy context)的概念,等等,都加深了笔者对这一问题的思量。

　　其次,泰勒(Sandra Taylor)和亨利(Miriam Henry)等人合著的《教育政策与变革的政治》③ 一书帮笔者打开了从"语境"切入的思路。他们认为:首先,政策语境应包括导致政策进入议程的社会经济、政治和文化的语境,与此相关的是压力群体的影响和更广泛的社会运动,它们是如何迫使政府作出清晰的声明来回应的;其次,制度和话语不能剥离于它们历史的根,除了这些语境的当下方面,还包括塑造政策的历史背景,涉及这一政策之前的发展与举措;再次,政策也是互联的(inter-textual),即它们总是与其他同类政策相关,从而需要一并考虑博尔(Ball)用来指

----

① William L. Boyd, "The Politics of Curriculum Change and Stability", *Education Researcher*, Vol. 8, No. 2, 1979.

② John A. Codd, "The Construction and Deconstruction of Educational Policy Documents", *Journal of Education Policy*, Vol. 3, No. 3, 1988.

③ Sandra Taylor, *Educational Policy and the Politics of Change*, New York: Routledge, 1997.

代"相关政策总体"的"政策群"（policy ensemble）概念;① 最后，还应该考虑全球的语境，同时，还要考虑核心人物在其中所产生的作用。总括起来，政策文本的语境关涉社会政治、经济、文化的语境、历史的与当下的语境、相关政策的影响、核心人物的作用、国际语境，等等，这些维度使笔者的研究目标和思路变得逐渐清晰。

四　改革开放以来的三十多年是课程与课程研究发展的典型时期

之所以选择改革开放以来这一时期进行研究，主要有以下几个原因。

其一，新中国成立以来尤其是改革开放以来的这几十年，是课程发展的重要时期。"文化大革命"结束后，全国共进行四次基础教育课程改革：第五次课程改革（1978—1980）；第六次课程改革（1981—1985）；第七次课程改革（1986—1997）；第八次课程改革（1998—当前）。而"在所有影响课程改革与发展的因素中，课程政策居于核心地位，它是课程改革的直接指南与动力"。② 每一次课程改革，都是课程政策调整的产物。课程政策直接影响着课程改革的发展方向，对各个阶段的课程政策的研究，也就是对各阶段的课程改革的研究。

其二，这三十多年也是课程研究迅猛发展的时期，这当然离不开课程领域在自身知识的累积与传承中的反思与创造，更是与课程改革的推行与不断深入对于理论与实践研究的大量诉求即"内需"分不开。

同时，在这一时期，西方各种课程理论也在大量的译介书籍和频繁的学术交流活动中，获得广泛的传播与关注，从政治性、种族性、女性主义课程话语到现象学、后结构主义及自传性课程话语，各种思潮与流派竞相涌入，在解读和吸收的过程中还引发了不少的论争。这一切构成了课程政策丰富的国际语境，由此，在课程政策文本中，也就出现了对他国政策话语的复制或"挪用"等现象。

---

① Stephen J. Ball, "What is Policy? Texts, Trajectories and Toolboxes", *Discourse*, Vol. 13, No. 2, 1993.

② 胡东芳:《课程政策研究》，博士学位论文，华东师范大学，2001 年。

第二节　国内外基础教育课程政策研究述评

一　国内基础教育课程政策研究的回顾与省思

(一) 研究概况——一个相对年轻的领域

在中国学术期刊网上以"课程政策"为题名检索(截至 2009 年 9 月),并剔除有关高校或职业学校课程政策、学前课程政策等,相关文献共计 64 篇,其中绝大多数文章都发表于 2000 年之后,只有 2 篇文章写于 2000 年之前,其一是《英国的课程政策与教学文化》①;其二是《略论我国基础教育课程政策的改革方向》②。在这两篇早期论文中,对于"课程政策"这一关键词并未予以任何界定,作者尚未将它作为一个专门的研究术语从而对研究对象予以严格限定的意识。

在国家图书馆馆藏书目的检索中,题名中含"课程政策"的专著共有 3 本,均属于国别研究,分别是对俄罗斯、澳大利亚和英国课程政策的研究。③

在国家图书馆和中国学术期刊网上能检索到的有关学位论文(包括台湾)共有 11 篇,其中博士学位论文 5 篇④,硕士学位论文 6 篇⑤。

---

① 徐继存:《英国的课程政策与教学文化》,《外国教育研究》1999 年第 5 期。

② 崔允漷:《略论我国基础教育课程政策的改革方向》,《教育发展研究》1999 年第 9 期。

③ 张男星:《权力·理念·文化——俄罗斯现行课程政策研究》,教育科学出版社 2006 年版。谢少华:《权力下放与课程政策变革:澳大利亚经验与启示》,中山大学出版社 2002 年版。蔡清田:《课程政策决定:以国家教育改革法案为依据的课程决策》,五南图书出版有限公司 2003 年版。

④ 胡东芳:《课程政策研究》,博士学位论文,华东师范大学,2001 年;彭清源:《我国国民中小学课程政策执行模式之建构:以九年一贯课程政策为例》,博士学位论文,台湾政治大学,2002 年;蒋建华:《知识·权力·课程:走向多样化的义务教育课程政策研究》,博士学位论文,北京师范大学,2003 年;张红:《新中国基础教育课程政策的价值取向研究》,博士学位论文,东北师范大学,2008 年;王玲:《博弈视野下的课程政策研究》,博士学位论文,山东师范大学,2008 年。

⑤ 王宝玺:《地方课程政策研究》,硕士学位论文,西南师范大学,2003 年;何杰:《我国基础教育课程政策的理论与实践研究》,硕士学位论文,华东师范大学,2004 年;方宏常:《论我国三级课程政策的运行策略》,硕士学位论文,湖南师范大学,2004 年;王桂林:《基础教育课程政策取向研究》,硕士学位论文,西南师范大学,2004 年;周勇军:《课程政策实施研究》,硕士学位论文,四川师范大学,2004 年;柯政:《地方政府的课程政策的执行行为分析》,硕士学位论文,华东师范大学,2005 年。

　　以上专著和硕博士学位论文也均发表于 2000 年之后。因考虑到这种搜索方法并不能确定在此之前就没有课程政策的著述，它可能会散见于某些教育或课程论著中，因此笔者进行了进一步的查阅。目前笔者找到的在书中提及课程政策的较早的一本书籍是钟启泉所著《现代课程论》（1989），他在前言部分指出："从我国课程改革的现状来看，还存在一些薄弱环节，其中之一就是缺乏一套行之有效的客观的课程评价制度和切实的课程政策。"① 遗憾的是，其对现状的判断，并未使这一问题随后进入研究者的视野。在此之后，能找到的对课程政策有专门提及的著作基本上出版于 1995 年以后，为数也不多。② 同时，查阅中国的各类教育大词典，也未能找到"课程政策"这一条目。

　　可见，国内出现"课程政策"这一提法以及课程政策的专门研究（当然仅限于作者所掌握的文献而言，可能在某些更早的著作中会有零星论述）至今不过十余年的历史。相比较而言，在西方国家，课程政策领域从 20 世纪 70 年代初始受到科斯特（Kirst M. W.）、沃克（Walker D. F.）和博伊德（Boyd W. L.）等人的关注，"课程政策"词条在其后的 80 年代进入由巴罗（Robin Barrow）等人主编的《教育概念的核心词典》中，虽然相对于其他课程领域如课程发展、课程评价、课程设计、课程组织等亦起步较晚，发展缓慢，但比中国要早二十余年。综上所述，课程政策研究在我国是一个相对较新的课程研究领域，同时，因为它必然要涉及教育政策学、教育管理学、教育政治学、社会学等专业知识，它亦是一个相对年轻的交叉研究领域。就当前来看，课程政策研究所处地位薄弱；对于课程政策领域的主要研究问题、研究思路、分析框架、研究方法等尚不明晰和成熟，所幸已有几位学者针对这些基本问题进行了初步的思考和探讨，他们为后继研究者的工作提供了有益的铺垫。

　　（二）研究内容与视角

　　笔者通过对文献的阅读和爬梳剔理，归纳出已有课程政策研究主要关

---

　　① 钟启泉：《现代课程论》，上海教育出版社 1989 年版，前言。
　　② 主要为：李子建、黄显华：《课程：范式、取向和设计》，香港中文大学出版社 1994 年版；汪霞：《国外中小学课程演进》，山东教育出版社 1998 年版；白月桥：《素质教育课程构建研究》，教育科学出版社 2001 年版；黄显华、霍秉坤：《寻找课程论与教科书设计的理论基础》，人民教育出版社 2005 年版；吕立杰：《国家课程设计过程研究——以我国基础教育"新课程"设计为个案》，教育科学出版社 2008 年版。

涉以下几个方面。

1. 课程政策的价值研究

在行为主义和实证主义研究范式的长久影响下，追求"效率"和"控制"的研究旨趣一直处于主导地位，从这种单一的技术理性诉求转向对课程政策本身价值合理性的反思，是课程政策研究的一大进步。这一方面的研究主要从价值基础、价值取向、价值特征、教育公平或公正视角等维度展开。①

不同的课程政策取向，决定着人们确立不同的课程政策目的、采取不同的课程政策模式乃至确定不同的课程政策内容。有学者对我国基础教育政策实然的价值取向进行了批判性分析，在思辨层面上提出应然的价值取向当为人民利益最大化，其基本原则是以教育为本、利益协调，基本标准则是课程公正、学习自由、合法性，并且从操作层面上对合理价值取向的政策建构程序和机制进行了探讨。② 有学者强调公正性应该是基础教育课程政策的必备品格，课程决策应优先考虑公正原则，而我国当前基础教育课程政策优先考虑效率问题，对政策的公正性缺乏足够重视，由此有必要遵循补偿原则加强对弱势群体的扶持。③

2. 课程政策的权力、利益视角

根据阿普尔的观点，课程政策的制定过程实际上就是政治权力和利益的分配过程，主要受文化意识形态的影响。④ 从这一视角切入的课程政策研究主要关注课程权力的分配、决策模式、课程政策主体、课程政策的意识形态等问题。

1999 年国务院"试行国家课程、地方课程和学校课程"⑤ 的提出，标志着我国基础教育课程政策的根本转型，这很快成为一大热点问题。除了对三级课程政策理论上的探讨外，有学者在实践层面对其具体的运营策

---

① 论文有：胡东芳：《论课程政策的价值基础》，《教育发展研究》2002 年第 10 期；王玲：《教育公平视野下的课程政策研究》，《辽宁教育研究》2008 年第 5 期。

② 张红：《新中国基础教育课程政策的价值取向研究》，博士学位论文，东北师范大学，2008 年。

③ 郭晓明：《论基础教育课程政策的公正问题》，《教育理论与实践》2002 年第 4 期。

④ ［美］迈克尔·阿普尔：《意识形态与课程》，黄忠敬译，华东师范大学出版社 2001 年版。

⑤ 《中共中央国务院关于深化教育改革全面推进素质教育的决定》，《中国教育报》1999 年 6 月 17 日。

略进行了探索；① 针对我国的教育传统，对于三级中相对薄弱的两级——地方课程政策和校本课程政策，学者们给予了更多的关注。②

基于已有模式中存在的问题，有学者对具有中国特色的课程政策理想模式进行了摸索，如提出"课程共有"③ 或博弈论视角下的"主体共赢"④，这就要求超越集权与分权的二元对立思维模式，变控制为参与，变寻求差异为寻求共识，变两极思维为共有思维。也需要进一步强化与优化课程政策相关人员的课程权力表达能力，从而使国家、地方和学校之间，教育行政官员、教育理论研究者和教育实践者之间以及教师、家长和学生之间在课程权力及其相关问题上保持双向互动关系，而不是简单的单向命令与执行关系，使他们都能够积极参与到课程制定的过程中。

3. 课程政策的实施研究

政策实施是基本的政策过程之一。无论从何种角度理解，课程政策实施都是实现预期课程理想的手段。因为，政策在付诸实施前只是一种观念形态的方案，其效能必须经过实施过程才能得以发挥，再好的政策也只有通过有效的实施才能保证其目标的实现，故对课程政策的实施研究是这一领域天然的重要内容。同时，从"对课程政策误解、误用的问题"⑤ 是基础教育课程改革实验中反映出来的重大问题来看，课程政策实施研究也具有现实的紧迫性。

经过梳理，可得出相关文献主要集中在对课程政策执行的社会学分析、执行的有效性、影响执行的因素等方面的研究。

4. 课程政策的基础性问题

课程政策研究要成为一个专门的研究领域，就需自成体系，形成自己的概念、基本问题、基本思路、方法论等。在这方面国内学者已作出了初步探讨。

---

① 方宏常：《论我国三级课程政策的运行策略》，硕士学位论文，湖南师范大学，2004 年。
② 张茂聪、杜芳芳：《县域课程政策保障：一种分析的框架》，《课程·教材·教法》2008 年第 6 期；王宝玺：《地方课程政策研究》，硕士学位论文，西南师范大学，2003 年；沈兰：《课程权力再分配：校本课程政策解读》，《教育发展研究》1999 年第 9 期。
③ 胡东芳：《课程政策研究》，博士学位论文，华东师范大学，2001 年。
④ 王玲：《博弈视野下的课程政策研究》，博士学位论文，山东师范大学，2008 年。
⑤ 国家基础教育课程改革实验工作评估团：《国家基础教育课程改革实验评估报告》，《国家基础教育课程改革与实验通讯》2002 年第 2 期。

　　"从政策视野研究课程，应该根据政策研究的需要明确对一些基础概念的认识，以此为基础界定课程政策的概念和研究问题，从而找到课程政策研究的基本思路和方法。"① 准确定义是确保课程政策研究者在同一平台上言说和对话的前提，但基于不同的社会背景、认识论基础和方法论依据，国内出现了多种定义。有学者总结："对课程政策大致有三种相互联系的理解：以内容为主包括决策说、指南说和权力说。"② 多种定义表明课程政策的内涵还需进一步深入和全面理解，在此基础上才能形成清晰明确的概念。

　　关于研究的问题与思路，有学者提出，对课程政策展开研究需要明确三大类问题，把握三条基本思路。三大类问题是：为什么中外课程政策的发展变化会出现两极融合的趋势；如何建立有效的课程政策分析的框架；以及什么是好的课程政策。三条基本思路则是：解决好课程权力的着眼点——集中与分散的基本问题；把握住课程权力分配的着力点——合情与合理的根本要求；实现课程权力的着陆点——分享与共有的原则或目标。③

　　5. 课程政策的国别研究

　　对他国的课程政策进行研究能为我们提供更为丰富的可借鉴的成功经验，并使我们拓宽眼界看清自己的特点、成就、优势和不足，这成为课程政策研究的又一重要内容。目前，我们对于美国课程政策的研究，主要集中在课程政策影响机构、作用方式特点、代价等方面;④ 有学者对英国的课程政策与教学文化以及教师之间的复杂关系进行了论述。⑤ 除对英美两国的研究外，还有学者基于权力的视角对澳大利亚课程政策变革的经验进行了总结，也有学者从权力、理念和文化的视角对俄罗斯现行的课程政策进行了梳理和分析。⑥

---

① 蒋建华：《走向政策范式的课程研究》，《北京大学教育评论》2004 年第 1 期。

② 同上。

③ 胡东芳：《课程政策：问题与思路》，《教育理论与实践》2002 年第 6 期。

④ 娄立志、孙亚军：《当代美国课程政策的代价分析》，《教育理论与实践》2006 年第 23 期；薛国凤：《美国课程政策的影响机构及作用方式研究》，《天津师范大学学报》（基础教育版）2009 年第 2 期。

⑤ 徐继存：《英国的课程政策与教学文化》，《外国教育研究》1999 年第 5 期。

⑥ 张男星：《权力·理念·文化：俄罗斯现行课程政策研究》，教育科学出版社 2006 年版。

总之，以上这些研究从不同的角度丰富了课程政策研究的内涵，拓展了课程理论的研究范围，具有重要的理论意义和参考价值。

（三）对于已有研究的思索

1. 一个应然视角：课程政策文本的语境分析

每个课程政策都形成于特定的语境，有一定的过程，绝非凭空而来。课程政策文本的作者意图是什么，他们对现状作出了何种判断，他们如何定位文本的读者与实践者等，对这些问题的回答，如果仅从文本字面去思考，就忽略了政策文本的特殊性。事实上，仅从文本（text）和语境（context）两词的英文本身来看，它们之间也有着切近的关系。而当前对课程政策文本的研究，主要停留在对内容的某种去情境化（decontextualize）解读上，大都为粗线条的对政策条文的解释和合法性论证，缺乏一种细密的分析，即一种将文本置于更广泛语境中的细密分析。政策科学的奠基人拉斯维尔曾将"语境性"置于政策科学三大属性的首位，因为"决策是一个更大的社会过程的一部分"。[①] 对于特定语境的认知，理应成为解读课程政策文本的起点。

只有将课程政策文本与语境相联系起来，才有可能探明政策的"原意"，从而恰当地解读和运用政策文本。这一研究，一方面需要宏观研究，厘清较长历史时期以来诸方面的语境如何塑造了课程政策文本的内容和语言，体现出何种共同表征等；另一方面也亟须个案研究，以某个课程政策文本为个案进行的专门研究，有助于更深入细致地分析文本形成的来龙去脉，有利于对于政策制定过程作出更为丰富生动的描述。

事实上，课程专家阿普尔在三十多年前就已强调了课程政策个案研究的重要性："实际上，在课程政策的政治学中应该做的一个非常必要和优秀的个案研究是分析这些报告是如何产生的，它们在回应什么被感知到的内在和外在的压力，作出了何种妥协。这种类型的政策文件，对于稀缺的货币资源的分配和控制能产生相当大的影响，不是一夜之间生成的；它们也不是在一个真空产生的。"[②] 但直至今天，国内无论是这方面的宏观研

---

① Harold D. Lasswell, *A Pre-View of Policy Sciences*, New York：American Elsevier, 1971, p. 4.

② Michael W. Apple, "Politics and National Curriculum Policy：an Essay Review of Documents from the N. I. E's Curriculum Development Task Force", *Curriculum Inquiry*, Vol. 7, No. 4, 1977.

究还是个案研究都相当匮乏，笔者能找到的仅有吕立杰博士所作的个案研究《国家课程设计过程研究——以我国基础教育"新课程"设计为个案》。其中，她追踪记录了作为一种课程政策制定过程的国家课程设计的鲜活和真实的语境，涵盖从变革的开端、政策问题的确定到课程方案的规划、审议与决策整个过程，呈现了这一过程中课程论专家、政府官员、学科课程专家、一线教师之间的冲突、对话与调和。这是非常有意义的研究。

而笔者则试图在本书中从宏观研究方面作出尝试，以期为后继的课程政策研究抛砖引玉。

2. 课程政策实施研究有待深化

政策过程既包括政策制定过程，也包括政策实施过程。我们呼吁对课程政策制定过程要给予更多关注，并不代表政策实施部分已经研究得充分了。事实上，一方面，从研究的数量来看，它并未处于应有的地位，仅占11%（前面提到的64篇期刊论文中只有7篇）；另一方面，从研究的内容来看，也存在对一些问题的忽视或简单化处理。

首先，对课程政策实施研究的关注需要增强。斯滕豪斯曾指出："课程研究的核心问题是我们的理念和愿望与我们试图运作它们之间存在的差距"，[①] 这种差距的缩小既需要有对政策设计的关注，也需要有对政策执行的分析。

其次，政策实施本身是一个极为复杂的过程，政策实施的效果往往要受到诸多因素的影响和制约，因此对这样一个非常复杂的现象，需要建立在对现实的课程政策实施情况进行实地考察的基础上深入分析。具体来说，对以往课程政策实施效应问题、课程政策实施的可持续发展问题、表浅化问题的研究还相当薄弱。

3. 注重对具有相似教育传统的国家相关政策的研究

当前，我国正处于由完全中央集权向国家、地方和学校三级课程决策和管理模式的过渡阶段，如何建立一个合理、合法和均衡的课程决策共享机制，是我们正在面对的问题，而对于他国经验的借鉴是一条重要的途径。

---

① Lawrence Stenhouse, *An Introduction to Curriculum Research and Development*, London: Heinemann, 1975.

在目前课程政策的国别研究中，以对英美两国的研究居多。一方面，这当然是必要的，美国实行以地方为中心的分权型课程政策，而英国则是以学校为中心的校本课程政策，两国的地方和学校在课程事务上都享有较多权力，其中的运营策略值得借鉴；另一方面，因它们与中国有着非常不一样的历史传统，其经验在中国的本土化必须充分考虑其适用性。这就意味着我们要考虑加强对那些与我国有着相似教育传统的国家的研究，如作为中央集权型课程政策典型代表的法国，其他有日本、韩国、埃及等一些国家，而随着世界课程政策发展潮流的导引，这些国家都在一定程度上打破僵化、统一的权力格局，出现权力分化、权利分享、利益多元的课程权力结构，呈现出与我国更一致的发展趋向，分享其经验必将有利于促进我国课程政策模式的良好过渡。

4. 关注课程政策的独特性

因课程政策领域是一个相对年轻的领域，因而常存在对教育政策学一些概念的简单移植或套用，而忽视了其独特性和专业性。这一专业性有别于其他公共政策、教育政策，因为课程政策不仅要顺应国家的意识形态，符合教育的规律，同时还要把各个学科知识的逻辑关系与儿童发展特点以及社会文化、生活的变迁与需求统筹起来，将关于学科、儿童、国家发展等方面的综合认识转化成具有强制性、权威性的指导文件。由此，在具体研究中不能忽略其独特性。

除以上四个方面外，还需要加强对学科课程政策的研究；另外，课程政策作为一个跨学科的领域，研究者应依据研究课题的规模、性质、目标及各种与课题有关的主客观条件等，创造性地将诸多方法及其变式灵活组合、综合运用。

总而言之，我国在课程政策研究方面取得了一定的进展，但也存在不少问题，需要更全面、更审慎的研究，因此要想建设一门"符合中国国情的课程政策科学"[1]，仍任重而道远。

囿于自身的研究视野，笔者所提到的几个方面仍不可能周全地涵盖我国课程政策研究的应然关注点，也无精力和时间去全面攻破这些堡垒。在此研究中，笔者选择第一个方面即语境视角作为着力的方向，期待能有所突破与创新，同时也结合了对第三和第四方面的思考。

---

① 石筠弢：《好的课程政策及其制定》，《课程·教材·教法》2003 年第 1 期。

二 当代西方课程政策研究述评

课程政策研究是一个相对较新的领域，所以，资料也相对稀缺。有国内相关学者于 2001 年提道"一是国内专门的研究论文或著作在笔者所及范围内还未曾发现（甚至翻遍国内学者编著的各类教育词典，也没有找到'课程政策'的专门词条），即便是相关的论述也不多见，国外的研究也只有一些零散的材料；二是过于宽泛，把课程政策混同于一般的政策；三是有其名而无其实，打着课程政策的招牌，论述的又是另外一码事……"① 经过这 8 年的发展，这方面的研究虽取得了不少进展，但仍称不上深入与繁荣。

在美留学期间对资料的集中搜集过程中，虽然时有找到在国内久觅未得的文献的惊喜，但一深入阅读，笔者亦有同感，即集中和直接的课程政策研究仍然贫薄；不过，通过这些散见于各处的材料，仍是收获不少。

（一）西方课程政策研究的发展及概况

1. 作为工具类书中的词条

"课程政策"（curriculum policy）这一术语在 20 世纪 50 年代之前的文献中几乎是看不到的，在 20 世纪 50 年代至 80 年代中期前编撰的词典，如杜威的《教育词典》（1959）、佩奇等的《教育国际词典》（1980）和朗特里的《教育词典》（1982），以及 20 世纪 90 年代布莱克的《教育术语词典》（1995）等有关课程研究的条目中，均很少见到"课程政策"词条，比较常见的是"课程发展""课程评价"和"课程组织"等词条。

笔者目前找到的将课程政策及制定收录为词条的工具类书有 3 本。

一是巴罗（Robin Barrow）等主编的《教育概念的核心词典》（1986），这一词条仅一小段文字，课程政策被界定为"影响课程的政治、经济和社会力量"，② 这个概念似乎有些不着边际。

二是派纳主编的《课程的国际百科全书》（1991），由休斯（A. S. Hughes）撰写了"课程政策"（curriculum policies），区分了两种影响学校课程的政策类型，第一种规定课程形成程序的政策，说明谁是参与

---

① 胡东芳：《课程政策的定义、本质与载体》，《教育理论与实践》2001 年第 11 期。

② Robin A. Barrow, *Critical Dictionary of Educational Concepts：an Appraisal of Selected Ideas and Issues in Educational Theory and Practice*, New York：St. Martin's Press, 1986, p. 73.

者，并对权力作出了限制，可称为课程政策制定的政策（policy on curric-
ulum policy making）；第二种是课程政策制定过程的产物即课程政策，确
定课程的特点，具体说明必须、应该或可能教什么。① 而书中弗雷
（K. Frey）在其撰写的"课程政治"词条中指出，"课程政治"和"课程
政策"有时互用，"课程政策"通常指决策过程，例如设立课程目标和选
择特定的课程类型。

三是《教育研究百科全书》（1992）的第 6 版，由沃克撰写了"课程
政策制定"（curriculum policy making）词条，泛泛论及国家、州和地方学
区的课程政策制定问题。

2. 20 世纪 70 年代的研究

正如派纳等人指出的那样，"今天已没有严肃的课程学者会认为一般
意义上的学校尤其是课程是政治中立的，但是，在 20 世纪 70 年代以前的
文献中，学校课程的政治中立性却是一个寻常的假设"。② 在 70 年代后，
课程的中立性开始遭质疑，其时"课程政策"虽未能作为寻常词条进入
教育类工具书，但已出现相关研究。

在这一时期出现并被其后的研究者引用较多的主要为两篇论文：一是
科斯特和沃克（Kirst M. W. & Walker D. F.）的《课程政策制定的一种分
析》（1971）；二是博伊德（Boyd W. L.）的《美国学校课程政策制定之
变化的政治》（1978）。

前者认为，学校的具体教育政策中最重要的是那些关于孩子在学校学
什么的政策。鼓励学习某些科目、主题、现象而禁止学习其他的，这些要
求和压力要一致运转，就必须形成政策，而相关外显或内隐的"行动指
导"就是课程政策，达成这些政策的过程则为课程政策制定。科斯特和
沃克的主要贡献在于，他有力地批评了从泰勒到史密斯（Smith B. O.）、斯
坦利（Stanley W. O.）和肖尔斯（Shores J. H.）、格温（Gwynn O. M.）、塔巴
（Taba H.）、谢勒（Saylor J. G.）和亚历山大（Alexander W. M.）等课程领
域的重要教材的撰写者未能意识到的课程的政治性格，将课程领域的冲突

---

① A. S. Hughes, "Curriculum Policies", in A. Lewy (Ed.), *The International Encyclopedia of curriculum*, Oxford：Pergamon Press, 1991, pp. 137 – 138.

② William Pinar (et al.), *Understanding Curriculum：An Introduction to the Study of Historical and Contemporary Curriculum Discourses*, New York：Peter Lang, 1995, p. 244.

仅仅视为观点之间的分歧，而不是个体、利益群体之间的冲突或学校体制内官僚的派系斗争；将国家、州和地方的政治人物，以及家长、纳税人和其他对课程感兴趣的团体或代表他们利益的组织，均视其为仅是课程决策上的"影响"，导致弱化了课程政策制定冲突和调和的特性。① 同时，他们也对课程政策的价值基础和影响力量、课程政策制定的特点等作了初步探索。

博伊德则论述了美国课程决策权力结构上的变迁，即出现由地方学区决策为主转向州和国家层面参与增强的趋向，尤其是州层面干预的凸显。这使课程政策制定体系愈加复杂、合法化、集权和科层化。②

在 20 世纪 70 年代末，沃克提出"三重课程发展模式"，即课程发展至少包含 3 个不同的阶段：首先是课程政策的制定（curriculum policy making），建立课程必须遵守的限制、标准、指南等；其次是一般的课程开发（generic curriculum development）；最后是特定现场课程开发（site-specific curriculum development）。但随后他指出，在这三个阶段中，"我们对成功的课程政策的制定阶段所需要的是知道得最少的，可能因为比起其他两阶段而言，我们有更少的成功实例"。③ 由此，需要对课程政策阶段予以更多关注。

3. 20 世纪 80 年代和 90 年代的研究

随后的 20 世纪 80 年代和 90 时代初，虽仍只有少数书籍中论及课程政策，但其研究状态开始有了一些反省。课程理论家舒伯特在其 1986 年出版的著作中提出："课程的政策视角的历史很短；然而，在这本书中，这一视角将获得特别的关注……尽管政策研究在教育的一般领域已经崭露头角，但是在课程领域的情形不是这样。"④ 在这一著作中，舒伯特将课程政策归属为教育政策，也就是作为公共政策的一个子集，这一观点并不

---

① Michael W. Kirst and Decker F. Walker, An Analysis of Curriculum Policy-making, *Review of Educational Research*, Vol. 41, No. 5, 1971.

② William L. Boyd, The Changing Politics of Curriculum Policy-making for American Schools, *Review of Educational Research*, Vol. 48, No. 4, 1978.

③ Decker F. Walker, "Approaches to Curriculum Development", in J. Schaffarzick & G. Sykes (Eds.), *Value Conflicts and Curriculum Issues*, CA: McCutchan Publishing Corporation, 2003, pp. 269 - 271.

④ William H. Schubert, *Curriculum: Perspective, Paradigm, and Possibility*, New York: Macmillan, 1986, p. 140.

新鲜。但是，他认为课程政策是"两个领域的研究目的"，这一观点将课程政策提升到了一个较高的位置，他指出："所有教育政策的最终目的都是达到为儿童和青年提供更好的教育经验，也即更好的课程"，"而学生是社会的未来，在广义上，一个教育性的课程是公共政策自身存在的理由"。但他所说的"特别关注"也仅止于此，并没有更明晰的探讨。

直到 1992 年，《课程研究指南：美国教育研究协会的一个项目》中的"课程政策"一章（由艾尔摩、赛克斯撰写），方为理解和整理有关课程政策的研究提供了一个概念框架。"这一框架标志着课程政策研究作为教育研究的一个正式领域的诞生"。① 沃克也曾评论说："这是对课程政策研究的卓越回顾。所有刚出道的学者及研究者应该有其复件，仔细阅读它，并常参考它。"②

这一章将课程政策界定为"关于学校应该教什么的正式的法律法规"，课程政策研究则是探讨"官方的行动是如何确定的，其对学校和教师有何要求，又如何影响面向特定学生的教学内容"。③ 同时，文章勾勒了研究课程和课程政策的不同视角，区分了研究类型，并提出了研究的未来进程。笔者以为，文章虽涉及一些实质性的问题，例如：课程政策是什么，它从哪里来，课程政策和实践的关系，但从文章主体即公共政策视阈中的课程、课程中的公共政策两部分的提纲来看，这一理论框架仍是有些杂乱，并未紧密围绕如何将课程政策建构为一个独特的研究领域所应解决的一系列基础性问题来探讨，也未成为今后展开具体课程政策研究提供可能的范式。

1995 年，由派纳、雷诺兹等合著并被誉为"继泰勒的《课程与教学的基本原理》之后美国最重要、最详尽的课程论教科书"——《理解课程：历史与当代课程话语研究导论》中，有一小节题为《课程政策》，大部分引用自艾尔摩和赛克斯的观点，并无新论。

---

①　Edmund C. Short, "Curriculum Policy Research", in F. M. Connelly （Ed） *The SAGE Handbook of Curriculum and Instruction*, Los Angeles：Sage Publications, c2008, pp. 420 – 430.

②　Decker F. Walker, *Fundamentals of Curriculum：Passion and Professionalism （2nd edition）*, Mahwah, NJ：Lawrence Erlbaum Associates, 2003, p. 172.

③　Richard Elmore and Gary Sykes, G, "Curriculum Policy", in P. W. Jackson （Ed） *The Handbook of Research on Curriculum：A Project of the American Educational Research Association*, New York：Macmillan, 1992, pp. 185 – 215.

4. 新近的研究

有关这一领域的较新出版物是 2008 年康奈利等人组织编写的《课程与教学精选指南》。在这本书中，肖特（Short，E. C）负责撰写了《课程政策研究》一文，总结了前文提到的《课程政策》（1992）发表后的十余年里，课程政策研究领域出现的一些新的思考和研究。但文章所选择的大多数例证仍属于一般的教育政策范畴，课程政策的边界很模糊。

其次，沃克论述了课程政策的功能，认为其最基本的功能是通过一些权限来协调学校和教室的课程，其次也有文化和政治的功能，其重要经济功能则是在按照一个计划在不同课程事项中分配稀缺教育资源，例如，必修和选修、课时分配等。①

总起来看，虽然对课程政策研究的关注有所增加，但这仍是个被冷落的领域。原因可从两方面来分析。

其一，从博比特以来的课程研究传统更青睐的是其科学建构而往往忽视政策因素，由此，如弗雷所言，"尽管'课程'这个术语存在于西班牙语、法语、意大利语、德语和许多其他语言中，但它均用于一种科学的语境，有关于课程政治或课程政策的出版物很少"。② 英国和美国的课程专家，对这一术语的使用相对多些，但往往在研究中容易转移话题，而"在社会主义国家这更不是一个令人感兴趣的领域，很少能见到这一术语，因政策通常由执政党决定"，如弗雷所言。

其二，这一术语缺乏国际认可的可操作性的定义，由此，很多研究者只能各自定义，在世界范围内亦没有比较性的陈述和大纲。"因为，一方面，不同地区、国家及教育体系存在不同情况；另一方面，则是缺乏一套统一的问题和分析方法。"③ 有些国家是集权的课程体制，有些则强调地方和学校自治，教师在课程发展中有着不同的权重，尤其是统一问题和方法的缺乏，使之很难搭建出一个对话和交流的国际平台。

由此，课程政策研究要想与课程发展、课程评价、课程实施等的研究并驾齐驱，仍任重而道远。

---

① Decker F. Walker, *Fundamentals of Curriculum*: *Passion and Professionalism* (*2nd edition*), Mahwah, NJ: Lawrence Erlbaum Associates, 2003, p. 126.

② K. Frey, "Curriculum politics", in A. Lewy (Ed.), *The International Encyclopedia of Curriculum*, Oxford: Pergamon Press, 1991, pp. 116 – 117.

③ Ibid. .

（二）课程政策研究的主要内容与不足之处

1. 主要内容

就课程政策研究的主要内容来说，可总结为以下几个方面。

（1）影响课程政策的主要力量及其权力变化

自 20 世纪 70 年代以来，有关这方面的研究在课程政策领域所占比例较大。关于课程政策的影响力，一般认为，包括国家、地方和州的教育委员会，联邦机构、国家课程改革委员会、出版商、法院、教师工会、各种专业协会、基金会、考试机构、家长等，他们以不同的地位和形式在课程场域争夺话语权，课程遂成为权力的竞技场。课程决策的主要力量在权力结构中地位的高低，带来了两种取向：即集权和分权。关于这两种取向的论争，主要代表作是：20 世纪 70 年代由美国课程和管理协会组编的《分权对课程的影响：精选的观点》[1] 和 90 年代的《课程决策的政治：集权课程的问题》[2]。这两本书主要探讨了分权与集权取向的历史演进，较为系统地阐述了它们对于教师、学生及课程自身发展的影响，所持论调并不隐晦：即集权弊大于利，而将权力还给地方教育者则是解除弊端的最大保证。

（2）课程政策与实践的关系

关于课程政策对实践的影响，政策分析者提供了一些依据，勾画了不同的政策—实践的关系图景：有人认为课程政策对实践有负面影响，另一些人认为政策的影响依教室和学校而变，也有人认为政策对教学的内容决定有积极影响；就归因而言，也存在冲突，有的将政策的极小影响归于实践者固有的工作条件，有的则归于教育组织或政策的性质。主导观点有二：其一，课程政策对实践有很强大但并非正面的影响。其二，课程政策对实践影响甚微。

（3）作为公共政策的课程政策

课程政策研究者一般倾向于强调理解地方、州和联邦层面课程政策制定的多种政治功能的复杂性，而不是试图分析固之于这一过程中的困难；

---

① I. E. Staples and G. Cawelti（etc.），*Impact of Decentralization on Curriculum：Selected Viewpoints*，Association for Supervision & Curriculum Development Pub，1975.

② M. Frances Klein，*The Politics of Curriculum Decision-making：Issues in Centralizing the Curriculum*，New York：State University of New York Press，1991.

在分析有关课程控制的行动中，也认为这些党羽对政策主导权的争夺是不可避免的。但是，他们没能看到对于课程政策的很多不满源自：公共利益和很多学生的利益在这些政策中没有很好地被满足。近年来，课程政策研究者逐渐认识到课程政策的公共利益功能的重要性（除了控制、规约和指导实践的功能），尤其是里德（William Reid）在《课程的追求：公共利益中的教育》一书中作了很明晰的强调。里德提醒我们，作为公共政策，它必须避免仅服务于党羽或特别的利益，而应服务于一般的或公共的利益，应惠及所有人的福祉，而不是部分公众或某些学生。① 也就是说，课程政策应观照那些沉默的利益相关者，聆听他们的声音。

以上仅择要遴选了几个重要方面，除此之外，还涉及有关课程政策备选方案的发展与采用，课程政策的评价、监控和改进等方面。

2. 不足之处

就不足之处而言，主要表现在以下三点。

其一，因课程和教学往往相互渗透，在课程政策与实践的关系中必然包含有关教学性质的假定和教师工作的概念，那么，在这些课程政策中究竟隐含了何种假设和前提，如何定位教师的角色、教学的性质等，非常值得研究。但有关的研究还很匮乏，亟待关注。

其二，课程政策工具之可行性研究有待加强。政策工具（policy instrument）指政府行动的直接和间接形式。之前提到的《课程政策》一文中，艾尔摩和赛克斯分析了一些在规划政策时可考虑的政策工具类型及衍生的问题，主要是 4 种：强制（mandates）、诱导（inducement）、能力建设（capacity-building）和系统变革（systemic change）。麦克唐纳（Mc-Donnell）后又补加了一种：作为劝服和调控的评价②，如有学者探讨了作为一种政策工具的考试。③

政府行动的形式对于决策者试图处理的问题类型的可行性，应该是课

---

① William A. Reid, *The Pursuit of Curriculum: Schooling and the Public Interest* (2nd ed.), Charlotte, NC: Information Age Publishing, Inc. 2006, pp. 58 - 62, 147 - 155.

② Lorrazine M. McDonnell, Assessment Policy as Persuasion and Regulation, *American Journal of Education*, Vol. 102, 1994, pp. 394 - 420.

③ E. H. Haertel & J. L. Herman, "A Historical Perspective on Validity Arguments for Accountability Testing", in *The 104th Yearbook of the National Society for the Study of Education*, Part 2, Malden, MA: Blackwell, 2005, pp. 1 - 34.

程政策研究中的一个问题。但是，已有资料中对这些政策工具的设计及其应用的适切性和可行性的直接研究很少，只能找到零星的依据，需要更多的关注。

其三，要将课程政策研究建设成一个独立的领域，就必须解决一些基本问题，来论证自身作为一个领域的合法性与价值，提供集中和深入研究的条件，也有利于相关的研究者们在共同的话语平台上进行交流与对话，因此，这是课程政策研究改变其薄弱地位的重要途径。但对于这些必须应对的基础性问题，如概念体系、研究的对象、性质、范围和方法等，仍没有得到足够的重视。

（三）可资借鉴的视角与思路：课程政策文本与语境的关联

将政策文本与语境关联是西方课程政策研究中一个非常有价值的视角，具体而言，根据泰勒、扎勒兹维等人的观点，这种文本与语境的关联，就是要考虑社会经济、政治和文化等当下语境、历史语境、其他同类政策、核心角色的作用、文本生产语境等对政策的影响。因为这与本研究密切相关，笔者对国外诸多文献的观点进行了爬梳剔理，在此对社会宏观语境、历史语境、相关政策语境等作具体阐述。

1. 社会宏观语境

这一语境分析是对某个课程问题变为"政策议题"的社会政治、经济和文化背景的考察。课程问题进入政策议程，往往有着相似的动因，即是对更大的社会经济的、文化的和政治的变革的回应。奥兹伽（Ozga）甚至将教育政策分析研究重命名为"政策社会学"（policy sociology）[1]，课程政策的出台也往往与整个社会的政治、经济与文化的发展有着千丝万缕的联系。

2. 历史语境

课程政策话语往往不能剥离于它们历史的根，除了熟悉课程政策的当下语境，还应关涉塑造课程政策的历史语境，梳理课程问题在政策中的历史建构，也就是"追踪一个问题在官方话语中的历史"。[2] 由此达成对问

---

① Jennifer Ozga, "Studying Education Policy Through the Lives of the Policy Makers: an Attempt to close the Macro-micro Gap", in S. Walker and L. Barton（eds）*Changing Policies*, *Changing Teachers*, Milton Keynes: Open University Press, 1987, p. 144.

② Michael Peters and James Marshall, *Individualism and Community*: *Education and Social Policy in the Postmodern Condition*, London: Falmer, 1996, p. 138.

题动态的、深层的理解。同时，根据列宁的说法："判断历史的功绩，不是根据历史活动家有没有提供现代所要求的东西，而是根据他们比他们的前辈提供了新的东西。"① 将政策置于其历史的进程中，有助于我们以历史的眼光恰当地评价课程政策。

当前政策中对某个课程问题的解决方案可能借鉴了过去对此问题的应对措施。对于历史语境的考察，可以让我们了解同一问题在之前的政策文本中受到了何种关注，体现了怎样的发展脉络，又如何影响了当下的课程政策。可以肯定，"这种对政策既有当下也有历史的语境考虑，有助于说明政策分析中的'为什么'和'为什么现在'的问题"。②

3. 相关政策语境

政策也是互联的（intertextual），即它们总是与其他同类政策相关，受其他政策的影响。"文本的互联性"（intertextuality）和"文本质感"（textuality）是来自英国社会语言学者费尔考（Fairclough）的理念，它们为政策文本阐释研究提供了外在于文本内部意义的另外两个向度的阐释。所谓"文本质感"就是指"文本的质感（the texture of texts）及其形式与组织（their form and organization）"，简言之，就是理解文本表达的形式、组织及"质感"。所谓"文本的互联性"就是指把文本置于历史语境中，让有关"文本吸收过去的文本并被重新建构起来"。③ 换言之，文本互联性的分析就是要探讨"文本如何把外界的文本引进该文本中……即探讨一种文本如何与其他文本相互引证、吸纳、再语境化及对话"。④ 博尔也提到，政策受到"相关政策总体"的"政策群"（policy ensemble）的影响，奥兹伽则将要考虑的政策群称为"更大的图片"（the bigger picture）。⑤

譬如，具体到课程政策领域，就需要考虑休斯所提出的"课程政策

① 列宁：《列宁全集》（第2卷），中共中央马克思恩格斯列宁斯大林著作编译局（编译），人民出版社1984年版，第154页。

② Sandra Taylor（et al.）*Educational Policy and the Politics of Change*，New York：Routledge，1997，p. 45.

③ Norman Fairclough，*Discourse and Social Change*，Cambridge：Polity Press，1992，p. 102.

④ Norman Fairclough，*Analysis Discourse：Textual Analysis for Social Research*，London：Routledge，2003，p. 2.

⑤ Stephen J. Ball，What is Policy? Texts，Trajectories and Toolboxes，*Discourse*，Vol . 13，No. 2，1993，pp. 10 – 17.

制定的政策"。休斯区分了两种影响学校课程的政策类型：第一种规定课程形成程序的政策，说明谁是参与者，并对权力作出限制，可称为课程政策制定的政策（policy on curriculum policy making）；第二种是课程政策制定过程的产物即课程政策，确定课程的特点，具体说明必须、应该或可能教什么。① 同时，任何课程政策都是更大的教育政策甚至社会公共政策的金字塔的组成部分，政策体系的内外相关性要求课程政策制定要考虑它在政策体系中的目标协调、功能协调、时间协调，各政策文本之间应该是相互呼应与肯定，呈现出一致性、对话性的特点，这样方能并行不悖。

4. 生产的语境——制定过程

如果说社会宏观语境、相关政策语境等是通过背景性渗透间接影响政策的，那么政策具体制定过程则构成政策文本实质性生产的语境，即一种直接作用的更为近端的语境。此处的制定过程主要是狭义的，不是有些政策科学家如德洛尔理解的整个政策过程，其将政策执行、政策评估等环节称为后政策制定阶段，而是大多数政策科学家（如琼斯、安德森）所理解的政策形成或政策规划，指从问题界定到方案抉择以及合法化的过程。

这一分析过程常常是被忽略的。正如沃克所总结的那样："我们对成功的课程政策的制定阶段所需要的是知道得最少的，可能因为比起其他两阶段而言，我们有更少的成功实例。"②（沃克提出"三重课程发展模式"，即课程发展至少包含三个不同的阶段：课程政策的制定、一般的课程开发和特定现场课程开发阶段）对制定过程分析，就需要分析政策制定的主体及各角色之间的关系。譬如，课程专家、政府官员等对现状（如学科知识、学习者、社会发展的需求等）的不同判断是基于何种决策信息，各自对政策持何种期望，在初步方案上又存在何种冲突，最终采取何种策略确定了方案而达成利益上的某种均衡，在哪些方面经历过妥协和折中，因"政策制定可视为意义争斗的竞技场，或者说作为'话语的政治'

---

① A. S, Hughes, "Curriculum Policies", in A. Lewy (Ed.), *The International Encyclopedia of Curriculum*, Oxford: Pergamon Press, 1991, pp. 137 – 138.

② Decker F. Walker, "Approaches to Curriculum Development", in J. Schaffarzick & G. Sykes (Eds.), *Value Conflicts and Curriculum Issues*, CA: McCutchan Publishing Corporation, 2003, pp. 269 – 271.

(the politics of discourse)",① 而政策文本则代表意义的政治争斗的产物。要深入解释或解构这一产物即作为政策的表面形式或现象形态的政策文本，就需要关注争斗过程，以挖掘出文本背后所隐含的实质性内容——政策目标和价值原则。

5. 国际语境

国际竞争的压力往往是政策关注的议题，而这种压力几乎无一例外地转变成国家对人才培养的要求，课程又是塑造人才结构最主要的机制，这就会带来课程政策的变革。"世界潮流浩浩荡荡，顺之则昌逆之则亡。"在面对国际竞争压力之时，闭目塞听是断然不行的，对于他国的政策话语还是语境与行动的借鉴成为赶超的重要路径。那么，是哪些国际课程政策话语构成一国课程政策制定的外在参照呢？

跳脱本土语境与思维疆域，以一种全球眼光考察一个国家的课程政策，一方面可以深入挖掘出国际大背景对于课程政策产生了何种影响，发生了哪些核心课程政策话语的迁徙；另一方面，这种参照与反观，也有利于在一种更为开放的视野中谋划未来课程政策的应然追求与责任。

另外，国外课程政策研究中的零星文献中还涉及了政策文本解读的语境、实践或执行的语境，或者说接受的语境。强调政策不是一个固定的文本，而是一系列会不断变化的文本，"政策随着历史、经验、价值、目的和利益这些组成的竞技场的不同而会有不同的解读。简单的总结就是，政策作家不能控制他们的意义"；② 政策可以在实施中改变，"当合法的文本重新语境化，变换也就产生了"。③

对于政策文本的语境，史蒂芬·博尔和理查德·鲍等人于1992年将政策产生的语境分为：影响的语境、文本生产的语境、实践的语境。并用下图（图名为"政策周期"：The policy cycle）表示。④

根据他们的解释，这三个语境分别对应预谋的、实际的、政策使用的

① Anna Yeatman, Bureaucrats, Technocrats, Femocrats, *Essays on the Contemporary Australian State*, London：The Falmer Press, 1990.

② Richard Bowe and Stephen J. Ball with Anne Gold (eds), "The Policy Process and the Processes of Policy", in *Reforming Education and Changing Schools：Case Studies in Policy Sociology*, London：Routledge, 1992, p. 22.

③ Ibid. .

④ Ibid. , p. 20.

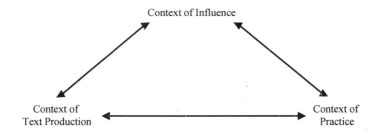

语境。"文本产生的语境"和"实践的语境"很容易理解，而"影响的语境"则通常是公共政策开端的地方，是政策话语建构的语境，其中各个利益群体靠竞争去影响教育的定义和社会意图。1994 年，博尔又增加了两个语境：结果语境（context of outcomes）和政策策略语境（context of political strategy）。[1]

　　鉴于若观照政策文本所谓的"解读语境""评价语境""接受语境""实践语境"等维度的话，笔者的研究就会变得非常杂乱，因对于政策文本必然存在形形色色的解读，甚或存在扎勒兹维和凯米斯（Kemmis）所称其的"解读的解读"（interpretations of interpretations），而政策的实践语境更是千头万绪，很难作出总体的判断，故在斟酌之后，本书集中于探讨课程政策文本出台前的语境，不包括文本生产出来之后的阶段，因此也未采用博尔等人的分析框架，而是采用前文中泰勒和亨利等人对语境的切入思路，即社会经济、政治和文化宏观语境、历史语境、相关政策语境、国际语境等方面，但是，毋庸置疑，博尔等人在其著作中有关政策语境的观点与分析确实加深和拓展了笔者对这一问题的理解。

第三节　研究意义、路径与方法

一　研究意义

　　本研究通过收集和整理改革开放以来的课程政策文本，梳理了各时期课程政策的核心话语，勾勒了课程政策发展的总体演进脉络，在此基础上详尽分析了塑造课程政策的诸方面的语境，由此归纳了影响课程政策的主

---

① Stephen J. Ball, *Education Reform*, Buckingham: Open University Press, 1994.

要因素和课程政策变革背后的推动力量，具体说来，其研究意义主要有以下几方面。

（一）课程政策研究视角的丰富

前面对国内外课程政策研究的述评部分已总结，当前课程政策的现有主要研究视角为：课程政策的价值研究；课程政策的权力、利益研究；课程政策实施研究；课程政策的基础性问题；课程政策的国别研究。而课程政策文本和语境的关联这一视角，则丰富了已有研究维度，为达成对政策文本的深度阅读和理解做出了有益的铺垫，从而也有助于建设本土化的、符合中国国情的课程政策科学。

（二）课程政策分析范式的尝试

通过分析课程政策的多元语境来理解政策，并提出了尽可能分析多元语境的思路，即从社会宏观语境、历史语境、相关政策语境、生产语境、国际语境的线索切入，笔者希望这种分析思路可以应用于其他课程政策文本研究，如对某一段历史时期的课程政策的研究，或对某项具体的课程政策的分析（如某一学科课程政策），从而建构一种研究范式或可推广移植的分析框架。更进一步说，这种框架也应该能应用于对其他教育政策的分析，如对教育财政政策、学校管理政策、教师教育政策等的研究，当然，要达成这种范式的高度，远非轻而易举，但笔者心怀这一目标，并会尽力而为。

（三）课程政策制定与实施的知识基础

好的课程政策具有高绩效性、科学性、合理性、民主性、可操作性和可评价性等特点，能产生高的教育效益。一项好的课程政策可以在没有投资或很小投资的情况下产生极大的社会效益和经济效益，而一项坏的课程政策则可能使巨大的投资和努力化为乌有，甚至产生负面效应。而要制定出好的课程政策，就要自觉考虑多元语境的要求，使政策制定更加周洽、合理、科学。同时，课程政策要想有效地实施，实施的目标要想与政策制定者的初衷尽量吻合的话，也要考虑课程政策的多元语境，从而减少课程实践中不必要的代价，促进课程改革的顺利发展。

由此，对于课程政策多元语境的深入了解与分析，是课程政策制定与实施过程中的一个不可忽视的知识基础。

二　概念的诠释

概念是思维的细胞，清晰明确的概念是有效研究的重要保证。布列钦卡认为："无论是明确的表述问题，还是检验假设，一个根本性的前提，就是需要清晰的概念。假如人们对其正在寻找的东西没有清晰的认识，任何观察和实验都会无助于事。没有清晰的概念，也就不可能有正确的认知。"布列钦卡同时指出："我们通常用'概念'一词来指示一种思想的构成或产物，一种观念上的对象。"而笔者以为，概念也是研究范围的必要限定。

就本书而言，需要界定的概念主要有以下几个。

（一）基础教育

"基础教育"是一个国家对国民实施的基本的普通文化知识的教育，它担负着提高全体公民的基本素质和为受教育者继续升学或就业奠定基础的任务。新中国成立以后，"基础教育"概念的外延经历了一个不断变化的过程。在不同的历史发展阶段，随着社会经济的发展和进步，我国政府对"基础教育"概念的外延也做了不同的界定。早在20世纪50年代，我国政府所指的"基础教育"概念的外延仅局限于小学，如1951年政务院颁布的《关于改革学制的决定》指出："对儿童实施初等教育的学校为小学，应给儿童以全面的基础教育。""文化大革命"结束后，"基础教育"的外延开始扩大到整个中小学，如1978年教育部颁布的《全日制十年制中小学教学计划草案》明确规定："中小学教育是基础教育。"1985年中共中央颁布的《关于教育体制改革的决定》中提出："基础教育包括中学和小学。"20世纪90年代以后，在我国颁布的一些重要教育文件中，基础教育的外延又有所扩大，学前教育被纳入基础教育范围之中，如在2001年颁布的《国务院关于基础教育改革与发展的决定》《基础教育课程改革纲要（试行）》《幼儿园教育指导纲要》等几个重要文件中，都明确规定"基础教育"包括学前教育、小学、初中以及普通高中教育。

在此研究中，出于研究的需要，将"基础教育"概念的外延仅限定为普通中、小学教育（分为义务教育阶段和普通高中阶段），不包括学前教育。

（二）课程政策

基于不同的社会背景、认识论基础和方法论依据，当前国内外有关课程政策的定义形形色色。通过对已有资料的梳理,笔者认为,当前对课程政策大致有以下几种相互联系的理解。

其一,内容决策说。将课程政策与教学内容联系起来。这种观点认为,制定课程政策就是决定教学内容,研究课程政策就是研究课程内容。比如本书绪论的国外文献综述部分提到,有将课程政策界定为"关于学校应该教什么的正式的法律法规"。①

其二,指南说。"词典中对政策所下的定义是'一种稳定的、连续的计划或行动的指南'。由此推论,课程政策'就是一种有关课程问题的稳定的、连续的计划或行动的指南'"。②

其三,权力分配说。此种观点认为,与政策的本质是权力及其由此带来的利益一样,课程政策的本质就是课程权力和由课程权力而造成的利益的变化,课程政策的每一次改革必然体现在课程权力的分配、再分配或重新分配上。比如定义为:"国家教育行政主管部门在一定社会秩序和教育范围内,为了调整课程权力的不同需要,调控课程运行的目标和方式而制定的行动纲领和准则。"③

其四,知识说。有学者认为,课程的本质是知识,政策的本质是政治。在此基础上,课程政策定义为"教育领域中课程知识选择和管理的政治理念和具体措施"。④

这些概念界定均从不同侧面描述了课程政策的主要特征,具有参考价值。鉴于本书主要从课程政策文本的内容着手,探讨诸方面语境对课程政策的影响,笔者采用的定义为:"国家课程政策是以国家权力机构,主要是主管教育的权力机构为主要的政策主体,因应国家的教育发展目标以及对人才结构的要求,针对普遍存在的课程问题制定的课程目标、内容标准、结构以及课程管理权限、课程评价方式的规划或文件,这些规划或文

①　Richard Elmore and Gary Sykes, "Curriculum Policy", in P. W. Jackson (Ed) *The Handbook of Research on Curriculum: A Project of the American Educational Research Association*, New York: Macmillan, 1992, pp. 185–215.

②　John Galen Saylor and William M. Alexander with Arthur J. Lewis, A. J, *Curriculum Planning for Better Teaching and Learning (4th Ed)*, New York: Holt, Rinehart & Winston, 1981.

③　胡东芳:《论课程政策的定义、本质与载体》,《教育理论与实践》2001 年第 11 期。

④　蒋建华:《走向政策范式的课程研究》,《北京大学教育评论》2004 年第 1 期。

件在全国范围内具有指导性或者权威性甚至强制性的作用。"①

笔者认为，这一定义涉及课程政策内容本身的主要组成要素，如课程目标、课程结构、课程内容、课程管理与评价等，较为具体，分析的可操作性强。当然，这只是为了宏观分析的便利，这一定义并未否认课程政策必然涉及课程权力、利益的分配这一重要特征，这一特征在书中也会有所涉及。

若根据有关国家课程政策体系内的分类法，即国家课程政策体系有三类不同层次的政策：一是宏观的课程政策，需要确立规定和指引国家课程发展方向的价值和规范，规划国家安排的课程的目标，也就是通过课程要实现的人才规格，以及为培养这些规格的人才所选择的价值取向与制度要求，是有关课程的元政策；二是专项的课程政策，是选择的价值取向与制度要求，也是体现课程政策特殊性的政策，它为每一门学科规定了功能意义，以及选择知识的内容与实现方式；三是配套的课程政策，即为保障宏观的课程政策以及专项的课程政策有效实施而制定的一系列行政措施。②本书的对象指的是第一层次类型，即宏观的课程政策，也即有关课程的元政策，是国家教育行政主管部门依据国家总的教育目的与法令规章而制定的推行课程工作的行动纲领和准则，它涉及从宏观层面上对课程目标、课程结构、课程管理与评价等方面作出的重大调整。

（三）文本、政策文本

文本一词来自英文 text，另有本文、正文、语篇和课文等多种译法。从词源上来说，它表示编织的东西。这与中国"文"的概念颇多类似之处。关于文本的概念，《现代汉语词典》将其定义为文件的某种本子（多就文字、措辞而言），也指某种文件。一般地说，文本是语言的实际运用形态，在具体场合中，文本是根据一定的语言衔接和语义连贯规则而组成的整体语句或语句系统。广义而言，"文本"可指社会实践和制度、文化产品，甚至是人类行动和反思所产生的任何结果。狭义而言，"文本"是指特定书写的或口头表达的"产品"。利科尔（Paul Ricoeur）把文本界定为"任何由书写所固定下来的任何话语（discourse）"，并与"作为口语

① 吕立杰：《国家课程设计过程研究——以我国基础教育"新课程"设计为个案》，教育科学出版社 2008 年版，第 19 页。

② 同上书，第 16 页。

形式出现的话语"区分开来。① 根据这些表述，本书中的课程政策文本是课程政策话语固定化了的书面形式，也是有关课程政策文件的总称。

进一步分析，因鉴于课程政策是教育政策的下位概念，可从教育政策的角度进行解释。博尔在关于教育政策的经典文章中明确指出，教育政策不是某个物件，而是过程与结果；政策是文本，也是话语。② 在教育政策制定过程中，决策者们通过一系列复杂的议程、辩论等程序，将教育意图目的、工具等以文本的形式呈现，并且通过行政部门发布，使其变成政策结果（包括文本、实施方式以及隐含的意义等），最终展示给公众。在此，教育政策文本既是政策的可见存在与载体，也是超越经验——技术取向的作为文本的政策。③

事实上，从"政策文本"层面上研究教育政策是不少研究者的视角，其将教育政策定义为国家、政党或团体组织为实现一定的教育目标而制定的依据或行动准则，④ 这种依据或行动准则最终以文字的形式得以固化。还有研究者将政策大致分为动态和静态两类，即从动态的视角将政策定义为"对社会价值的权威性分配"；⑤ 从静态的视角将政策定义为"政治系统的产出，通常以条例、规章、法律、法令、法庭裁决、行政决议以及其他形式出现"。⑥ 总的来说，政策文本是一定政治实体对某项措施、方针、法律、规划、准则、计划、方案等所制订的各种文本形式的总和。具体而言，教育政策文本形态一般有四个层次：单项政策文本、某一领域的政策文本集合、国家总体教育政策文本总和以及元政策文本。⑦ 那么，根据这一说法，课程政策文本应属于第二个层次"某一领域的政策文本集合"，也即课程领域的政策文本集合。

---

① 利科尔：《解释学与人文社会科学》，陶运华等译，河北人民出版社 1987 年版，第148 页。

② Stephen J. Ball, What is Policy? Texts, Trajectories and Toolboxes, *Discourse*, Vol. 13, No. 2, 1993.

③ 曾荣光：《教育政策研究：议论批判的视域》，《北京大学教育评论》2007 年第 10 期。

④ 成有信等：《教育政治学》，江苏教育出版社 1993 年版，第 201 页。

⑤ David Easton, *The Political System: an Inquiry into the State of Political Science* (2nd ed), New York: Knopf, 1953.

⑥ ［美］E. R. 克鲁斯克、B. M. 杰克逊：《公共政策词典》，上海远东出版社 1992 年版。

⑦ 刘复兴：《教育政策的四重视角》，《清华大学教育研究》2002 年第 4 期。

　　具体来说，鉴于我国是在 1992 年将"教学计划"更名为"课程计划"，即 1992 年之前的"教学计划"的内容与功能事实上雷同于之后的"课程计划"，只是文件的名称有变化，同时，"课程计划"和教学大纲有时也合二为一，称为"课程方案"，如 2003 年颁发的《普通高中课程方案（实验）》，由此，1978 年至 1992 年之间颁发的"教学计划"，1992 年之后颁发的"课程计划""课程方案"和"课程改革纲要"构成本研究视阈中的课程政策文本。

　　（四）语境、政策语境

　　1. 语境①

　　"语境"一词是英文"context"的常见译法。在一般意义上，"context"是指文字作品中有助于理解一段话或一个词的"上下文"。20 世纪中期以来，"context"逐渐成为一个重要的学术研究术语，流行于人文科学和社会科学的众多领域，特别是在人类学、民俗学、语言学、艺术史、社会学等领域，这个词颇受重视，引起了热烈的讨论，形成了比较系统的理论。② 作为一个理论术语，"context"可以指一个文本产生时的具体环境，如当时的知识和思想氛围，作者的社会背景和创作意图，以及作者的社会交往和他感受到的各种外界影响；也可以指一个事件或行为发生时的具体情境，还可以指作用于事件的具体时代的社会和文化环境。

　　北京大学历史学教授李剑鸣通过对诸多英文文献的梳理，总结出：其一，"context"侧重相关性，它并不包括一个文本或事件周围的所有东西，而只涉及与文本或事件具有相关性或发生直接作用的环境；其二，"context"还强调综合性，它不是指作用于文本或事件的某单个因素或众多单个因素的集合体，而是指由多种条件和情境交织而成的综合体，类似某种不易找出头绪和经纬的"网络"，因实际上，"context"源自拉丁文的"contexere"，原本就是"编织在一起""交织""联结"和"构成"的意思。关于其在我国的译法，李剑鸣的分析是，在涉及某种言论或文本产生的条件或环境时，可以把"con-text"译为"语境"；但用来指事件和行为的发生场景或氛围时，这种译法就容易产生误解；有的台湾学者译作

----

　　① 李剑鸣：《历史语境、史学语境与史料的解读——以弗吉尼亚州批准美国宪法大会中一条材料的解读为例》，《史学集刊》2007 年第 5 期。

　　② Dan Ben-Amos, "Context" in Context, *Western Folklore*, Vol. 52, No. 2, 1993.

"脉络"，似乎没有充分传达它的本义，因为"脉络"是一种线性的东西，而事件和行为发生时的"context"则通常是立体的和多向交错的；有的把"context"译作"情境"或"具体条件"，但是这些译法同样存在局限，因就"情境"的译法而言，"情"字带有主观色彩，与当事人或行为者的主观感受关系密切。

由此，李剑鸣认为，想要为"context"找到一种既能够充分传达"原意"，又可运用各种具体情形的译法，几乎是不可能的。在这种情况下，我们只得回到它的基本译法"语境"。只是在把它用于不同的情形时，要事先明确，这个"语"字并非专指文本或言论，而包括各种形式的文本和事件。

事实上，笔者在翻译博尔等人有关政策语境的观点时，也经历过将其翻译为"政策脉络""政策情境"到最后又辗转至"政策语境"的过程，而且也考虑到"语境"与文本一词的"语"与"文"搭配起来更为妥帖。

把"语境"的概念及其相关理论引入历史研究之中，可以为我们认识过去和解读材料带来不少启示。以往，我们在论及历史事件发生的条件或环境时，通常用"历史背景"一词。但是，"背景"同具体的人和事之间，似乎是一种彼此分离的衬托关系，类似舞台布景和演员表演之间的关系。实际上，历史的行为者总是活动于具体的条件或环境之中，事件也总是发生于具体的条件与环境之中，前一行动可能构成后续行动的影响因素和条件，后续行动也可能改变前一行动的意义。"历史背景"一词显然不能反映这种多向的、立体的和互动的复杂关联。常见于一些史学论著中的"历史背景"，通常只是为了帮助了解某人某事而交代的相关知识，与所论的人和事之间，不是一种交融和互动的关系。这种理解问题和论述问题的方式，容易造成"背景"和问题的分离，无助于理解问题的复杂性和真实意义。而"语境"则是立体的、活动的，是具体的人和事处于其中并与之发生行动和信息交流的有形或无形的"空间"，是由多种相互关联、相互作用的因素或条件交织而成的综合体。

这种从"语境"入手来处理研究题材的治史方式，有学者称作"语境主义"（contextualism）史学。如美国历史学家伯纳德·贝林结合他本人和其他学者的研究经验，明确提出了"语境史学"的理念。他对查尔斯·安德鲁斯、刘易斯·纳米尔等四位欧美历史学家的成就做了讨论，认为他们具有三个共同的特点，首先是他们对于过去事态的"语境"有透彻的了解，都是"语境主义者"（contextualists）。而他本人的研究，则很好地实践了这种"语境主义"。他在分析18世纪美国革命者的政治话语时，特别注重将他们使用的核心概念置于当时的"语境"中考察，澄清了许多以往存在的误解。英国历史学家昆廷·斯金纳研究思想史，同样重视思想和观念产生和传播的"语境"。马莎·豪厄尔提出，"语境"对于解读史料具有核心的意义，只有把握史料产生的"历史语境"，以及与这一史料相关的"史学语境"，才有可能"发现"史料的"原意"。[①]

实际上，中国学者也提出过类似"语境主义"的治史理念。清人章学诚在论及"文德"时提出，对待前人的"文辞""必敬以恕"；"恕非宽容之谓者，能为古人设身而处地也"；"不知古人之世，不可妄论古人文辞也；知其世矣，不知古人之身处，亦不可以遽论其文也"。[②] 如果换成现代的语言，他的观点可以表述为：要用恭敬和尊重的态度对待前人的言论，要以博大而包容的襟怀来了解前人著述的"语境"，以弄懂前人"文辞"的"原意"。陈寅恪在这个基础上，进而提出了"了解之同情"的史学主张，用他自己的话说，就是"必神游冥想，与立说之古人，处于同一境界，而对于其持论所以不得不如是之苦心孤诣，表一种之同情，始能批评其学说之是非得失，而无隔阂肤廓之论"。[③] 可以说，这种处理历史问题的态度和方法，与"语境主义"名异实同、异曲同工。这种"语境主义"的意识和方法，对于理解史料的确切含义，乃是不可或缺的。

2. 政策语境

根据泰勒、扎勒兹维等人的观点，政策语境在广义上指的是致使一个具体的政策得以酝酿的环境（antecedents）和压力。[④] 具体而言，他们指出，其语境要考虑经济、社会和政治等当下语境、历史语境、其他同类政

---

① 关于历史的和史学的两种"语境"的观点，参见马莎·豪厄尔等《源自可靠的资料：史学方法导论》（Martha Howell and Walter Prevenier, *From Reliable Sources: An Introduction to Historical Methods*），纽约州伊萨卡2001年版，第19页。

② （清）章学诚：《文史通义·文德》，上海书店影印出版1988年版，第81页。

③ 陈寅恪：《金明馆丛稿二编》，上海古籍出版社1982年版，第247页。

④ Sandra Taylor（et al.），*Educational Policy and the Politics of Change*，New York：Routledge，1997，p. 45.

策、核心角色的作用、文本生产语境。而史蒂芬·博尔和理查德·鲍等人于 1992 年将政策生产的语境分为：影响的语境；文本生产的语境；实践的语境。本书文献综述中已有将详尽的解释，此不赘述。

　　鉴于本书主要考察政策文本出台前的语境，笔者舍弃了博尔等人的"实践的语境"，并将其有关"影响的语境""文本生产的语境"的相关解释整合和补充在泰勒等人的框架之中，其政策语境的概念不仅包括泰勒等人所说的"政策的酝酿"阶段，还包括更近端的语境，即政策的具体制定阶段。

三　研究路径与方法

(一)　研究路径

　　课程政策代表着国家有关课程的官方话语，而如课程专家阿普尔所言："当我们阅读可称为这个国家的话语的东西，我们应该强调的最重要的事情之一就是史蒂芬·博尔和理查德·鲍所强调的政策文本和政策语境。如他们指出的，政策文本的阅读不是不受拘束的。它们不是在一个真空里发展起来的，种种情况在撞击解读的过程。"[①]

　　政策既然以复杂的方式编码，就需以复杂的方式解码。课程政策既然制定于复杂的多元语境之中，由此，要达成对政策文本的深度阅读，就不能脱离语境、游离语境，而必须将其回归和复原至多元语境之中。这种多元语境的依次展开则构成本书研究的路径。

　　语境的展开是本书的主体部分，整体上所遵从的逻辑线索是：时间上，先历史语境而后进入当下语境；空间上，先本土语境而后国际语境；在当下语境的探讨中，又遵循从宏观到微观的线索，即从社会宏观语境到具体的政策制定过程。具体来说，各语境自身的演绎逻辑如下。

1. 历史语境

　　"中国基础教育现代课程体系建设的正式启动始于 20 世纪初，是为完成现代学校体系构建而应时出台的。"[②] 一个世纪以来，我国一直在朝

---

　　① Michael W. Apple Texts and Contexts: The State and Gender in Educational Policy, *Curriculum inquiry*, Vol. 24, No. 3, 1994.

　　② 黄书光：《中国基础教育改革的历史反思与前瞻》，天津教育出版社 2006 年版，第 63 页。

课程现代化这一目标努力。将时间"镜头"推至20世纪初，并将改革开放以来的这一时期作为一个整体来看，它就是中国课程由传统向现代转变的链条中的一环，这一环与之前的探索与发展是分不开的。

这一部分主要分析20世纪初课程现代化的探索与新中国成立初期课程现代化的发展对改革开放后课程政策的影响，也即课程现代化的前期历史中的"问题遗绪"和"思想遗绪"如何在改革开放课程政策中得到体现、延续与发展。

2. 社会宏观语境

改革开放是一场深刻的社会变革，这场社会变革究竟对课程政策产生了何种影响，其变革的历程具体如何塑造了各阶段的课程政策，是部分集中探讨的问题，从社会经济、政治和文化三个主要方面切入这一部分研究思路。

经济语境方面主要探讨经济能力和发展水平对课程政策有何种制约，尤其重点阐述经济的发展与变革是如何迫使课程政策作出调整，以适应和满足各阶段人才素质的需求；政治语境方面主要通过分析课程政策文本中的政治话语、政治民主化的发展等在课程政策中的体现，阐述各阶段的政治环境与政治条件对于课程政策的影响；文化语境方面主要论述转型社会背景下社会文化的变迁如何反映在课程政策话语之中，如与市场经济相适应的大众文化、通俗文化等的影响。

3. 相关政策语境

在我国的社会现代化过程中，人的现代化问题逐步突出起来。人的现代化的实现机制无疑就是教育的现代化，而课程是培养人才的蓝图，所以教育现代化的核心是课程现代化。① 而教育整体上的现代化追求与努力为课程政策的变革提供了良好的发展环境，如义务教育政策与素质教育政策的推动。

这一部分重点探讨以下几部重要的政策性文献对课程政策的影响，如《中共中央关于教育体制改革的决定》（1985），《中国教育改革和发展纲要》（1993），《面向21世纪教育振兴行动计划》（1998），《国务院关于基础教育改革与发展的决定》（2001）等。除此之外，这一部分还探讨了

---

① 王永红、黄甫全：《课程现代化：跨世纪的思考——首届全国课程学术研讨会述评》，《课程·教材·教法》1998年第2期。

一些对课程政策的调整产生了实质性影响的重要教育法规、指示、领导人讲话等。如条例有 1978 年颁发的作为整顿学制与课程的指导性文件《全日制中学暂行工作条例（试行草案）》和《全日制小学暂行工作条例（试行草案）》，重要指示如 1993 年国家教委《关于减轻义务教育阶段学生过重课业负担、全面提高教育质量的指示》。

4. 生产语境

政策具体制定过程构成政策文本实质性生产的语境，一种发挥直接作用的更为近端的语境。

这一部分一方面从制定主体、决策机制等维度探讨了改革开放以来课程政策制定过程的主要特点，这些特点又如何影响了课程政策的话语表达；另一方面，为避免泛泛而论，采取了案例研究的形式，以某一课程政策的具体制定过程为例，呈现了决策过程中各学科课程团体之间，或课程专家与政府官员之间的争论、协商与妥协。

5. 国际语境

改革开放后，通过大量的译介书籍和世界课程团体之间频繁的学术交流活动，各种思潮与流派竞相拥入，这构成了我国课程政策变革的外在刺激。

这一部分探讨了世界课程发展的主要潮流与趋向，如对于课程的个体发展功能的张扬、课程的综合化、课程权力的共享、"回归生活世界"等。这些潮流如何影响了我国的课程政策，并如何具体体现在课程政策文本的话语之中。

（二）研究方法

在具体的研究方法上，本研究主要采用了以下几种。

1. 历史—逻辑研究法

任何社会现象都不是孤立的，而是有其产生的历史背景和发生、发展的过程。历史—逻辑研究方法就是一种借助于对与客观实在的研究对象的历史发展过程相关的史料进行分析、整理，从理论形态上总体把握和认识研究对象发展过程的客观规律的研究方法。

这一方法在本书中体现在：一是把所研究的课程政策放在了特定的历史语境下做具体分析；二是梳理了课程政策的总体演进脉络，反映了改革开放以来课程政策的历史发展过程；三是在总体上归纳了这一发展过程中推动课程政策变革的主要动因。

2. 文献法

一方面，这主要是指本书是以现有的改革开放以来的课程政策文本为对象而进行的研究；另一方面，其有关政策语境研究的展开主要是建立在搜集、整理和分析有关专家学者的专著、论文等研究成果的基础上的探讨。

3. 比较研究法

这一方法主要用于：一方面，在分析某一阶段的课程政策核心话语时，与之前的政策作了比较，强调了核心的政策话语指向的是对前一政策所作的重大调整、改进或变革；另一方面，在本书的好几个部分，如社会宏观语境、相关政策语境的分析部分，根据改革开放以来课程政策的历史分期，采取的是分阶段分析的方式，并对各阶段之间的特点进行了一些对照。

4. 案例分析法

在探讨课程政策的生产语境中，为了更为清晰地呈现制定主体与决策机制，尤其是制定活动中有关的利益冲突、争论与妥协，采取了案例分析的方法，即以某几个典型的课程政策的具体制定过程为例，在此基础上再进行分析与总结，如择取了《基础教育课程改革纲要》《普通高中课程方案》的制定等个案。

第 二 章

中国基础教育课程政策的总体
演进（1978—2008）[*]

第一节 我国基础教育课程政策之核心话语的变迁

一 改革开放以来基础教育课程政策的历史分期

关于课程政策的历史分期，其依据有：一方面，根据改革开放以来共进行的四次基础教育课程改革的分期：全国第五次课程改革（1978—1980）、第六次课程改革（1981—1985）、第七次课程改革（1986—1997）、第八次课程改革（1998—当前）。另一方面，根据课程专家白月桥先生提出的有关于课程"代"的划分，他认为，一直以来，我们在谈论课程计划时，多用第几年、第几套的字眼，而这一提法难以反映课程发展的阶段性和课程变革的本质，因此，"研究课程的变革，需要用'代'的概念取代'套'的概念，一代课程往往有多套计划、大纲。新一代课程和旧一代课程相比，应有重要性质的变革"。[②] 由此，他认为可划分为"三代"："第一代以'文化大革命'前为主，其中包括'文化大革命'刚结束时期为拨乱反正所编订的各套计划、大纲；第二代开始于20世纪80年代中期，1985年《义务教育法》颁布以后所编订的课程计划、大纲等；第三代自1998年教育部起草《国家基础教育课程改革指导纲要》以来颁布的课程计划等。"[③]

---

[*] 本章部分内容发表于《现代教育管理》2010年第5期,题为《改革开放以来基础教育课程政策之变革与稳定》。

② 白月桥:《课程变革概论》,河北教育出版社1996年版，第158页。

③ 同上书，第160页。

　　结合以上两个方面，笔者将改革开放以来的基础教育课程政策共分为三个阶段。

　　第一阶段：（1977—1985）恢复正常教育秩序和初步探索有中国特色社会主义课程政策时期（第五次、第六次课程改革）。

　　第二阶段：（1986—1997）实施义务教育和全面建设有中国特色社会主义课程政策时期（第七次课程改革）。

　　第三阶段：（1998—2008）构建 21 世纪基础教育课程新政策时期（第八次课程改革）。

二　各阶段基础教育课程政策文本概览

　　根据以上历史分期，下面以图表的方式（见表 1）列出了本书中所研析的主要课程政策文本，它们既是研究的出发点，也是研究的基本依据。需要说明的是，鉴于本书所研究的"课程政策"集中于宏观范畴的国家层面课程政策，此图表中也相应未涉及地方课程政策。

表1　　　　　　　　　　　　各阶段课程政策文本一览

阶段	颁发时间	名称
第一阶段	1978.1	《全日制十年制中小学教学计划试行草案》
	1981.3	《全日制五年制小学教学计划（修订草案）》 《关于修订全日制五年制小学教学计划的说明》
	1981.4	《关于制订全日制六年制重点中学教学计划试行草案的几点说明》 《全日制六年制重点中学教学计划（试行草案）》 《全日制五年制中学教学计划试行草案的修订意见》
	1984.8	《关于全日制六年制小学教学计划的安排意见》 《全日制六年制城市小学教学计划（草案）》 《全日制六年制农村小学教学计划（草案）》 《关于拟订全日制六年制小学教学计划（草案）的说明》

续表

阶段	颁发时间	名称
第二阶段	1988.9	《义务教育全日制小学、初级中学教学计划（试行草案）》 《义务教育全日制小学、初级中学"六·三"制初级中学教学计划（试行草案）》 《义务教育全日制小学、初级中学"六·三"制小学教学计划（试行草案）》 《义务教育全日制小学、初级中学"五·四"制初级中学教学计划（试行草案）》 《义务教育全日制小学、初级中学"五·四"制小学教学计划（试行草案）》
	1990.3	《现行普通高中教学计划的调整意见》 《关于〈现行普通高中教学计划的调整意见〉的几点说明》
	1991.7	《关于实施〈现行普通高中教学计划的调整意见〉和普通高中毕业会考制度的意见》 《关于在普通高中开设选修课的意见》
	1992.8	《九年义务教育全日制小学、初级中学课程计划（试行）》
	1994.7	《实行新工时制对全日制小学、初级中学课程（教学）计划进行调整的意见》 《实行新工时制对高中教学计划进行调整的意见》
	1995.4	《关于实行每周40小时工作制后调整全日制中小学课程（教学）计划的意见》
	1996.3	《全日制普通高级中学课程计划（试验）》
第三阶段	2000.1	《全日制普通高级中学课程计划（试验修订稿）》
	2001.6	《基础教育课程改革纲要（试行）》
	2003.3	《普通高中课程方案（实验）》

三　主要视角：基础教育课程政策之核心话语的变迁

各时期政策中的核心话语最能够表征其时作出的重要变革与调整，由此，通过提取核心政策话语来分析课程政策的演进脉络构成这一部分的研究路径。"核心"或为政策文本中频繁出现的话语，或是政策旨在解决的重点问题，或是与之前的政策相比新出现的话语也即政策的亮点。

（一）第一阶段（1977—1985）

1.《全日制十年制中小学教学计划试行草案》（1978）

1977年"文化大革命"宣告结束，全国各条战线都进行了"拨乱反正"，教育界也不例外。1978 年制订了恢复教学秩序后的第一个全日制十年制教学计划，并编订了相应的教学大纲和教材。

在这一教学计划及通知中，出现次数较多的有"教育革命"一词（8次），如"继续进行教育革命""认真总结二十八年来教育革命正反两方面的经验，巩固和发展教育革命的成果"等。

"毛主席"或"毛泽东"共出现 15 次，其中"毛泽东思想"4 次，"毛泽东的革命路线"3 次，其余为"毛主席的无产阶级教育路线""毛主席的教育方针"和"毛主席的伟大旗帜"等。"又红又专"无疑是另一带有这一时代特色的话语，其中有明文指出"加速培养又红又专的建设人才"。

"现代"出现了 9 次，其中"现代化"占 4 次，其余均出现在"课程设置及有关说明"中，涉及"具有现代语文的阅读……""加强现代科学技术……""注意反映现代物理学成就""注意反映现代数学的观点""讲一点现代物质结构理论的初步知识"。

同时，本计划有一部分专为"'主学''兼学'的安排"，即以学为主，兼学别样，所谓"兼学"就是组织好学工、学农、学军，批判资产阶级，从而使学生在三大革命实践中接受工农兵的教育，克服非无产阶级思想等。

除此之外，在这一计划中要注意的是以黑体字的形式凸显的话语，它们无疑是文本作者意欲强调的，主要有 3 处："教育必须为无产阶级政治服务，必须同生产劳动相结合"，"使受教育者在德育、智育、体育几方面都得到发展，成为有社会主义觉悟的有文化的劳动者"；"没有正确的政治观点，就等于没有灵魂"；"学制要缩短。课程设置要精简。教材要彻底改革"，"要自学，靠自己学"，"要充分兼顾青年的工作、学习和娱乐、体育、休息两个方面"。

2.《全日制五年制小学教学计划（修订草案）》和《全日制六年制重点中学教学计划（试行草案）》（1981）

《全日制五年制小学教学计划（修订草案）》对 1978 年颁发的中小学教学计划中的小学部分作了修改，其亮点主要体现在课程设置方面。

其一为"思想品德课"。这是鉴于当时四、五年级的政治课脱离学生思想实际，效果不好，由此根据加强青少年思想教育的精神，将政治课改为思想品德课，为"紧密联系学生的思想实际，进行生动活泼的初步的共产主义思想品德教育和形势教育"，遂将现行政治课改为思想品德课，而且调整以后，思想品德课总课时比原政治课增加 44 课时。

其二为"地理课"和"历史课"。通过政治课的调整以及史地课的恢复，以使"小学的思想品德教育、爱国主义教育将得到加强"。

其三为增设"劳动课"。在之前的教学计划中，小学设课 8 门，即政治、语文、数学、外语、自然常识、体育、音乐、美术，在这一计划中，因史地两课恢复并增设劳动课，设课共 11 门。劳动课的开设是为了"从小培养学生的劳动观点和劳动习惯，培养热爱劳动和劳动人民的思想感情"。

其四为"课外活动"。这是第一次将课外活动与语文、数学等学科并列纳入表格中，自习、科技文娱活动、体育活动、周会班队活动是课外活动的组成部分，每周 7 课时。

除了课程设置方面，计划中强调了"严格控制作业量"，在之前的教学计划中虽然也提到"家庭作业不宜过重，社会活动不宜过多，要切实保证中学生每天有 9 小时、小学生每天有 10 小时的睡眠时间"，但"过重"并未有具体量的限定，在此计划中，则明确限定"一年级，学校不留家庭书面作业；二、三年级，一般每天家庭作业量不要超过 30 分钟；四、五年级，每天家庭作业量一般不要超过 1 小时"。

1981 年 4 月，教育部于又颁发了《全日制六年制重点中学教学计划（试行草案）》。其变化体现在以下方面。

其一为"重点中学"。"重点中学"之所以列为核心话语在于，这是我国 30 年中唯一一份专门针对"重点中学"的课程政策文件，文件中提出"适用于重点中学，也可适用于条件（包括师资、设备和学生的学习基础等）比较好的中学"，即并不适用于一般中学。

其二为"开设选修课"。"为了适应学生的爱好和需要，发展他们的特长，更好地打好基础，高中二、三年级开设选修课"。对于如何开设选修课，计划中提出了两种安排：一为单课性的选修，即对某些课程的选修；二为分科性选修，即在文科或理科方面有所侧重的选修。从此时起，开始形成高中文理分流的办学模式。另增设"劳动课"。

其三为"劳动技术教育课"的开设。从 20 世纪 50 年代的基本生产技术教育到后来出现的片面强调"劳动"对思想的改造意义，到明确提出"劳动技术教育课"，即不仅有劳动教育还包括技术教育，这标志着中学劳动技术教育课程发展进入了新的阶段。文件中指出，劳动技术教育包括"工农业生产、服务性劳动的一些基本技术和职业技术教育以及公益劳动"。

其四在于提出"人口教育"。该计划总结了执行 1978 年所颁教学计划的经验，明确提出将高中的晚婚和计划生育讲座改为人口教育讲座。这是我国中学人口教育走向全面化、系统化的开端。

3.《关于全日制六年制小学教学计划的安排意见》（1984）

一为"审美/美育"。这是改革开放以来首次在教学计划中提出"促进少年儿童在德、智、体、美诸方面，更加生动活泼地主动地发展"，将美育放在了与其他方面并列的位置上。而在此前的政策中，均强调的是"在德育、智育、体育诸方面切实打好基础"或"贯彻德、智、体全面发展的方针"。

二为"课业负担"和"升学率"。"课业负担"之所以成为核心话语，是因为这是该政策强调要改革的重点问题，该政策文本指出："当前初等学校教学改革的重点，首先应当研究如何减轻学生过重的课业负担"，提出要"把学生从过重的课业负担和频繁的考试中解脱出来"，"不要搞'题海战术'"。这是改革开放后"升学率"这一话语首次出现在课程政策中，文本郑重提出"在此重申：县级以上教育行政部门一律不得再组织小学的统一考试或变相的统一考试；不再排学校升学率的名次；也不要把升学率的高低作为评价或奖惩学校、教师工作的唯一标准"。

（二）第二阶段（1986—1997）

1.《义务教育全日制小学、初级中学教学计划（试行草案）》（1988）

这是我国实施义务教育后的第一个教学计划。其新变化主要为以下两点。

一为"抵制不良影响"。文件指出小学生要有"初步分辨是非的能力"，而初中生则具有"一定的分辨是非和抵制不良影响的能力"，这一话语无疑具有时代特色，其提出是基于改革开放十年来所带来的某些不利影响。

二为"社会课"。小学新增"社会课"，这标志学科之间的联系开始受到关注，并有了进行学科之间整合的初步尝试。

2.《现行普通高中教学计划的调整意见》（1990）

在 1981 年颁发的教学计划实施 10 年之后，国家教委颁发了《现行普通高中教学计划的调整意见》（见书后附录1，以下简称《调整意见》），作为新的普通高中教学计划颁发前的过渡性教学计划。其核心政策话语主要为：

"活动"。《调整意见》中提到"调整后的课程结构由学科课程和活动两部分组成"，"活动包括课外活动和社会实践活动"。这一方面沿用了之前的变革，即1984年《全日制六年制城市小学教学计划（草案）》中首次把"课外活动"更名为"活动"，且1988年颁发的一系列有关义务教育全日制小学、初级中学计划中也继续保持了这一说法。另一方面，在这一《调整意见》中，"活动"与学科课程并列，得到了进一步的加强，社会实践活动明确纳入"活动"范畴中。

"个性"。这一话语是首次出现于改革开放以来的课程政策中。文本中提出在提高学生思想道德素质、科学文化素质、身体心理素质的基础上，还要"使学生的个性得到健康的发展"，要"发展学生的个性、特长"。

"计算机课"。这是"计算机课"首次进入课程设置部分。文件中提出"计算机课的开设，要根据各地的条件决定"，"有条件的地方和学校还可以列入必选课或必修课"。

3. 《关于实施〈现行普通高中教学计划的调整意见〉和普通高中毕业会考制度的意见》和《关于在普通高中开设选修课的意见》（1991）

这两个文件是同时印发的。前一文件是针对普通高中课程、教材和考试制度的改革；后一文件则将选修课视为"普通高中课程结构中的一个薄弱环节"，加强了具体指导。其核心话语有二：

其一为"面向全体学生"。在前一文件的前言部分明确提出，"把高中教育从应试教育转变为全面提高学生素质的教育，从只面向重点学校和升学有望的学生转变为面向全体学生"，这一话语的提出对其后的课程政策产生了深远的影响。如在1992年的小学、初中阶段课程计划中也有"面向全体学生，注重全面打好基础，因材施教，促进学生的健康发展"；1996年高中计划中有"坚持面向全体学生，因材施教"，2000年的高中课程计划中也保留了这一语句。

其二为"选修课"。在上面的《现行普通高中教学计划的调整意见》曾提出"调整后的普通高中学科课程，在必修课为主的原则下，适当增加选修课"，选修课得到适当增强，而在这一文本中则进一步规范了选修课的建设。其将选修课界定为"是允许学生根据自己的兴趣、志向进行选择学习的一种课程",并对开设选修课的目的、原则、选修课的内容和方式、师资、教材和设备、场所、选修课的管理都提出了意见。

4. 《九年义务教育全日制小学、初级中学课程计划(试行)》(1992)

这是第一次对小学、初中课程进行统一设计(见本书附录2),至此,从理论上说,高中教育作为独立的一个阶段开始确立;同时,我国课程文件的名称有了新的变化,由俄文翻译来的使用了40来年的"教学计划"的名称从此结束,而命名为"课程计划","课程计划"和教学大纲则合二为一称为"课程方案"。因此,这是第二阶段中一个意义重大的课程政策文件。其核心话语有:

"个性品质"和"个性心理品质"。这是新中国成立以来首次把个性品质列为培养目标之一。其前言中规定要"促进学生个性的健康发展";在"培养目标"部分,小学生要求初步养成"关心他人、关心集体、认真负责、诚实、勤俭、勇敢、正直、合群、活泼向上等良好品德和个性品质",具有"较广泛的兴趣和健康的爱美情趣"。初中阶段则递进为要使学生具有"守信、勤奋、自立、合作、乐观、进取等良好的品德和个性品质";在"课程设置"部分,要求所有学科都要"促进学生个性心理品质的健康发展",它与加强基础知识和基本技能一样,成为学科教学的一项任务。

"地方安排课程"。在"课程设置"部分,"地方安排课程"和"国家安排课程"并列为小标题,明确指出"为了适应城乡经济文化发展和学生自身发展的不同情况,本课程计划设置了地方安排课程"。这是新中国成立以来的课程表中首次出现"地方安排课程",并对其时数进行了规定。

"综合课"。"以分科课为主,适当设置综合课",这是"综合课"首次出现在课程计划中,在一定程度上表征着分科课程体系开始动摇。

"环境教育"。虽然我国在1979年国家制定的中小学教材中增加了环境保护的内容,但是"环境教育"在总的课程计划中提出,这还是首次。在课程设置的"说明"部分,明文指出"小学自然、社会,初中物理、化学、生物、地理等学科应重视进行环境教育",正式确立了环境教育在我国义务教育中的地位。

5. 《实行新工时制对全日制小学、初级中学课程(教学)计划进行

调整的意见》和《实行新工时制对高中教学计划进行调整的意见》
（1994）

　　为适应国务院颁布的新工时制的要求，国家教委决定对小学、中学课程（教学）计划进行调整。其核心话语为：

　　"活动课"和"活动类课程"。在正文中始出现"学科和活动课"，在课程安排表中，原"活动"一栏改为"活动类课程"，包括三项内容：晨会（夕会）；班团队活动；科技文体活动。

　　"艺术学科"。在"调整原则"部分提出要"加强艺术教育，在普通高中开设艺术学科"，其后又进一步明确"将艺术学科作为必修课，在高中一、二年级开设"，并将"艺术"纳入课程表中，音乐和美术课程不再单列，始归于"艺术"学科。

　　6.《全日制普通高级中学课程计划（试验）》（1996）

　　这是我国在实践操作上第一个把普通高中作为独立学段的课程计划［以下简称《计划（试验）》］。核心话语有二：

　　其一为"三级管理"。本《计划（试验）》在"课程管理"部分明确指出"普通高中课程由中央、地方、学校三级管理"。"学校应根据国家教育委员会和本省（自治区、直辖市）课程计划的有关规定，从实际出发，对必修学科和限选学科做出具体安排，合理设置本学校的任选课和活动课，并报上级教育行政部门批准。"它标志着我国三级课程管理体制被教育行政部门所采用。

　　其二为"活动课程"。在"课程结构"部分，虽仍然保留了"活动类课程"的说法，但已出现"活动课程"一说，提出："校会班会、社会实践和体育锻炼是全体学生必须参加的活动课程，科技、艺术等活动是学生自愿选择参加的活动课程。"

　　（三）第三阶段（1998—2008）

　　1.《全日制普通高级中学课程计划（试验修订稿）》（2000）（以下简称《计划》）

　　这是1996年颁发的课程计划的修订稿。经过修订，增加的核心话语有：

　　"创新精神""实践能力"和"终身学习"。这些话语出现多次，而且往往连用，如在"培养目标"方面就出现了两次，提出"培养学生创新精神、实践能力、终身学习的能力"，后又强调"进一步发展创新精神和实践能力，逐步形成适应学习化社会需要进行终身学习的能力"，随后还出现在"课程设置"中，在"课程实施"部分也提出"课程实施应加强对学生创新精神和实践能力的培养"。

"综合实践活动"。这是在课程设置中首次出现综合实践活动，并列为"国家规定的必修课"，包括四部分内容：研究性学习、劳动技术教育、社区服务、社会实践。《计划》对这四部分内容也都做了明确说明，如规定："研究性学习以学生的自主性、探索性学习为基础，从学生生活和社会生活中选择和确定研究专题，主要以个人或小组合作的方式进行。"

"开发者"和"研究者"。这是首次在课程计划中对教师的角色进行了界定，"教师是课程实施的组织者、促进者，也是课程的开发者和研究者"。而与1996年颁发的《计划（试验）》比起来，充分体现了对教师作用的凸显。在《计划（试验）》全文中找不到"教师"这一话语，而在此《计划》中"教师"共出现10次，如"在研究性学习中，教师是组织者、参与者和指导者"，"教师的教学应是富有创造性的活动"等。

"学生的发展"。在此《计划》中出现多次的，如强调"学生的发展是课程实施的出发点和归宿"；"在教学目标的设计、教学活动的组织、课程资源的选择、现代教育技术的运用等方面都应有利于每一个学生的发展"；"课程评价"部分提出"以促进学生发展为根本目的"。同时，还有多处对"发展"有具体形容，如"健康发展""学生的全面发展""学生多样发展"等。

"自主学习"。《计划》几乎在每一部分都关注了学生学习的自主性。首先，在前言部分就提出要"充分发挥学生学习的自主性"。其次，在"培养目标"部分有"形成独立思考、自主学习的能力"；在"课程设置"部分，选修课强调"学生可以根据个人志向、兴趣和需要自主选择修习"，而研究性学习则"以学生的自主性、探索性学习为基础"。最后，在"课程实施"部分则提出教师应"促进学生自主学习、独立思考"。

"教学民主"。本《计划》对师生关系首次予以关注，提出："倡导教学民主，建立平等的师生关系。"具体要求则是教师要尊重学生的人格，每一位教师都有责任爱护和培养学生的探索精神、创新精神，营造崇尚真知、追求真理的氛围，促进学生自主学习、独立思考，为学生禀赋和潜能自由、充分的发展创造宽松的环境。

"课程资源"。这一话语也是1996年的《计划（试验）》中所未有的。

本《计划》明确指出"课程实施要充分发挥和利用教材以外的课程资源",尤其要"充分发挥信息技术在发挥课程资源方面的巨大潜力",并要求教师在"课程资源的选择"方面应有利于每一个学生的发展。就具体的课程来说,《计划》中还出现了积极开发"综合实践活动资源""选修课资源"。这表征着课程资源的开发、选择、利用开始进入政策范畴。

除此之外,"创业精神""体验"等也是带有新气象的话语。

2.《基础教育课程改革纲要(试行)》(2001)

《基础教育课程改革纲要(试行)》(全文见本书附录3,以下简称《纲要》)的颁布拉开了我国基础教育课程改革的序幕,标志着我国基础教育进入一个崭新的时代。《纲要》对于整个基础教育的课程体系、结构、内容都进行了调整和改革,其亮点表现在:

"综合课程"。为了改变课程结构过于强调学科本位、科目过多和缺乏整合的现状,体现课程结构的均衡性、综合性和选择性,"设置综合课程"成为此次改革的几大目标之一。《纲要》明确提出"小学阶段以综合课程为主,初中阶段设置分科与综合相结合的课程,高中以分科课程为主"的课程结构。自然科和社会科分别综合为科学、历史与社会。

"探究"。这是在之前的课程政策中所未出现的话语。《纲要》"目标"部分,倡导学生"乐于探究","课程结构"部分则强调"增强探究和创新意识","教学过程"部分提出应"引导学生质疑、调查、探究",其后又指出"教材内容的组织应多样、生动,有利于学生探究"。

"信息技术"。这一话语虽在之前的课程政策中出现过,但从未给予如《纲要》这样的重视。《纲要》一方面将"信息技术教育"明确列入综合实践活动课程中,突出培养学生利用信息技术的意识和能力;另一方面提出要"大力推进"教师在教学过程中普遍应用信息技术,"促进信息技术与学科课程的整合,逐步实现教学内容的呈现方式、学生的学习方式、教师的教学方式和师生互动方式的变革,充分发挥信息技术的优势,为学生的学习和发展提供丰富多彩的教育环境和有力的学习工具"。

"课程标准"。这一提法标志着沿用了几十年的"教学大纲"的隐退,取而代之的是国家课程标准。《纲要》中提出,作为教材编写、教学、评估和考试命题的依据的国家课程标准,"应体现国家对不同阶段的学生在知识与技能、过程与方法、情感态度与价值观等方面的基本要求,规定各门课程的性质、目标、内容框架,提出教学和评价建议",而不再包括教学重点、难点、时间分配等具体内容，这就构成课程标准与直接指导教学工作的教学大纲的一大区别。

"课程评价"。"课程评价"这一话语并不是首次出现在课程政策中，但《纲要》对于"课程评价"的改革，提出了很多新的建议。一方面，它提出要改变课程评价过分强调甄别与选拔的功能，强调课程评价的发展功能。虽然在2000年的高中课程政策中也强调课程对学生的发展功能，即提出"课程评价应以尊重学生为基本前提，以促进学生发展为根本目的"，但与此不同的是，《纲要》中还强调评价对课程发展的功能，提出要"建立促进课程不断发展的评价体系"，周期性对课程进行分析和评估，调整课程内容、改进教学管理，形成课程不断革新的机制；同时也增加了评价对于"教师提高和改进教学实践的功能"。另一方面，《纲要》还提出"建立以教师自评为主，校长、教师、学生、家长共同参与的评价制度"，倡导学生尤其是家长也参与课程评价，这是以前所未有的。

除此之外，"反思"也是有关教师的不可忽视的新话语。

3.《普通高中课程方案（实验）》（2003）

《普通高中课程方案（实验）》（见本书附录4，以下简称《方案》）是我国新一轮普通高中课程改革的纲领性文本，在很多方面都作出了重大调整，尤其是为学生自主选择课程、教师的专业发展等提供了制度保障。其新的变化主要为：

"团队精神""理解文化的多样性"。在"培养目标"部分提出："正确认识自己，尊重他人，学会交流与合作，具有团队精神，理解文化的多样性，初步具有面向世界的开放意识。"强调对他人的尊重、与人合作、理解他人的品质，成为《方案》的一大亮点。

"学习领域""科目"和"模块"。这是我国课程发展史上首次利用学习领域、科目、模块来构建高中课程体系及结构，从而使普通高中课程结构产生了实质性的突破。具体来说，普通高中新课程由语言与文学、数学、人文与社会、科学、技术、体育与健康、艺术和综合实践活动八个学习领域构成，除综合实践活动这一特殊领域外，其余七个学习领域均由价值相近的若干科目构成，每个科目则由若干模块构成。

"选课指导制度"。《方案》指出："建立选课制度，引导学生形成有个性的课程修习计划"，在普通高中阶段倡导学生建立符合自身特点的有个性的课程修习计划，在我国教育史上还是第一次，而建立行之有效的校内选课指导制度则是避免学生选课的盲目性的一大途径。具体而言，学校"应提供课程设置说明和选课指导手册"，班主任及其他教师"有指导学生选课的责任，并与学生建立相对固定而长久的联系"，并要"引导家长正确对待和帮助学生选课"。而且，学校要着重"鼓励学生在感兴趣、有潜能的方面，选修更多的模块，使学生实现有个性的发展"。

"教学研究制度"。《方案》指出："学校应建立以校为本的教学研究制度，鼓励教师针对教学实践中的问题开展教学研究。"强调要重视学科教师之间的交流，使课程的实施过程成为教师专业成长的过程，并形成推动课程发展的专业咨询、指导和教师进修网络。

"发展性评价制度"。虽然在之前《纲要》中的课程评价方面已强调评价的发展功能，提出了发展性评价的部分质素，但尚未上升到制度层面。《方案》中的"发展性评价"主要指"实行学生学业成绩与成长记录相结合的综合评价方式"，强调应根据目标多元、方式多样、注重过程的评价原则，为学生建立综合、动态的成长记录手册，全面反映学生的成长历程。

除此之外，"课程资源共享机制"和"学校课程"也都是首次出现的话语。

结合本部分整个分析，笔者用表格的形式（见表2：改革开放以来各阶段课程政策的核心话语）勾勒了改革开放以来课程政策核心话语的变迁，意在更为集中和清晰地反映其发展轨迹。

表2　　　　　　　改革开放以来各阶段课程政策的核心话语

阶段	颁发时间	核心话语
第一阶段（1978—1985）	1978	教育革命　毛主席　又红又专　现代　学工、学农和学军
	1981	思想品德课　地理与历史课　劳动课　课外活动　重点中学 严格控制作业量　开设选修课　劳动技术教育课　人口教育
	1984	审美/美育　课业负担　升学率
第二阶段（1986—1997）	1988	抵制不良影响　社会课
	1990	个性　活动　计算机课
	1991	面向全体学生　选修课
	1992	个性品质和个性心理品质　地方安排课程　综合课　环境教育
	1994	活动课和活动类课程　艺术学科
	1996	三级管理　活动课程

续表

阶段	颁发时间	核心话语
第三阶段 (1998—2008)	2000	创新精神、实践能力和终身学习 综合实践活动 体验 教学民主 开发者和研究者 学生的发展 自主学习 课程资源 创业精神
	2001	综合课程 探究 信息技术 课程标准 课程评价 反思
	2003	团队精神 理解文化的多样性 学习领域、科目和模块 选课指导制度 教学研究制度 课程资源共享机制 发展性评价制度 学校课程

第二节 改革开放以来课程政策的总体演进轨迹

基于上节中的表2，以各阶段的核心话语的分析为主体，并结合课程政策文本中更为具体的内容，可发现改革开放以来的课程政策呈现出以下发展脉络。

一 课程目标

课程目标是指课程所要达到的结果，即想把学生培养成什么样的人，它是教育目的系统中重要的组成部分，是课程设计、实施和评价各个环节的重要指导原则。

首先，改革开放以来的课程目标几乎都无一例外地强调中小学教育是基础教育，注重基础知识和基本技能。

具体来说，在1978年的政策中明确有"打好中小学教育这个基础""中小学教育是基础教育"的语句，总目标包含"学好先进的文化科学基础知识"，而在各门学科中又都提到要加强基础知识的教学和基本技能的培养。在1981年的政策中，"基础"共出现达27次，"基础知识"为11次，"基本技能"为9次，在总体任务和要求中，仍提到"中学教育是基础教育"，"扎扎实实打好基础。特别要打好语文、数学和外语的基础"，"要使学生学好文化科学基础知识和基本技能"。在1988年的政策中，课程目标中仍有"使儿童、少年受到比较全面的基础教育"，"要使学生掌握必需的文化科学基础知识，具有必需的基本能力"，"基础"共出现达22次，"基础知识"为14次，"基本技能"为5次，相对于1981年来说，对于"基础知识"变得更加重视。1990年的政策在强调"基础"的前提下，开始关注学生的兴趣和特长，提出"在使学生全面打好基础的前提下，注意发展他们的兴趣和特长，增强他们适应社会生活和生产的能力"，要求"在打好基础的前提下适当减少必修课的课时"。在1992年的政策中，"基础"一词共出现达35次，"基础知识"22次，"基本技能"9次，相对于80年代以来以及其后的政策来说，这一时期对"基础知识"和"基本技能"的关注达到了最高点。

在其后尤其是世纪之交的政策中，对于"基础知识"和"基本技能"的强调有所弱化，但是，在新的时代潮流下，"基础"的内涵得到了扩展和深化。一方面，"基础"的视线延长至人的一生，即强调奠定终身学习的基础，2001年的课程目标提出"具有适应终身学习的基础知识、基本技能和方法"，"使获得基础知识与基本技能的过程同时成为学会学习和形成正确价值观的过程"，课程内容要"精选终身学习必备的基础知识和技能"；2003年则提出普通高中教育要"为学生的终身发展奠定基础"。另一方面，"基础"的个性化得到重视，2003年提出"既进一步提升所有学生的共同基础，同时更为每一位学生的发展奠定不同基础"，要"在保证每个学生达到共同基础的前提下"，"满足学生对课程的不同需求"。

其次，提高教育教学质量是改革开放以来基础教育课程的一致追求。

从1978年的政策文本到1981年、1984年、1988年、1990年、1992年、1994年、1995年、1996年、2000年的文本中都无一例外地可以找到"全面/努力/不断提高教育/教学质量"这一话语。

具体而言，在20世纪90年代以前的政策中，这一话语往往具有两种特征：其一是国家本位的特征，如"根据建设四个现代化的社会主义强国的要求，努力提高教育质量"；"按照在本世纪内把我国建设成伟大的社会主义的现代化强国的需要，努力提高中小学教育质量"（1978）；"努力提高小学教育质量，为培养四化建设人才打好基础"（1981）；"扎扎实实地提高教育质量，为社会主义物质文明和精神文明建设服务"（1988）。正如国家教委原主任柳斌在中国教育学会第三次全国代表大会上的讲话的开头所强调的："衡量教育质量主要的标准是社会实践，我们的学校是社会主义学校，最根本的一条是看培养出来的人是不是社会主义事业的接班人。讲质量要看多方面，但主要的是看这一条。"[①] 其二是将学生负担过重归为质量下降的"祸首"，因此，也就有"扎扎实实提高教育质量，注

---

① 柳斌：《努力提高基础教育的质量》，《课程·教材·教法》1987年第10期。

意防止和克服负担过重的现象"（1981），"当前初等学校教学改革的重点，应当首先研究如何减轻学生过重的课业负担，提高教学质量"（1984）之类的意识。

在 20 世纪 90 年代的政策中，这一话语都是与"全面贯彻教育方针"连用的，这是因为 1992 年党的十四大提出了"全面贯彻党的教育方针，全面提高教育质量"的任务。在 21 世纪初的文本中，所出现的新变化是，明确提出提高"学习质量"，建立"正确的教育质量观"（2000），"建立教育质量监测机制"（2003）。

除了以上两点外，课程目标的共同方面还包括强调学生要具有爱国主义精神、共产主义道德品质，继承和发扬中华民族的优秀传统和革命传统，具有为人民服务和集体主义的思想，养成讲文明、讲礼貌、守纪律的行为习惯；具有正确的劳动态度和良好的劳动习惯；有健康的身体，等等。

除了这些稳定方面外，课程目标又呈现出了不少显著的变化。

其一，在目标系统中，美育逐渐得到重视，与此相对应的学生素质结构就是注重审美观念、审美能力、审美情趣的培养。

在 1981 年虽有提到[①]"要使学生具有一定的审美能力和初步掌握一些劳动技能"，"在加强美育的思想指导下，加强和改进音乐、美术教学"等，但在总体方针上，仍是贯彻"德、智、体全面发展"，直到 1984 年方出现"促进少年儿童在德、智、体、美诸方面，更加生动活泼地主动地得到发展"，这标志着美育地位的确立。1988 年的课程政策文件对美育的重视更为具体，不仅在总方针上提出"必须贯彻德、智、体、美全面发展的方针"，还具体到小学生为"具有较广泛的兴趣和健康的爱美的情趣"，初中生则"具有初步的审美能力，形成健康的志趣和爱好"，而且，在一些学科中也强调了这一要求，如语文课要进行"审美教育"、思想政治课要培养"高尚的审美情趣"、美术课要培养"审美能力"。在随后的文件中，这一目标得到延续，如 1996 年有"具有健康的审美观念和一定的审美能力"，到 2000 年，目标则更为细致，拓展了美育的内涵，要求

---

①　为了简便起见，诸如"1981 年提到/提出/指出"或"1981 年的课程政策文本指出"等这一类表达，如果没有具体指出文件名，就是指在 1981 年颁发的课程政策文本（只限于表 1 中可找到的）中提到，而不是指任何其他政策文本提到，后文类似表达方式均与此同。

"树立健康的审美观，养成健康的审美情趣，对自然美、社会美、科学美和艺术美具有一定的感受力、鉴赏力、表现力和创造力"。其后对这一目标也始终有所说明，如"养成健康的审美情趣和生活方式"（2001），"形成积极健康的生活方式和审美情趣"（2003）。

其二，课程目标从强调结果向更多地强调过程转变。

从"教学大纲"到"课程标准"这一文件名称的转变，不仅是语词本身的改变，而且是语词背后所蕴含的观念发生的实质性变化。"教学大纲"强调的是以知识为中心，追求的是获得知识的多少，学习的结果是其关注的焦点所在，是一种结果性目标；而"课程标准"突出的是学生在"知识与技能""过程与方法""情感、态度、价值观"三个领域的协调发展，强调学习过程本身的价值，它更多的是一种过程性目标。从"一个中心"到"三位一体"，标志着课程目标的重大突破。

其三，课程目标从以社会需要为主到逐步强调学生个体的发展。

对社会需要与学生个体的发展的兼顾是改革开放以来课程目标的共同特点，并不存在将两者之间的截然对立，但后者经历了从被轻视到逐步得到加强的过程；虽然促进学生"生动活泼主动地发展"[1] 是文件中常见的话语，但要"生动""活泼"地发展并且还要"主动"地去发展，必定是要基于学生个体的兴趣、爱好、特长等特点。从 1978 年的政策中大段地强调"适应阶级斗争、生产斗争和科学实验三大革命运动的需要"，"教育学生为革命而勤奋学习"，凸显社会发展需要，到 1981 年开始出现"适应和发展学生的志趣、特长"，再到 1990 年明确提出"要使学生的个性得到健康的发展"，标志着学生的个性发展正式进入政策视阈。1992 年则进一步提出培养学生的"个性品质""促进学生个性心理品质的健康发展"。此后课程政策文件中对于学生个性的发展都有所说明。

---

[1]　"生动活泼地主动地得到发展"这一话语是 20 世纪 60 年代毛泽东在一个减轻中学生负担问题的批示中提出的，其原文是"……这三项都是不利于培养青年们在德智体诸方面生动活泼地主动地得到发展的"，随后它在改革开放以来的课程政策文件中被多次强调，如 1981 年《全日制五年制小学教学计划（修订草案）》中有"保证小学生能主动地、生动活泼地学习"；1984 年《关于全日制六年制小学教学计划的安排意见》中有"促进少年儿童在德、智、体、美诸方面，更加生动活泼地主动得到发展"；1992 年《九年义务教育全日制小学、初级中学课程计划（试行）》中有"使他们在德、智、体诸方面生动活泼地主动地得到发展"；1996 年《全日制普通高级中学课程计划（试验）》中有"促进受教育者生动活泼主动地发展"，在其 2000 年的修订稿中仍有"促进学生生动活泼主动地发展"。

其四，随着改革开放形势的需要和学生思想品德的现状而不断增加思想品德方面的新要求。

在注重道德伦理和社会教化的古代中国，德育往往凌驾于各"育"之上，成为教育的核心与灵魂，无论教育目的、内容还是方法都以德育为中心。这种教育传统对课程的历史影响在于，思想品德方面的要求构成课程目标的重要组成部分。改革开放以来的课程目标除了体现对传统中有益的营养的不断汲取，还根据时代特点不断增加新的内容。如 1988 年提出学生要具有"一定的分辨是非和抵制不良影响的能力"，1992 年在小学阶段特别增加了"认真负责、诚实、勤俭、勇敢、正直、合群"等规定，在初中阶段增加了"守信、勤奋、自立、合作、乐观、进取"等新规定，随后的"创业精神"（2000）、"社会公德"（2001）、"团队精神""理解文化的多样性"（2003）等话语，很多都是随着我国商品经济的发展、新的人际关系的确立而需要具备的。

二　课程结构

课程结构关涉课程类型及它们之间的关系，它既是实现课程目标的重要途径，也是课程内容得到合理组织的保障，合理的课程结构有利于课程功能的发挥。

改革开放以来，课程结构中较为稳固的方面：一是语文、数学、外语等占有课时总数的大份额，它们在课程结构中处于主要地位；二是德育课程始终处于重要地位，其课时比例、内容的不断调整本身，包括课程名称的调整（如 1981 年将小学政治课改为思想品德课），都体现着德育课程自身的重要性以及人们对它的重视。

除了这些相对稳定、少有变化的方面，从核心话语的变迁中，我们可发现，课程结构亦发生了许多深刻的变革。具体而言，可从以下几方面来梳理其演变轨迹。

（一）选修课

1963 年，我国在课程政策中曾提出在高中三年级设置选修课，但由于规定只是建议性的，只有极少数高中在这方面进行了试验，大多数学校也没有开设选修课的经验和基础。改革开放后，1981 年规定"高中二、三年级设选修课"。并提出了两种安排：一为单课性的选修，即对某些课程的选修；二为分科性选修，即在文科或理科方面有所侧重的选修。由于

"分科性选修"明确将选修课分为"侧重于文科（一）"和"侧重于理科（二）"两类，结果与片面追求升学率的需求一拍即合，导致学生过早文、理分科，知识结构不健全也不合理，选修课并未起到其真正的作用。但毕竟选修课受到了一定的关注，并由此开始了它艰难成长的过程。

1990 年提出"调整后的普通高中学科课程在必修课为主的原则下，适当增加选修课"，随后颁发的《关于在普通高中开设选修课的意见》（1991）则表征着课程政策在选修课规范化方面的努力。1996 年提出将普通高中学科类课程分为必修、限定选修和任意选修三种方式，在其 2000 年的修订稿中又进一步提出，除按照国家规定开设选修课外，地方和学校为满足学生多样发展的需要也应创造条件开设灵活多样的选修课。这些改革都具有重大的历史意义，但都没有改变文、理分科的基本格局。

而 2001 年的《纲要》中强调选修课应有一定层次性和选择性，且把选修课向学分制管理推进。2003 年的政策提出普通高中课程由学习领域、科目、模块三个层次构成，选修 I 是各科课程标准分类别、分层次设置的若干选修模块，选修 II 是学校开设的若干选修模块，学生得完成一定的选修学分才能毕业。而且，学生可建立适合自身发展需要的课程修习计划，并要求学校以行之有效的校内选课指导制度作保障。由此，选修课的发展取得了较大的突破。

（二）活动课程

表格（表 2）中"课外活动""活动""活动课""活动类课程"和"活动课程"这些名称的变迁，已反映了活动课程大致的发展过程。具体而言：

在 1981 年的文件中活动课程是以"课外活动"的身份出现的，它虽已开始与语文、数学等学科并列纳入课程表中，但对其地位并未提及；1984 年"课外活动"更名为"活动"，1990 年首次明确提出"调整后的课程结构由学科课程和活动两部分组成"，"活动包括课外活动和社会实践活动"，这标志着"活动"课程化有了一定进展，1992 年仍强调了"课程包括学科、活动两部分"。随后，1994 年的政策中出现"学科和活动课"，课程表中原"活动"一栏改为"活动类课程"，而 1996 年 1 月颁布的《九年义务教育活动课程指导纲要（试行）》，对于规范活动课程起到了积极作用，由此在同年 3 月颁布的课程计划中也开始有了"活动课程"的正式说法，并为单一的学科课程类型逐步注入活力。

21世纪初，活动课程以全新的面目即"综合实践活动"出现于课程政策中，并在2001年的《纲要》规定"从小学至高中设置综合实践活动并作为必修课程"，其内容包括：信息技术教育、研究性学习、社区服务与社会实践以及劳动与技术教育，这与20年前"课外活动"的内容（即自习、科技文娱活动、体育活动、周会班队活动）比起来实不可同日而语，至此，活动课程进入新的发展阶段。

（三）综合课程

新中国成立以来，我国的自然学科与社会学科两类课程主要是以分科课程的形式开设的，各门课程都有自己的知识体系，注重知识内容的组织，较少关注相关学科之间的联系。至1988年，国家教委在课程政策中提出"注意各门学科的联系"，而且小学新增"社会课"，学科之间的某种整合开始受到关注。1992年的政策中，"综合课"这一术语首次出现，在"课程设置"部分提出"以分科课为主，适当设置综合课"，这在一定程度上表征着科目过多、缺乏整合的分科课程体系开始动摇。随后1994年的文件又有将音乐和美术整合为"艺术学科"的尝试。

至2001年《纲要》中，在"整体设置"课程门类的理念下，"综合课程"这一正式用法出现，加强课程的综合性成为改革目标之一，明确提出了"小学阶段以综合课程为主，初中阶段设置分科与综合相结合的课程，高中以分科课程为主"的课程结构，并"积极倡导各地选择综合课程"。"品德与生活""品德与社会""科学"和"历史与社会"这些新的课程名称标志着课程结构由"门"向"类"跨越，综合课程已经成为学校课程体系的重要组成部分。至此，我国综合课程建设与实验探索进入一个前所未有的历史新阶段。

在核心话语的变迁中，选修课、活动课程、综合课程构成课程结构变化的主体方面，除此之外，以下变化也都是特定语境下作出的不可忽视的努力与进步：

1978年规定初中要讲授青春期生理卫生，高中要开设晚婚和计划生育讲座，而至1981年则提出要对中学生进行"人口教育"，并将高中的晚婚和计划生育讲座改为人口教育讲座，"人口教育"比"晚婚和计划生育"这一概念更为全面和系统，是一种进步。

1981年小学恢复"地理课"与"历史课"。

1992年指出"小学自然、社会，初中物理、化学、生物、地理等学科应重视进行环境教育",正式确立了"环境教育"在我国义务教育中的地位。1981年小学增设了"劳动课",中学则开设"劳动技术教育课",从之前强调"劳动"对思想的改造意义到明确提出"劳动技术教育课",即不仅有劳动教育还包括技术教育,这标志着中学劳动技术教育课程发展进入了新的阶段。1990年提出高中可根据各地条件开设"计算机课",至2001年将"信息技术教育"明确列入综合实践活动课程中,突出培养学生利用信息技术的意识和能力。

这些变化都说明课程结构在不断体现着当代社会进步和科技发展的要求,根据时代发展需要及时作出调整和更新的与时俱进的品质。

三　课程管理

从1978年相继颁布的全国统一的《全日制十年制中小学教学计划试行草案》等一系列文件,再到1981年制订并持续到1985年的第二套教学计划,我国仍属于中央集权制的"完全国家课程"阶段,课程由国家统一管理和安排。

从表2中可看出,在1992年出现了"地方安排课程"这一话语,而且在文件中出现达11次之多,同时也首次出现了"地方课程"一说。在"课程设置"部分,"地方安排课程"和"国家安排课程"并列作为标题,文件明确指出"为了适应城乡经济文化发展和学生自身发展的不同情况,本课程计划设置了地方安排课程。地方课程由各省、自治区、直辖市教育委员会、教育厅(局)根据本地实际情况和需要制定",并有具体的课时数要求。虽然文件中也明确指出课程"主要由国家统一安排,也有一部分由地方安排",即以国家管理为主,但这代表了我国由中央统一管理的课程管理体制开始松动,给予了地方一定权力。但对于"地方安排课程",学校无权调整,如文件中所规定的:"各地学校必须严格执行。"

标志着课程管理体制开始发生本质性变化的是1996年的课程政策中赫然出现"三级管理"这一话语。在"课程管理"标题下,文件明确指出"普通高中课程由中央、地方、学校三级管理",学校可"从实际出发,对必修学科和限选学科做出具体安排,合理设置本学校的任选课和活动课",即学校开始有了一定的课程权力,这无疑是一个重大的突破。其后在2000年、2001年的文件中则对教育部、地方各级教育主管部门和学校的职责作出了更为具体的规定,比如教育部主要是"总体规划",学校则"有权力和责任反映在实施国家课程和地方课程中所遇到的问题"等。

在 2003 年的课程方案中,"学校课程"成为核心话语之一,虽然"三级管理"在 1996 年已出现,但"学校课程"这一概念始终未出现在其后 2000 年和 2001 年颁发的课程政策中。在此方案中,"赋予学校合理而充分的课程自主权,为学校创造性地实施国家课程、因地制宜地开发学校课程,为学生有效选择课程提供保障"被列为实现培养目标的五大举措之一。这标志着国家、地方和学校共同参与课程管理的形势已进入纵深发展阶段。赋予学校充分的课程自主权,必将有利于学校办出自己的特色,形成各具特色的学校文化,而丰富多彩的学校课程又最终促进学生富有个性的发展。

四　课程实施

课程实施是将课程计划与方案付诸实践的过程,这是课程改革必经的实质性阶段,是实现课程目标的重要途径。课程政策中对于课程实施方面的指导与说明,对于实践有着重要的导向意义。从改革开放以来的课程政策来看,有关课程实施的方面呈现出以下发展轨迹:

(一) 共同的一点是在宏观层面强调了课程实施要从我国实际出发,因地制宜,注意城乡和各类地区的不同特点,坚持统一性和灵活性相结合

这一点几乎在每个政策文本中都得到了反映。如"各地现行学制、课程设置、教学内容和进度不同,城市、农村、边疆少数民族地区的情况也有所不同,各省、市、自治区教育部门对全日制中小学教学计划的试行,要从实际出发,适当安排"(1978);"适应城乡的不同需要,照顾农村小学的特点,在教学要求基本相同的前提下,城乡实行两种教学计划"(1984);"从我国幅员广大、经济发展很不平衡的实际情况出发,面向大多数地区和大多数学校,实行统一性和灵活性相结合的原则"(1988);"农村复式教学点(班)、简易小学和非全日制小学,按本课程计划全面开设各学科尚有困难的,可适当减少学科门类……"(1992);"增强课程对地方、学校及学生的适应性"(2001),等等。

(二) 对于课程实施这一环节的关注逐步增强,并从宏观层面向微观课堂教学层面深入

对于课程实施环节的关注,从政策文本的结构来看,直至 1992 年方出现"实施要求"这一独立的部分,并颁发了配套的专门文件《关于组

织实施〈九年义务教育全日制小学、初级中学课程方案（试行）〉的意见》，而在此之前的文本均只是在前言或"课程设置及说明"中略有提及。其后，1994 年也有"实施办法"部分。最能体现对课程实施关注增强的举动是 2000 年颁发的《全日制普通高级中学课程计划（实验修订稿)》，在 1996 年的试验稿基础上特地增加了"课程实施"部分。其后 2001 年和 2003 年的文本中也分别有"课程的改革与实施"和"课程实施与评价"部分。

　　而更重要的是，从表格中的核心话语及具体内容可看出，这种关注从宏观层面逐渐转向微观课堂教学层面。体现这类宏大话语的诸如"积极创造条件，保证教学计划的试行""加强领导班子的建设""提高教师的政治思想觉悟和文化业务水平"（1978），"有计划、有步骤地组织实施""加强师资队伍建设"（1992）等逐渐减弱而转向更多关注微观课堂是在 2000 年的政策文本中。其后的课程政策也都推进了这一转向的发展。具体来说，这一转向集中体现在对课程实施的基本途径即教学、对于课程实施的主体即学生和教师予以的极大关注方面。

　　其一，体现在对学生的学习与发展的关注。2000 年的政策提出，"学生的发展是课程实施的出发点和归宿"，因此，课程实施应当着眼于学生全面素质的提高，为学生健全人格的形成和态度、能力、知识诸方面的学习与发展创造条件，而学生的学习应是"主动、富有个性的过程"，强调了学生的"自主学习""亲身体验"，而 2001 年则强调"改变课程实施过于强调接受学习、死记硬背、机械训练的现状，倡导学生主动参与、乐于探究、勤于动手"等。

　　其二，对于教师的角色、教师的发展及师生关系有了明确的说明。2000 年明确提出"教师是课程实施的组织者、促进者，也是课程的开发者和研究者"，"教师的教学应是富有创造性的活动"，"倡导教学民主，建立平等的师生关系"。而 2003 年的政策则将教师作为研究者的角色提升到了制度层面，明确提出"建立以校为本的教学研究制度"，鼓励教师针对教学实践中的问题开展教学研究，而且要"使课程的实施过程成为教师专业成长的过程"，由此，不仅学生的发展，而且教师的专业发展也进入了课程实施政策的视域。

　　其三，关注课程实施过程中的课程资源的开发。"课程实施要充分发挥和利用教材以外的课程资源，充分利用信息技术在开发课程资源方面的巨大潜力"(2000),2001 年也提出要"积极开发并合理利用校内外各种课程资源",包括校外的各种社会资源、自然资源、信息化课程资源。而 2003 年则又以新的举措推进了课程资源建设,即提出"建立课程资源共享机制",倡导校际之间以及学校与社区的合作,建立广泛而有效的课程资源网络。这一举措有利于解决课程资源配置不均的问题,有利于促进教育公平。

五　课程评价

课程评价在课程改革中发挥着教育导向和质量监控的作用,是实现课程目标的一个关键环节。课程评价的发展轨迹可总结如下。

(一) 不断改革和完善考试制度,注重减轻学生的负担,是改革开放以来课程评价政策的一致追求

考试是课程评价的重要方式之一,由此,对于考试的相关安排与规定,构成政策文本中课程评价方面的主要内容,尤其是在 20 世纪 80 年代和 90 年代的文本中。

对于考试制度的改革和完善,首先体现在对考试次数的限定中,这无疑与学生的负担息息相关。1981 年的政策提出"每学期只举行期中、期末两次考试,每次考试课程不宜过多";1984 年强调"把学生从过重的课业负担和频繁的考试中解脱出来",因此提出了"条件较好的地方和学校,可试行不再举行期中考试,期末考试也只限语文、数学两科","在已经普及初中的城市,小学升初中不应再搞统一考试,实行就近入学"以及由小学推荐,中学择优录取等措施;1990 年则更加明确地提出"为了减轻学生过重的负担,要严格控制考试次数",要求每门学科每年只举行一次考试(包括会考在内),除此之外,各级教育行政部门不得举行任何形式的统考;1992 年也有"考试以每学期进行一次为宜,考查着重在平时进行。除毕业考试外,各级教育部门要严格控制统一考试"的说明;1996 年有高中"考试每学期举行一次"的规定;2001 年也强调"减轻学生考试的负担"。

其次,体现在对升学率和排名问题的持续关注中。1984 年郑重提出:"县级以上教育行政部门一律不得再组织小学的统一考试或变相的统一考试;不得再排学校升学率的名次;也不要把升学率的高低作为评价或奖惩学校、教师工作的唯一标准";1991 年强调"改变以高考升学率作为评估

学校教育质量唯一标准的观念"，对于"提前按照高考科目组分班教学，增加考试次数，和对会考成绩不作分析，只简单地进行排队、评比等错误做法"，提出要进行批评、教育，予以纠正，错误严重者要通报批评；2000 年也明确"不允许公布学生的考试成绩和名次"；2001 年仍强调"不得公布学生考试成绩并按考试成绩排列名次"。

（二）课程评价由侧重甄别和选拔到强调其发展功能，并逐步走向评价方式的多样、评价内容的综合和评价主体的多元

20 世纪 60 年代美国著名评价专家斯塔弗尔比姆（D. L. Stufflebeam）曾提出："评价最重要的意图不是为了证明，而是为了改进。"[①] 但我国长期以来更为重视的是"选拔适合教育的儿童"，而不是"创造适合儿童的教育"。改革开放以来，这一问题在不断探索中得到了不少改善。

虽然我国在 1984 年的课程政策中已提及"对教学效果的检查应以平时课堂提问和作业考查为主，发现学生学习上的缺陷，及时弥补"，但课程评价的改进和发展功能进入政策则是在 21 世纪初。2000 年提出"课程评价应以尊重学生为基本前提，以促进学生发展为根本目的"，通过评价帮助学生"增加自尊和自信，改进学习方法，提高学习质量"。2001 年提出"建立促进学生全面发展的评价体系"，而 2003 年则将其提升到制度层面，要求"建立发展性评价制度"。这都体现着课程评价开始将学生的发展置于重要的地位。

同时，不可忽视的另一个进步是，评价的发展功能在对象上也有所拓展。即评价不仅关注学生的发展，还要关注评价对于教师及课程自身的发展功能，这一点在 2001 年的政策中体现得尤为充分，它提出要建立"促进教师不断提高的评价体系"和"促进课程不断发展的评价体系"，形成课程不断革新的机制。

政策文本中对于评价内容和评价方式的探索是从 20 世纪 90 年代开始的。1992 年的政策中开始提出"考核要全面"，考核"学科和活动的有关知识和能力等方面"，在评价方式上除有闭卷、开卷的书面方式或口试、操作的方式，提出成绩评定"可以采用等级制、评语制"，1996 年的课程政策也沿用了这点。进入 21 世纪，在评价内容上更加丰富，2000 年涉及学生"个性""人格""态度、能力和知识"等维度，2002 年则有"学业

---

① 瞿葆奎：《教育学文集·教育评价》，人民教育出版社 1989 年版，第 298 页。

成绩"、学生多方面的"潜能"和"需求"等方面；在评价方式上也更加多样，尤其是 2003 年提出"实行学生学业成绩与成长记录相结合的综合评价方式"，评价方式上有"观察、交流、测验、实际操作、作品展示、自评与互评等多种方式"，并要求为学生建立综合、动态的成长记录手册，以全面反映学生的成长历程；在评价主体上，2001 年已提出建立"校长、教师、学生、家长共同参与的评价制度"。

第 二 编

中国基础教育课程政策的
多元语境(1978—2008)

第 三 章

作为我国课程现代化时间链条中的
一环——历史语境的在场[*]

> 人们创造着自己的历史，但是他们并不是随心所欲地创造，并不是在他们自己选定的条件下创造，而是在直接碰到的、既定的、从过去承继下来的创造。
>
> ——马克思[②]

若将改革开放以来这 30 年看作一个整体的话，它不过就是沉重的历史车轮在漫漫时间长路上所碾压过的一小段，更要看到的是，这一车轮从更久远的时间深处滚滚驶来，带着轮缘过往的磨痕，裹挟着来路的尘埃。雷诺兹提到："应该认识到，我们目前的认识不是即刻的经验与实践形成的，我们的历史意识告诉我们，每天讨论的问题是由过去构成的，过去也建构了今天这个时代的话语、可能性以及面对的挑战。我们讨论今天，不是因当前的经验与实践，部分的问题是因我们的历史意识能够使我们知道如何应对今天的问题。"[③]

第一节　在时间之流中理解课程改革

英国的教育社会学家、课程史学家，艾沃·古德森在其主编的《中

---

[*] 本章部分内容已发表于《外国教育研究》2015 年第 9 期，题为《在时间之流中理解课程改革：来自古德森的研究及启示》。

[②] 《马克思恩格斯选集》（第 1 卷），人民出版社 1972 年版，第 585 页。

[③] R. A. Reynolds, *Model for Researching Syllabus Development and Curriculum Change*, Paper presented to AARE conference, Sydney：Sydney University，2000，pp. 4 - 7.

等课程的社会史》一书的开篇中谈到，课程领域的研究已经保持了一种过分的当代性而忽视了对历史语境的严肃考虑，由此需要进一步发展我们课程的"历史感"(sense of history)①；在英国，教育史协会到1967年才成立，1972年方有刊物，尽管教育史学者做出了努力，但他们未能将关于课程的过去与当下的观点关联，即过去与现在很少相遇。克利巴德曾批判课程领域对历史与传统的漠视，强调：其他学科都是通过当代实践者与专业前辈的对话来获得进步的，而课程领域缺少这种对话，其标志是"非批判性地偏好于新奇事物和改革，而不是知识累积或代际对话"。② 古德森亦持同样观点：世代之间对话的这种深刻缺失、这种分离的结果，我认为是无能的一方面，已经常困扰课程改革和课程研究。

课程领域与过去对话的缺失，首先涉及这一专业领域的源起。

雷德认为，课程领域的兴起与一种改革取向结合在一起，"作为一个学术活动领域，课程研究首先是在北美制度化的，旨在为学区提供能知晓如何提高、修订或改革课程的教育领导者。即使在今天，这类抱负仍是课程研究这一事业的核心"。由此，这种改革家取向，结合对"进步"的信念，导致"课程研究不仅倾向于不理会甚至积极反对历史研究，因为过去常被称为一个黑暗时期，为了更光明的未来，在研究中最好把它遗忘"。③ 学校课程的发展常被描绘为是进步和民主力量相对于一个蒙昧的、贵族式的过去取得的持续胜利。

这一起源也意味着在课程领域一开始就具有的某些秉性：倾向于对实践性问题的即刻解答，追逐高度的实用性，偏好应急之举和权宜之计，并燃烧着以新代旧的激情。如坦纳所言，"每一个新课程改革小组在探讨改革时，似乎其要解决的问题都是那些以前从未被认识到的问题"；古德莱德所言"为数众多的新改革者们着手课程建设中一些持续的、复发的问

---

① Ivor Goodson, *Towards Curriculum History*, in I. Goodson (Ed.), Social Histories of the Secondary Curriculum, London: The Falmer Press, 1985, p. 1.

② Herbert M. Kliebard, *Persistent Curriculum Issues in Historical Perspective*, in W. Pinar (Ed.). Curriculum Theorizing: The Reconceptualist, Berkeley, CA: McCutchan, 1975, pp. 31–41.

③ William A. Reid, "Curriculum Theory and Curriculum Change: What Can We Learn from History?", *Journal of Curriculum Studies*, Vol. 18, No. 2, 1986.

题时，带着天真的想法，即在此之前没有人关注过这些问题"；① 包括克利巴德认为，"在课程领域，每一代都去重新发现这个领域特有的那些持续的、困惑的问题"，尤其是，"在课程领域，想要做好的冲动是如此急迫、直接和压倒一切，以至于对那种长期的、于实践者少有即刻价值的研究是零容忍的"。②

这些秉性带来课程领域内的一大景观是，轰轰烈烈的课程改革风起云涌，新的课程理念纷至沓来，与此相关的理论基础也在此消彼长。如同克莱巴德所概括的，"政治和服饰都有时尚的循环，但评论家认为，课程领域里的时尚来去太匆匆了"。③

这在一定程度上都可归之于历史观照的匮乏。也就是杜威所说的，正因为缺乏历史的洞察而会"草率地倒向短暂的、即时的潮流，在惊慌失措中丢弃那些具有恒久价值的珍贵之物"。④

比尔德曾提到："历史本身不会重演，但当今发生的几乎每一个热点问题都曾在过去的岁月中以这种或那种形式出现过，人们按照自己所处时代的某种方式极力解决和尝试处理这些问题，或者弃之不顾。"缺失历史就像缺失记忆，其结果便是当前的课程事件注定要被当作"此时"的赛事或时尚。历史表明，由于一次次课程改革的孤立性，有太多起初殚精竭虑地制定的改革随后被轻描淡写地终止。因为，"进步取决于问题解决过程中经验的不断改进，它不是来自于孤立的或短暂的事件或时尚，而是来自于朝着一种建设性方向的前进"。⑤

布卢默尔曾在 1969 年提到，忽视"历史的关联"，忽视"过去的延

① John I. Goodlad, *The Changing School Curriculum*, New York: Fund for the Advancement of Education, 1966, p. 91.

② Herbert M. Kliebard, *Persistent Curriculum Issues in Historical Perspective*, in W. Pinar (Ed.). Curriculum Theorizing: The Reconceptualist, Berkeley, CA: McCutchan, 1975, p. 41.

③ Herbert M. Kliebard, *Fads, Fashions, and Rituals: The Instability of Curriculum Change*, in Critical Issues in Curriculum Eighty-Seventh Yearbook of the National Society for the Study of Education, University of Chicago Press, 1988, p. 16.

④ John Dewey, *Liberalism and Social Action*, New York: Capricorn Books, 1963, p. 3.

⑤ Daniel Tanner and Laurel Tanner, L. *History of the School Curriculum*, New York: Macmillan Publishing Company, 1990, p. 1.

续性",是"一个学者的真正的危险"。① 古德森指出在学校课程研究中就存在这种危险:一方面,在课程实践中存在一种短视,当改革课程实践的尝试失败,教师总是被当作唯一有罪者,而不是通过背景和历史去寻求对课程改革的理解;另一方面,知识社会学的研究揭示了知识的演化是为了维护和扩张特定学科群体的"利益",但通常未能呈现这一演变的历史过程。他回顾了自己所在国家20世纪60年代开展的课程改革运动的文件和声明,发现其中充斥的一个信念是:与过去的传统能有一个完整的了断。"革新""教育的激进的改革""课堂实践的革命""重绘学习的地图"诸如此类的术语,都表明了这一信念,当传统处于被推翻的边缘之时,如此之多的研究忽视那些传统的确立和嬗变也就不足为怪了。

对于课程"历史感"的缺失,古德森基本认同马斯登的说法,即可分为"无历史的"(ahistorical)和"非历史的"(unhistorical)两种类型:前者是"无视历史,将历史当成无关的、无趣的……其研究是天真地在一个时间真空中推进";后者则有些傲慢,"无论是用笼统的或者精炼的术语,其与历史学术可接受的标准不一致,提供关于过去的不准确、过度简化或者歪曲的印象"。② 这种对历史的"误用",马斯登指向那些"扫视过去用以支持一些广大的社会—政治的诠释或理论"的课程研究;斯利威(Silver)则用了一个雅致的语词即"侵入"(raided)过去而没有了解过去,以致产生了偏颇且错误的讯息;③ 古德森则表述为,当历史依据呈现时,它是作为来自过去的快照(snapshot)用以证明一个当代的观点。但有所不同的是,古德森指出,对于"误用"历史的反应不应该过度,也即不应该否定对当代事件的关注,历史可以用来阐明当代课程与实践中的惯例、先例和约束,历史研究在挑战、宣扬理论乃至生产理论中都有其价值;过度反应的结果是,教育史通常被严格地"阶段化",通常追求一种"光荣的孤立",与棘手的、未解决的当代境况隔离,这就限制了

---

① Herbert Blumer, *Symbolic Interactionism: Perspective and Method*, Englewood Cliffs, N J: Prentice-Hall, 1969.

② William E. Marsden, *Historical Approaches to Curriculum Study*, in W. E. Marsden (ed.), *Post-War Curriculum Development: An Historical Appraisal* (Historical of Education Society Conference Papers, History of Education Society, 1979).

③ Harold Silver, Nothing but the Past, or Nothing but the Present, *Times Higher Education Supplement*, 1 July, 1977.

它的抱负和意义。

近年来，有些学者汲取后现代、后结构和文化研究等学术理论，提出"过去"也可能出现于"现在"的论点①，也就是过去的历史思想或观点会成为现在学校课程实践的一部分，包括被视为理性进而限制现在的课程实践，即这些沉默的历史事实上存活在目前的教育现场，影响或限制课程的实施。而倘若我们在关注当下热点问题的同时，能开展与专业前辈的对话，就会认识到，过去与现在是一个发展的连续体，这些热点问题继承着过去时代已完成或尚未完成的内容，它们实际上是一个不断复发的论争的一部分并根植于过去，由此也会关注那些来自最近和遥远过去的相关事件及教训。即倘若具有能透过当下去看过去，或透过过去来看当下的历史眼光，就能在一定程度上避免课程研究及课程变革的这种孤立性。

研究课程改革的过去与现在的关系，谁是最佳人选呢？

富兰克林认为，研究者所受的主要训练应在课程领域，而不是那些恰好对课程感兴趣的教育史工作者，因为课程史与医学史、心理学史和社会学的范围和议题一样，强调特定的职业角色和专业群体的历史发展。② 教育史学者可能更关注社会文化环境，而忽视课程领域内在环境如学科的固有性质和传统。克莱巴德也指出，教育史学者缺乏课程的训练，导致忽略或者误判那些对课程领域有重要意义的议题。③ 强调课程学者有更高的敏感度，能更好地将"课程"与其他学校教育议题区分开来。

可以说课程专家和教育史家各有其长，前者显然对于内部分析是专业的，但后者更擅长审慎地寻找证据，全面且冷静地诠释并将数据置于宽广的时空及文化语境之中。贝尔勒克也提醒：要谨记的是，课程思想和实践的历史不能远离美国教育的一般历史，由此，也不能脱离更广泛的文化史和思想史。④

---

① T. S. Popkewitz, M. A. Pereyra, & B. M Franklin, "History, the Problem of Knowledge, and the New Cultural History of Schooling", in T. S. Popkewitz, B. M. Franklin, & M. A. Pereyra（Ed.）, *Cultural history and education*, New York and London: Routledge Falmer, 2001, pp. 3 - 44.

② B. M, Franklin, "Curriculum History: Its Nature and Boundaries", *Curriculum Inquiry*, Vol. 7, No. 1, 1977.

③ Herbert M. Kliebard, "Curriculum Past and Curriculum Present", *Educational Leadership*, Vol. 33, No. 4, 1976.

④ Arno A. Bellack, "History of Curriculum Thought and Practice", *Review of Educational Research*, Vol. 39, No. 3, 1969.

也因此，最佳人选似乎应集两家之长，如有学者指出的那样：课程学者要学习历史方法论，教育史学者要熟悉课程领域的范畴。戴维斯也强调两者不是截然独立的：虽然教育史家可能被非课程方面的兴趣吸引，但具有更大视阈；两个领域紧密关联和依存，课程学者要用历史学识与规范在教育的历史语境中进行研究，脱离这种规范和语境的课程史，在意义和论点上是一个矛盾。①

在看到以上的这番讨论时，笔者的心中陡然生出了一种强烈的使命感，鉴于自己既有课程论的硕士专业背景，又有教育史的博士专业背景，应在课程的历史研究方面尽力而为。而本书作为对课程政策的历史研究，就是一种尝试。

回到本研究，总的来说，改革开放以来的 30 年的课程政策与改革开放之前课程现代化的探索与努力是分不开的，它不仅仍然面临着之前的探索所提出的基本问题，还须应对之前的课程变革所遗留下来的某些问题，它的发展与变革不是"随心所欲地创造"，不是在"自己选定的条件下创造"，而是"在直接碰到的、既定的、从过去承继下来的创造"。因此，过去已有的探索与发展构成改革开放后课程政策的重要语境。那么，究竟哪些探索与发展对其后产生了重要影响，这种影响如何体现在具体的课程政策之中，这不是仅凭一连串的大胆假设能够成立的，尚须作一番小心求证的功夫，这构成本章主要的工作。

第二节　20 世纪初课程现代化的早期探索

一　壬寅癸卯学制时期的课程改革

鸦片战争后，中国的学校被迫开始现代化革新，在课程设置方面积极向西方国家学习，但新开设的学校课程由于没有统一的课程标准，各校多根据办学者的主张自行选定课程，结果造成全国各地在课程设置上的混乱。为了统一管理，并能在全国范围迅速推进学校教育内容革故鼎新，清政府于 1902 年开始了全国范围的课程改革。

1902 年清政府出台的《钦定学堂章程》（即壬寅学制）虽然未及实

---

① O. L. Davis, Jr., "The Nature and Boundaries of Curriculum History", *Curriculum Inquiry*, Vol. 7, No. 2, 1977.

行，但它是我国近代教育史上最早由国家颁布的"教学计划"（课程计划）和"教学大纲"（课程标准）的雏形；同时，中学外国语课程周课时多达 9 小时，而读经只有 3 小时，这对长期以来以经义经训为主要内容的传统教育是一个重大突破，也标志着"西方文艺复兴以后形成的百科全书式的学校课程模式开始为中国正式接受"，[1] 奠定了中国基础教育课程设置框架。

1904 年清政府重订学堂章程，在修订 1902 年章程的基础上，颁发《奏定学堂章程》，确定了中小学课程体系。具体而言，规定初等小学为强迫教育阶段，课程分设八门：修身、读经讲经、中国文字、算术、历史、地理、格致、体操。另可根据地方情形，加设"图画、手工之一科目或二科目"作为"随意科目"。[2] 高等小学课程设九门：修身、读经讲经、中国文学、算术、中国历史、地理、格致、图画、体操。各地亦可根据地方情形，加设手工、农业、商业等作为随意科目。[3] 中学课程分设十二门：修身、读经讲经、中国文学、外国语、历史、地理、算学、博物、物理及化学、法制及理财、图画、体操，但"法制理财缺之亦可"。[4]

从这些课程规定可看出，它更加注重知识在严密逻辑组织下的系统传授，有利于更好地推行将分年课程规划、班级授课制作为基本的教学管理和教学组织形式，由此确立的分科课程成为 20 世纪中国中小学课程的主体形式。

另外，《奏定学堂章程》是以"中体西用"为根本指导思想制定的，因此，一方面，从课程时间分配来看，读经讲经课程明显过于偏重，仍然确保了传统封建道德教育在课程中的主体地位；另一方面体现了近代资本主义的因素和色彩，容许西学以"用"的形式出现在学校课程之中，新设的博物、物理、化学、法制、理财等课程几乎包罗了一切自然科学。而且，西学课程整体比例随着学级提升不断加大，据统计，"初等小学堂算学、历史、地理、格致四科课时合占 30%，高等小学堂算术、历史、地理、格致、图画五科课时合占 30.6%，中学堂外语、历史、地理、算学、

---

① 吕达：《课程史论》，人民教育出版社 1999 年版，第 153 页。

② 课程教材研究所：《20 世纪中国中小学课程标准教学大纲汇编·课程（教学）计划卷》，人民教育出版社 1999 年版，第 21 页。

③ 同上书，第 32 页。

④ 同上书，第 41 页。

博物、图画、物理化学、法制理财八科课时合占57%。到中学阶段，西学课程比例超过中学课程，占一半以上"。① 《奏定中学堂章程》尤其提到："惟中学堂着重在外国语，其钟点除经学外此为最多，以为将来应世办事之资。"这说明西学在课程中已取得合法地位，并且在课程体系中日益凸显其重要性。这对于我国中小学课程架构产生了广泛而深远的影响。

二　1909 年始实行的中学文实分科

自壬寅癸卯学制建立后，由于学制迭经改革，课程屡有变化，但是，学制并不是制约课程的唯一因素。课程的演变往往受到其他诸因素的制约；在学制基本上没有发生变化的情况下，课程也会发生变化，清末宣统元年（1909）开始实行的中学文实分科，就是在学制没有发生变化的情况下进行的。

距1904年《奏定中学堂章程》的颁行不过5年的光景，清政府学部提出的《变通中学堂课程分为文科实科折》，得到当局批准而颁布实施。遵此文件，普通中学"于一堂之内分设两科"；一种侧重文科课程，另一种侧重实科课程。课程门类未变，仍是《奏定中学堂章程》中的十二门。重大变革则体现在"于十二门之中，就文科实科之主要，权其轻重缓急，各分主课、通习二类"。具体而言，"文科以读经讲经、中国文学、外国语、历史、地理为主课，而以修身、算学、博物、理化、法制理财、图画、体操为通习；实科以外国语、算学、物理、化学、博物为主课，而以修身、读经讲经、中国文学、历史、地理、图画、手工、法制理财、体操为通习"。各门主课占用的授课时间多，通习课的课时较少。

文实之分的理由在于：其一，认为"旧章中学科目繁多，学生并骛兼营，易蹈爱博不专之弊"，中学生"年龄已长，趣向已分"，文实之分能让学生"就性之所近，分途肄习，以期用志不纷"，"其学业各有注重，其成绩各有专长"，"志在从政者则于文科致力为勤"，"志在谋生者则于实科用功较切"；其二，对于中学毕业后有志升学者来说，其所升之学堂，也都有文科、实科之不同，"与其于升学之时多所迁就，何如于入堂之始早为区分？"，"学生入学之初，令其分科肄习，则心志专一，程功自

---

① 黄书光：《中国基础教育改革的历史反思与前瞻》，天津教育出版社2006年版，第65页。

易，时日宽舒，所得较深；将来有志升学者本其所学，再求精深，可以收一气贯注之效"；其三，对于毕业后不再升学的中学生来说，由于在小学堂阶段已经"养其人伦之道德，启其普通之知识"，在道德和知识方面都有了一定根基，即便中学有文实之分，但"文科主课之外，仍以算学等科括其知识；实科主课之外，仍以读经等科培其本根"，这样，"即令毕业之后不再深求，而于普通之道德知识实已完全无缺，不至有偏宕固陋之流弊。且于主课内所学甚深，则将来谋生更易，为无力升学之学生计之，当亦甚便利也"。①

可见，将课程分为文科实科（这里的实科并不是指实业、职业，而是近于理科），对于中学生的兴趣特点，以及有志于升学者或不再升学者的情况都是兼顾的。这可以说开了近代以来中学文理分科改革和争议之端，其影响深远。如果以 1909 年清政府学部奏请实施中学"文实分科"为标志，我国中学（高中）文理分科的实践和争议至今已整整走过 100 年的路程。

三　壬戌学制时期的课程改革

辛亥革命推翻了清政府的统治，新成立的民国政府建立了资产阶级性质的国家政权，新的政权要求确立为之服务的符合共和需要的新的课程体系。1912 年，新成立的教育部公布了新的中小学课程标准，但由于仍师法日本，且是仓促出台，并无大的突破，并由于仍以完善普通教育为主，课程中未能充分考虑职业教育的地位而备受诟病。在这种情况下，1922年教育部依据全国教育会联合会年会的学制草案，正式制定颁布了《学校系统改革案》，史称"新学制"，又称"壬戌学制"。1923 年全教联新学制课程标准起草委员会制定出了新学制课程纲要，虽未经政府正式公布，但由于全教联这个组织的代表性和权威性，各地均遵照这个"纲要"中的规定自觉执行。

（一）小学课程纲要

"纲要"规定：小学设国语、算术、卫生、公民、历史、地理（前四年卫生、公民、历史、地理合并为社会科）、自然、园艺（前四年自然、

---

① 课程教材研究所：《20 世纪中国中小学课程标准教学大纲汇编·课程（教学）计划卷·1909 年学部奏变通中学堂课程分为文科实科折》，人民教育出版社 1999 年版，第 51 页。

园艺合并为自然科）、工用艺术、形象艺术、音乐和体育。① 与旧制相比，新课程的显著变化是改国文为国语，改图画、手工为工用艺术和形象艺术，改体操为体育、唱歌为音乐。废止修身，改设公民、卫生。初小增设了社会、自然科，高小改理科为自然。

这些变化，一方面，凸显了课程对儿童的生活、儿童的个性心理特点的关注。譬如旧制课程修身课内容陈旧、空洞，不符合儿童的心理特点，脱离儿童生活经验，由此有废止修身而改设公民、卫生之变化。另一方面，表征了科学课程化、课程科学化的追求，体现了科学教育思潮的影响。如增设了社会科、自然科的新知识、新课程，而改唱歌为音乐，改体操为体育，改手工为艺术，改理科为自然，都是学科建设更趋科学化的体现，改国文为国语则是新文化运动中推行白话文于国语教育在课程上的体现。

（二）中学课程纲要

"纲要"规定，初级中学课程分社会科（公民、历史、地理），言文科（国语、外国语）、算学科、自然科、艺术科（图画、手工、音乐）、体育科（生理、卫生、体育）等六学科。实行学分制，初中毕业须修满180学分，其中必修课164学分，所余学分得选他种科目或补习必修科目。

由于高级中学分科较繁，由此有单列的纲要，规定高中分公共必修科目、分科专修科目（又分"必修科"和"选修科"两种）、纯粹选修科目三种。其中分科专修科目学分占总额43%，纯粹选修科目学分供自由选习，但学分不能超过20%。实行分科制，分设普通科、师范或职业科。普通科以升学为目的，职业科分农、工、商、师范、家事等科，并可根据地方情形增设其他科。尤其要提到的是，在公共必修科目中增设了人生哲学、社会问题、文化史、科学概论课程，分科专修科目中有心理学初步、论理学初步等课程，具体如科学概论"包括科学发达史，现在科学大势，科学精神，科学方法"，② 这些课程的出现令人耳目一新，在我国课程史上是划时代的。

---

① 课程教材研究所：《20世纪中国中小学课程标准教学大纲汇编·课程（教学）计划卷·1923年新学制课程纲要总说明》，人民教育出版社1999年版，第109页。

② 同上书，第112—115页。

与以往课程相比，这些变化的最大特点之一是，突破了 20 年代以前建立的单一必修课模式，开设了大量选修课程，在课程结构上有了质的突破。除此之外，还表现在：其一，实行分科制，中学不仅有为升学教育服务的普通科，还有为就业服务的师范、农、工、商等职业科，使中学兼顾了升学与就业的双重需要；其二，高中普通科内又分文、理科，兼顾了学生兴趣差异；其三，实行学分制，突破了年级制在学生升级上的限制；其四，开设了综合课程，弥补了分科课程将知识割裂的不足。

总之，学分制、选科制、分科制以及综合课程等当时最新的课程形式使得我国的学校课程体系呈现出多元并存的格局，不同形态的课程进入了一个前所未有的大融合时期，完成了中国基础教育课程的早期现代化革新。1923 年制定的新学制课程标准纲要，是我国第一次以现代教育科学为理论依据的体系较为严整的中小学各科课程标准。它的实行，是我国 20 世纪二三十年代教育质量稳步发展和提高的重要保证之一。此后，1929 年的课程暂行标准，1932 年的正式课程标准，均以 1923 年的课程标准纲要为框架。更重要的是，其中蕴含的课程思想内核对其后的课程改革亦产生了久远的影响。

第三节　新中国成立初期课程政策的变革

新中国成立初期的课程政策变革可分为两个阶段：1950—1956 年，"以俄为师"全面学习苏联为特征，以建立社会主义课程体系为主要内容；1957—1965 年，以独立探索适合中国自身的本土化课程模式，力图摆脱苏联的影响为特征，以"教育为无产阶级政治服务"为主要内容。

一　1950—1956 年的课程改革

1949 年 12 月，教育部副部长钱俊瑞在第一次全国教育工作会议上首次向全国教育工作者明确提出，把学习苏联教育经验作为建设新教育的方向。《人民教育》创刊号开宗明义，宣布教育理论工作者的任务之一是学习苏联的教育科学。

由此，从 1950 年起，我国掀起了全面学习和借鉴苏联的热潮。向苏联"一边倒"成为新中国成立初期我国的一项基本的国策。在教育领域主要是学习和借鉴苏联的教育模式，大量地引进苏联的教育教学理论、教学大纲和教材，聘请苏联专家来华讲学，直接指导中国的教学改革和教育实践。同时，结合学习苏联，对教师中相当部分"热衷于美国思想方式的中国知识分子"进行思想改造，把学习苏联的过程视为思想改造的过程。因大多数的人认为："过去资产阶级的教育学和心理学，完全是建立在形而上学的唯心主义的基础上，体系混乱，内容荒谬，并不能称其为科学。"而苏联的教育学"是建筑在马克思列宁主义哲学基础之上的，并且总结了苏联三十多年的先进经验和科学成果，已经成为内容丰富、体系严密、且富有战斗性的真正科学"。①

在基础教育课程政策上，苏联的影响体现在：

其一，取消了"课程"的提法，搬用苏联的"教学计划""教学大纲""教科书""教学法"等一整套专门概念及理论，形成了配套的高度统一的教学思维方式。

其二，套用了苏联小学、不完全中学和完全中学的课程结构和科目设置，由此，课程结构中只有单一的学科课程，没有选修课；以学术性课程为主，实用性课程、适合地方需要的课程、对学生进行生活教育和艺术审美教育的课程薄弱；课程门类过多，课时总量偏高，学生的课业负担过重；课程内容也都自然而然地按照新的社会主义倾向和亲苏的倾向作了修改，重视基础知识、基本技能，强调学科体系的系统性和严密性，重视各门学科的学术性经典内容。在中学，俄语教学取代了英语教学。

而且，从1953年到1957年短短5年时间里，国家先后颁发5个中学教学计划，4个小学教学计划，即基本上每年都有新的教学计划颁布。除此之外，还发布了十多个补充通知，对学科设置、课时安排作了许多变更。这种频繁变动，也是受苏联的影响，因苏联国家几乎也是每年都要颁布新的教学计划。

其三，移植了苏联式中央集权的课程管理政策，全国中小学统一使用一个教学计划、一套教学大纲和教科书。苏联于20世纪30年代初期，以"苏联人民委员会"和"联共（布）中央"的名义，连续制定颁发了《关于苏联中小学结构的决定》《关于中小学教学大纲和教学制度的决定》

---

① 王焕勋：《对于师范学院施行教育系教学计划中几个问题的认识》，《人民教育》1954年4月号。

《关于中小学教科书的决定》等文件,[1] 建立起了全苏联高度集权而统一的教学计划、各科教学大纲和标准教科书、固定课程表。而我国政务院也分别于 1953 年、1954 年颁布了"关于整顿和改进小学教育的指示""关于改进和发展中学教育的指示"等[2],中央直接统一了全国中小学的教学计划、教学大纲、教科书以及固定的课程表及教学进度。

　　总的来说,正如有学者指出的,"学习苏联的教育理论与经验在我国不过几年的时间,应当说对中国教育事业的发展和提高教育质量是起了有益的作用的。苏联的教育理论与经验本身的缺陷,再加上我们学习过程中有生搬硬套的毛病自然也带来了不少问题"。[3] 一方面,在当时的历史条件下,学习和借鉴苏联课程改革的先进经验,取彼之长,为我所用,这既是当时新生社会主义中国的必然选择,也是发展中国社会主义文化教育的需要,其成就是巨大的。其中最大的一个成就是彻底改变了旧中国课程的半殖民地半封建的性质,确立了对新中国课程影响深远的课程体系,对新中国社会主义政治、经济、文化建设培养合格人才起到了积极的作用。另一方面,严重脱离中国自身实际的不加批判和选择地照搬照抄所带来的不足也是显著的。譬如高度统一的课程管理政策,未能顾及地域生产力发展水平、文化背景和民族差异,严重脱离了社会实际和学生的生活实际;频繁变动的课程,不利于教师积累经验,也不利于提高教育教学质量。

　　同时,这一阶段对之前的教育思想和课程理论的批判多失之偏颇,往往采取政治运动的做法,而不是学术争鸣,如对杜威(John Dewey)教育思想和课程理论的批判,首先就定性为"为美帝国主义服务"的反动政治本质,其次对其整个教育思想和课程理论予以全盘否定,与之相关,陶行知、胡适、陈鹤琴等人的教育思想和课程理论被认为是改良主义,是杜威的实验主义在中国的翻版,[4] 而晏阳初、梁漱溟等人的教育思想及其实践则被机械地认定为资产阶级教育思想。这种一概打倒、简单否定的态度,使课程改革缺乏必要的理性精神。这一时期对改革开放以后课程政策

---

①　瞿葆奎、杜殿坤:《教育学文集·苏联教育改革》(上册),人民教育出版社 1993 年版,第 251—266 页。

②　瞿葆奎、雷尧珠:《教育学文集·中国教育改革》,人民教育出版社 1991 年版,第 131—142 页。

③　金一鸣:《中国社会主义教育轨迹》,华东师范大学出版社 2000 年版,第 136 页。

④　郭笙:《新中国教育四十年》,福建教育出版社 1989 年版,第 569—585 页。

的影响是深远的，有学者就指出，这一时期"不仅取得了巨大的成绩，同样也有着重大的失误，而且某些失误所造成的不良后果迄今都还没有完全消除"。①

二　1957—1965 年的课程改革

1957 年 6 月，周恩来在一届全国人大四次会议上作《政府工作报告》指出："过去，教育部门在实行教育改革的时候，也发生过若干偏差，主要是否定了旧教育的某些合理部分，对解放区革命教育经验没有做出系统的总结，加以继承，并且在学习苏联经验的时候同我国实际情况结合不够。这些缺点应该改正。"② 1958 年 3 月，毛泽东在成都召开的党的全国宣传工作会议期间，在同七省市教育厅厅长的谈话中则更明确地表示了对照搬苏联教育制度的不满和对解放区教育的怀念。后来，随着 20 世纪 50 年代中期以后中苏关系的逐渐恶化，致使中国在政治、经济、文化等各方面开始寻求自主与自立的艰难探索。这一时期的基础教育课程改革，也旨在摆脱苏联模式的影响，探索适合中国自身实际的"本土化"的基础教育课程体系。这一时期大体上又可分为两个阶段来讨论。

（一）1957—1959 年

1957 年 2 月，毛泽东在最高国务扩大会议上作了《关于正确处理人民内部矛盾的问题》的报告，提出了"我们的教育方针，应该使受教育者在德育、智育、体育几方面都得到发展，成为有社会主义觉悟的有文化的劳动者"的教育方针。为了全面贯彻这一教育方针，1958 年 3 月召开的第四次教育行政会议正式决定，在所有学校中，必须把生产劳动列为正式课程。为了进一步贯彻教育方针，加强劳动教育，教育部分别于 1957 年 7 月和 1958 年 3 月，颁发了《1957—1958 学年小学教学计划》和《1958—1959 学年度中学教学计划》。

新的中小学教学计划形成了劳动化课程。不仅在中学各年级开设了"生产劳动"科和"体力劳动"科，而且注意在各有关学科教学中贯彻劳动教育，特别加强了物理、化学、生物、地理和数学等学科的实验、实

---

① 张俊洪：《回顾与检讨——新中国四次教育改革论纲》，湖南教育出版社 1999 年版，第 36 页。

② 刘英杰：《中国教育大事典（1949—1990）》，浙江教育出版社 1993 年版，第 12 页。

习、参观和课外小组活动。

1958 年 8 月，中共中央、国务院颁布《关于教育事业管理权力下放问题的规定》，指出："过去国务院或教育部颁发的全国通用的教育规章、制度，地方可以决定存、废、修订，或者另行制定适合于地方情况的制度。"就课程管理而言，"各地方根据因地制宜、因校制宜的原则，可以对教育部和中央主管部门颁发的各级各类学校指导性教学计划、教学大纲和通用的教材、教科书，领导学校进行修订补充，也可自编教材和教科书"。课程管理权力开始得到一定的下放。

然而，在上面提到的两份教学计划颁布不久，党的八大二次会议召开了，会上制定了"鼓足干劲、力争上游、多快好省地建设社会主义"的总路线。此后，全国城乡迅速掀起了工农业生产"大跃进"的高潮，并很快波及教育领域。随着"教育大革命"进入高潮，原先颁布的教学计划被搁置，缩短学制、精简课程成为改革的重心。

（二）1960—1965 年

随着中苏关系的公开破裂，"大跃进"的危害逐渐被认识，1961 年 9 月 7 日，教育部部长杨秀峰在中共中央工作会议的发言中指出：三年来，教育大革命、大发展、大跃进，取得了成绩，但发展过快，超越了经济条件和学校主观力量的可能，不可避免地影响了教学质量。他指出，教育工作中同样存在着浮夸风、瞎指挥、不切实际的错误。如确立学校的规章制度、处理师生关系以及课程教材方面，这几年都有些乱。1962 年，在"调整、巩固、充实、提高"的文教工作方针下，基础教育课程进行了一些调整。

在课程结构方面的重大变化是高中阶段选修课的开设。1963 年规定，为更好地适应各类高等学校的需要，发展学生的志趣和才能，高中阶段在保证学好必修课程的基础上，可以根据学校的师资、设备等条件，酌情设农业科学技术知识、制图、历史文选、逻辑等选修课程。高中三年级学生，可以根据志愿和爱好，任选一门或两门。选修课程不进行考试。这一规定在新中国课程史上具有重大的历史意义，对摆脱苏联早期单一课程结构的影响，有效地提高人才培养质量，起到了一定作用。

1964 年 2 月 13 日（春节），毛泽东在教育工作座谈会上提出："学制可以缩短"，"课程可以砍掉一半"。社会上很快又掀起了教育必须彻底改革的浪潮，缩短学制、精简课程和教材的呼声越来越高。在这种情况下，教育部于 1964 年 7 月发布了《关于调整和精简中小学课程的通知》，首先对 1963 年拟定的《全日制中小学新教学计划（草案）》中的课程设置进行了调整。这次调整暂没有涉及高中，主要是针对小学和初中进行的。经调整，总教学时数有较大幅度的削减，大部分课程的周教学时数有所下降。

从 1957 年到 1965 年，基础教育课程的本土化探索，总的来看，经过一系列的调整与改革、扬弃和创新，取得了一定的成绩，打破了苏联模式。如对于新中国成立后课程改革的经验与教训有所总结；首次提出设置选修课，打破了 20 世纪 50 年代一直沿用的单一课程模式；重视课程内容的现代化等。

其明显的不足体现在课程的政治功能不断强化，而经济和文化功能则被弱化。由于教育成为阶级斗争"年年讲、月月讲、天天讲"的重要工具，学校成为阶级斗争的重要阵地，在学校课程中，阶级斗争也就成了学生学习的主课。毛泽东在同毛远新的谈话中就明确表示："阶级斗争是你们的一门主课。"[①] 其次是课程决策的非科学化和非民主化。极"左"思潮对中小学课程改革的影响集中体现在以长官意志代替科学规律，以行政命令随意干预课程工作。这一时期，某些领导人的一两句讲话，往往就可成为改变课程的依据，使改革是在"谈话""意见""指示""通知""社论"等更多地体现个人意志而非在科学理论的指挥下进行。

随后的 1966 年到 1976 年，是我国史无前例的"文化大革命"时期。这一时期的基础教育课程改革是以革命的方式进行的，是"教育革命"的重要组成部分，是前一时期所形成的以阶级斗争为主课的课程改革模式的极端发展，也是中国基础教育课程现代化追求的断裂。在这场"十年浩劫"结束之后，随着沉痛的历史反省，中国基础教育课程才再度回到了现代化的道路之上。

第四节　前期"历史遗绪"与改革开放后的课程政策

列宁曾指出："为了解决社会科学问题……最可靠、最必须、最主要

---

① 毛泽东：《毛泽东论教育革命》，人民出版社 1968 年版，第 21 页。

的就是不要忘记基本的历史联系。"① 政策问题之间亦存在基本的历史联系，"现代许多新的课程理论与改革意见都有很深的历史根源"。② "现在的根，深扎在过去，而对于寻求理解现在之所以成为现在这样子的人们来说，过去的每一件事都不是无关的。"③ 历史是割不断的，基于这种固有的延续性，要深入理解改革开放以来的基础教育课程政策，就需要考察改革开放之前政策选择中的某些价值观念传统的影响。

事实上，无论哪个历史时期的课程政策，其各组成部分都面临着要对一些基本的关系作出权衡：课程目标上，有关课程的社会需要与个体发展功能的关系；课程内容上，有关学科、社会与学生的关系；课程结构方面，有关选修与必修、分科与综合、学科与活动的关系；课程管理上，有关国家、地方和学校的权力关系；课程实施上，有关教师、学生与知识的关系；课程评价上，有关甄别、选拔与发展功能的关系。同时，它在整体上还面临国际化与本土化、传统与现代的关系。前期的课程政策体现出何种价值倾向，对于其后的政策就会产生影响。

通过前述改革开放之前的课程政策变革历程，以下仅拣选了几个影响较大的方面，并具体阐述它们对改革开放以后的课程政策产生的影响。

一　对于课程的社会发展功能的注重

自近代以来，我国的教育一直背负着"救国图存"、帮助国家尽快走上现代化道路的使命，至清末"忠君、尊孔、尚公、尚武、尚实"的教育宗旨则奠定了基础教育服务于社会发展的早期形态。

在民国时期的课程改革中，由于受到当时"儿童中心""生活教育""平民教育""职业教育""实用主义教育""科学教育"等教育思潮的影响，课程理念上注重"个性化""平民化""实用化"和"科学化"，课程目标上有关个体自身的发展问题，在这一时期的政策中受到了一定关注。但随后南京国民党政府成立，重定教育宗旨，定于"中华民国之教育，根据三民主义，以充实人民生活、扶植社会生存、发展国民生计、延

---

① 列宁：《列宁选集》第 4 卷，人民出版社 1972 年版，第 43 页。

② Daniel Tanner and Laurel Tanner, *Curriculum Development*: *Theory into Practice* (*2nd ed.*), New York：Macmillan, 1980.

③ 陈景磐：《太平天国的教育》，湖北人民出版社 1958 年版，第 111—113 页。

续民族生命为目的，务期民族独立、民权普遍、民生发展，以促进世界大同"。这一宗旨颁发于中华民族危机日益深重之时，其立足点首先在于社会生存和民族独立，而不是个体的自由发展。

在新中国成立初期，为了维护和巩固新生的政权，教育的工具性愈加凸显，由此基础教育课程的社会功能不断被强化，其个体发展功能则被不断弱化。1958 年，中共中央根据 1957 年毛泽东的指示进一步提出："党的教育工作方针，是教育为无产阶级政治服务，教育与生产劳动相结合"，"教育的目的，是培养有社会主义觉悟的有文化的劳动者"。之后，人们将这一方针与 1957 年提出的教育方针结合起来，作为统一的教育方针加以贯彻，其表述是：教育必须为无产阶级政治服务，教育必须同生产劳动相结合，使受教育者德智体几方面得到发展，成为有社会主义觉悟的有文化的劳动者。从此，教育与生产劳动相结合培养全面发展的社会主义新人，成为新中国教育方针的核心，从而确立了中国教育方针的基本要旨。由于任何政策都是阶级意志、利益的集中体现与表达，在总的教育方针的制约下，课程政策在很大程度上同样成为国家政治意识形态的注脚，满足社会政治发展的需要成为这一时期课程政策的主导价值取向。

即使在"文化大革命"后，我党依然坚持了这一教育方针。如，1978 年邓小平在全国教育工作会议上强调，要遵循"毛泽东同志提出的培养德、智、体全面发展，有社会主义觉悟的有文化的劳动者方针贯彻到底，贯彻到整个社会的各个方面"。1993 年，中共中央、国务院颁布的《中国教育改革和发展纲要》重申了这一方针；要求"各级各类学校要认真贯彻'教育必须为社会现代化建设服务，必须与生产劳动相结合，培养德、智、体全面发展的建设者和接班人'的方针"。由此，在课程政策中，亦充斥着这样的表述："成为有社会主义觉悟的有文化的劳动者，成为有理想、有道德、有知识、有体力，立志为人民、为祖国、为人类做贡献的一代新人""为社会培养优良的劳动后备军"（1981）；"坚持教育为社会主义建设服务""培养社会主义现代化建设的各级各类人才奠定基础"（1992），等等。

当然，"文化大革命"结束后，中国社会发生重大变革，随着党的工作中心向经济建设的转移和经济体制由计划经济向市场经济的变革，"三个面向"的教育方针使课程改革在目标与内容上都发生了变化。但从某种意义上，这种变化仍与时代、社会变革息息相关，与社会发展对人才的需要息息相关，课程改革仍然有明显的社会发展趋向，是社会变革需求的投射，学生自身的发展仍然没有成为影响变革的显著因素。不同的是，如果说之前的课程政策目标旨在塑造一种政治型理想人格，所表达的社会文化基本特征和政策主导价值取向是政治价值，其内涵是"有社会主义觉悟的有文化的劳动者"；那么，改革开放以后的政策目标则为经济型理想人格，主要的价值诉求是满足社会经济发展需要，是经济价值，其基本内涵是"社会主义事业的建设者和接班人"。相同的是，不管是定位于"劳动者"还是"接班人"，学生的发展都被限定于"社会需要"和"社会价值"的范畴。当然，从20世纪80年代到90年代末，课程政策对学生个体、个性的发展的关注较之前有所增强，但可以说，课程的社会发展的工具性功能仍是主导。

直至进入21世纪，随着教育的工具理性遭到普遍批判，以人为本的价值理念得到凸显，课程政策的价值倾向性才有了较大程度的转变，学生个体的发展、课程的个人价值得到张扬。但从总体上看，我国在20世纪初及新中国成立初期特殊的政治文化背景下所定位的课程政策价值取向，因其所具有的初创性，所奠定的基调对改革开放以后很长一段时期内的政策取向都产生了很大的影响。

二　重视思想道德方面的要求、德育课程以及德育在各学科中的渗透

在总的课程目标上强调思想道德方面的要求（如爱国主义、集体主义等），重视德育课程本身的建设，并关注德育在其他各学科中的相应渗透，可以说是我国的教育传统之一。这一传统在20世纪初继续得以承接与反映，并在其后苏联教育学的传入后得到进一步认同和强化，对我国改革开放后的课程政策也产生了较大影响。

在壬寅癸卯学制中，从课程时间分配来看，修身、读经讲经课程明显过于偏重，确保了传统道德教育在课程中的主体地位。在总体目标上也很强调伦理道德要求，《钦定小学堂章程》开篇提出"小学堂之宗旨，在授以道德知识及一切有益身体之事"；《奏定初等小学堂章程》则为"启其人生应有之知识，立其明伦理爱国家之根基"。在1922年的改革中，初中和小学都以公民课取代修身课。除个人修养仍宜注意外，特别强调道德教育。不仅要求公民课重视道德教育，而且要求其他学科都应兼顾道德教育，即"旧制修身科，归入公民科，关于个人修养，仍宜注重，各学科均应兼顾道德教育"。① 这是与当时兴起的国民教育、公民教育思潮分不开的。

　　新中国成立初期，这一传统并未削减，德育课程在课时比例上仅次于语文、数学、外语等基础学科，且德育几乎等同于政治教育。如1950年《中学暂行教学计划（草案）》中有关"政治"课的说明为"除各科均应贯彻政治思想教育外，初高中各学年仍设政治科目，以期加强现阶段中学政治思想教育"；如在1963年中共中央有关当前中小学教育工作的指示中明确有"在中小学阶段，必须十分注重德育……我们的中小学教育，根本目的在于培养坚强的革命后代"，即对学生进行爱国主义和国际主义教育，进行社会主义建设总路线、"大跃进"、人民公社三面红旗的教育，进行社会主义和共产主义的教育，进行阶级斗争的教育和反对现代修正主义的教育。

　　新中国德育的来源除我国的传统德育经验和解放区德育经验外，另一个重要来源就是苏联的社会主义德育经验。作为世界上第一个社会主义国家，苏联在当时被中国的有志之士视作中国革命的明天，当作"老大哥"学习。就德育而言，以凯洛夫为代表的苏联教育家一贯坚持教学的教育性，注重学科的德育渗透，坚持"德育的共产主义目的性"，强调"苏维埃学校中的德育过程是为了达到它的主要目的——培养新生一代的共产主义道德精神。教育的各个任务都服从于这个主要的目的"。② 他主编的《教育学》自新中国成立初期至1957年的短短数年间，竟然销售50多万册，成为当时中国中小学教师的必读书。除凯洛夫著作外，包德列夫著《共产主义道德教育问题》（正风出版社1953年版）、加里宁和马卡连柯著《论共产主义教育》（时代出版社1956年版）等苏联德育著作均相继被引入中国。这些苏联教育家所表述出来的对共产主义道德精神的共同追求，对阶级意识、政策素养、集体主义、劳动观念的普遍重视，都深深影响了新中国的德育建设。

　　改革开放以后，德育课程也始终处于重要地位，其课时比例、内容的

---

　　① 课程教材研究所：《20世纪中国中小学课程标准教学大纲汇编·课程（教学）计划卷·1923年新学制课程纲要总说明》，人民教育出版社1999年版，第111页。

　　② ［苏］伊·阿·凯洛夫主编：《教育学》，陈侠等译，人民教育出版社1957年版，第237页。

不断调整本身，包括课程名称的调整（如 1981 年将小学政治课改为思想品德课），都体现着德育课程自身的重要性以及人们对它的重视，因此，它在课程体系中的地位没有因为它自身内容的改变而有所变化，相反却得到进一步增强。在较长一段时期内，德育偏重理想教育，排斥德育的现实取向。至 20 世纪 90 年代末期以后，基于之前的弊端，德育课程开始注重联系学生的实际，如在低年级开设品德与生活课，在中年级开设品德与社会课，在高年级开设思想品德课，循着一条学生社会生活范围不断扩大的实际路线，将品德行为规范和法制教育、爱国主义、集体主义等有机融合，为培养学生成为具备参与现代社会生活能力的社会主义合格公民奠定基础。

三　以学科知识为中心的分科课程体系

"癸卯学制"采取了学科课程的形式，这是以近代科学体系为依据的。规定普通中学分设 12 门课程，其中包括地理、博物、物理和化学 4 门西方近代科学课程，从而对于传统社会那种与科学技术不甚发达相适应的、以道德教育为中心的课程结构模式有所突破，也奠定了我国普通中学课程架构和分科主义课程设计传统。

我国形成系统的单一学科课程结构则是在新中国成立初期，是对苏联模式的大力借鉴，它以学科的逻辑体系为中心来编制课程，各学科的内容选自各门科学的基础知识，课程门类不断细化，课程结构即由各门相互独立的学科课程拼凑而成。在课程计划中虽然安排课外活动但是并不计入总课时。

这种单学科的课程结构模式对我国的基础教育课程体系产生了广泛而深远的影响，一方面，它坚持以学科知识的逻辑体系为线索，强调本学科自成一体，有助于突出教学的逻辑性和连续性，是学生简捷有效地获取学科系统知识的重要途径，有助于体现教学的专业性、学术性和结构性，从而有效地促进学科尖端人才的培养和国家科技的发展，也便于组织教学与评价，提高教学效率。另一方面，它过于注重知识在严密逻辑体系下的系统传递，强调接受学习，容易导致轻视学生的需要、经验和生活，学生难于获得必需的直接经验，易导致忽略当代社会生活的现实需要；易导致将学科与学科彼此之间割裂缺乏整合，不利于学生从整体上认识世界和综合地运用知识；各学科经过多年发展，相当凝固，几乎只能增加不能减少，致使课程门类愈来愈多，却很难容纳现代科学技术的新成果。这也是造成活动课程、综合课程在我国生长极其艰难的重要原因。

由此，我们可看到，在20世纪90年代以前，我国的学科课程体系已经基本稳定下来，它主要包括五个方面：一是为学生进行再学习和参加工作奠定基础的语文、数学、外语；二是对学生进行思想政治、品德教育，进行国情、历史教育，讲授社会科学基础知识的政治、历史、地理；三是对学生进行科技教育，讲授自然科学基础知识的物理、化学、生物；四是关系到学生身心健康发展的体育、音乐、美术；五是培养学生劳动观点、劳动习惯、掌握基本劳动知识和技能的劳动技术课。直至1990年，我国的课程政策中方首次提到"调整后的课程结构由学科课程和活动两部分组成"，"活动包括课外活动和社会实践活动"。在1992年的文本中，"综合课"这一术语首次出现，在"课程设置"部分提出"以分科课为主，适当设置综合课"。至2001年《纲要》中，加强课程的综合性则成为改革目标之一，明确了"小学阶段以综合课程为主，初中阶段设置分科与综合相结合的课程，高中以分科课程为主"的课程结构；活动课程则以"综合实践活动"的形式出现。但是，由于原有课程类别实践的历史较长，影响较大，要更好地促进活动课程与综合课程的发展，尚需更多的社会理解与政策支持，需较长时间的经验积累与专业探索。

四　国际视野下的本土观照不足

从魏源的"师夷长技以制夷"到洋务运动的"自强"与"求富"，再到康梁的戊戌维新及清末的"新政"，在这一代又一代人的救国探索中有一个共同点，就是学习西方，从器物到制度，继而从制度到文化。20世纪的教育亦是如此。20世纪初我国的课程改革所走的是一条摇摆不定的道路：从效法日本的热潮到短暂的模仿德国，再到第一次世界大战后美国化的趋向。壬寅癸卯学制的课程设置完全模仿日本，只是在其基础上增加了读经讲经课，删减了唱歌课，并将"国语及汉文"改为"中国文学"，将"数学"改为"算学"，还因理解上的差异，将"法制与经济"改为"法制与理财"。1909年始实行的中学文实分科的背景是对德国的崇拜。从甲午、戊戌以来的"远法德国、近采日本"的做法，到直接的"近采德国成法"。学部在奏折中毫不讳言对德国教育的崇拜，强调指出"近世德国学术号为极盛，考其中学堂之制，文科实科，则系分堂肄业"。

这种仿德的倾向还体现在外国语这门课程的语种规定上，以前的外国语课是以日语和英语为主，其时则规定一般地应"以英语或德语为主"。

1922 年的课程改革，在相当大程度上移植了美国的做法，美国教育家孟禄直接参与了学制改革的酝酿和探讨。它深受美国"儿童中心""生活教育""平民教育""职业教育""实用主义教育"与"科学教育"等教育思潮的影响，例如，废止修身而改设公民、卫生，是为了使儿童修养成为一个"适合于共和国家世界潮流的好公民"。学分制、选科制、分科的综合中学制、综合课程、新知识的课程化等等对传统课程而言，都是以往不曾有的，是当时美国课程最新变化的集萃。

这种改革的国际视野是必要的，有益的，但问题在于对本土国情与现实考虑不足，造成新政策理念的本土适应不良。如 1922 年的课程改革中，当时的一些课程理念的确够新，但有些却不适合中国教育实际情况。如综合课程的实行，当时，由于中国是第一次实行综合课程，人们没有经验；没有统一的课程供各地使用，教师又缺乏有效的培训指导，结果导致教学上的混乱。又如，大量增设职业科，职业课程的开设需要资金投入、专用场地和专业教师，但贫穷的旧中国根本不可能解决这些问题，结果又导致职业课程形同虚设。这些实际问题的存在，迫使当时的民国政府不得不于1929 年取消综合课程和综合中学制，取消分科选修科目、分科必修科目和纯粹选修科目之分，只设必修科目和选修科目两种。1932 年，又取消了初中的职业科目和高中的选修科目，取消学分制，恢复学时制。最后又回复到了原来的分科课程和必修课程模式中。新中国成立初期的"以俄为师"，所带来的不足亦是显著的，如高度统一的课程管理政策，严重脱离地域生产力发展水平、文化背景实际情况；频繁变动的课程，不利于教师积累经验，也不利于提高教育教学质量。这些惨痛的经验教训对于改革开放以后我国的基础教育课程政策的影响在于，它有力地警示着课程改革必须本着实事求是的理性精神，并充分照顾我国国情。

如针对 20 世纪 90 年代初期不少地区的农村在短期内尚不能顺利完成九年义务教育的情况，1992 年课程政策既把九年作为一个整体来考虑课程设置，同时又保证小学和初中两个阶段的相对完整。考虑到时代发展对英语能力的要求，同时基于已有师资水平、办学条件的考虑，我国的课程政策将英语分为两级水平，确实不具备师资条件的，经省一级教育行政部门批准，可以不设英语。根据地区经济发展不平衡和学生的个别差异，基础教育课程政策又加大了课程的弹性和层次性，实行统一性和灵活性相结合。

在吸收和总结历史经验教训的基础上，改革开放后的课程政策变革之前往往能对当时课程政策的实施情况进行了全面细致的实证研究，调查分析我国的教育国情，并参照国际上和港台地区课程改革的经验教训，以此作为课程改革决策的重要依据。同时，课程政策在颁布之后会进行认真的实验和反复的修改，至最终定稿。以上述的1992年出台的课程政策为例，这一政策在对1990年9月就开始进行实验，实验区遍布全国各省的一些县、市，实验班的学生达到二三十万。根据对实验结果的分析、论证，国家教委于1991年6月开始进行修改，并于同年11月在《中国教育报》上全文公布了修改稿。通过向各省、市、自治区教委、高师院校发文征求意见，召开座谈会等方式广泛听取意见，收到有关书面意见10万多字，直接听取意见500多人次。

在现有师资队伍、办学条件之下，我国基础教育课程中综合课程、选修课程、地方课程的开设以及工具类课程的减少、其他类型课程的增加始终保持在一个比较小的范围内，实际上也都体现了较为审慎的态度。这些努力，都体现了对本土国情、教育现状、历史经验的观照与尊重，表现出改革的前瞻性与现实性并重的意识，体现了更为谨慎、理性的精神和态度。

第 四 章

作为对广泛的社会变革的回应——
社会语境的考察

变革作为一种过程，总是伴随着旧事物的消亡和新事物的诞生。这种新旧更替的动因需要我们首先在事物所赖以存在的社会中去寻找。也就是说，课程的变革，来源于社会其他系统的变化所带来的新的需求。这实质上预设的一个前提就是，课程应该也能够服务于社会变革与文化变迁。

——题记（石鸥）①

30 年前，一场关系党和国家前途命运的大讨论——关于实践是检验真理的唯一标准的讨论，吹响了解放思想的号角。从此，改革开放的大幕在解放思想中徐徐拉开，一个有着几千年历史、十几亿人口的文明古国，开始了建设和发展中国特色社会主义的伟大实践。美国《时代》周刊在 1979 年第一期的序言中曾这样写道："一个崭新中国的梦想者——邓小平向世界打开了'中央之国'的大门。这是人类历史上气势恢宏、绝无仅有的一个壮举！"30 年来，这场历史上从未有过的大改革大开放，始终在解放思想的历史进程中不断推进。

改革开放是一个庞大的系统工程，也是一场深刻的社会变革，涉及整个社会结构和社会生活的方方面面，而教育作为整个社会系统中的一个子系统，也必然会发生深刻的变化，整个教育政策系统因而处于不断革新之

---

① 石鸥：《结构的力量》，高等教育出版社 2004 年版，第 3 页。

中。课程政策作为一个国家教育改革与发展所必需的基本教育政策[①]，其不断的调整也是对这种社会变革的回应。正如有国外学者指出的："课程不可避免地和社会背景联系在一起。宽广的历史、文化、经济和政治力量形成和决定着教与学的发展。这种影响是持续不断的，并且能够说明导致课程改革的竞争和冲突性质的原因。"[②]

那么，这场社会变革如何以一只"看不见的上帝之手"对课程政策起着支配与控制的作用，其变革的历程具体如何塑造了各阶段的课程政策，成为此部分集中探讨的问题，从社会经济、政治和文化三个方面切入则构成这一部分的研究思路。

第一节　经济语境下的课程政策

经济基础决定上层建筑。因此，一方面，一定时期的课程政策必然受到其时经济发展水平和条件的制约，倘若不考虑国家经济实力，课程政策的执行就会因缺乏物质基础的保障而半途而废，致使政策停留于良好的意愿；另一方面，课程政策对经济增长的贡献要最大限度地发挥出来，它就必须适应不断变化的经济条件和经济环境的需求，满足国民经济对人才素质结构的要求。

以下将从这两方面切入，探讨改革开放以来的经济语境对于课程政策产生了何种制约，其不断变化又对课程政策提出了何种要求。

一　经济能力和发展水平对课程政策的制约

经济发展水平对课程政策的制约典型地体现在两个方面。

其一，课程类型的设置受制于已有师资、设备等条件。如1978年的课程政策对外语予以了重视，提出"中小学要学好外语"，并"从小学三年级起学习外语，在中学毕业时，切实打好一种外国语的基础"，但事实上，当时大部分学校尚不具备师资条件，国家在外语师资培养方面的经费

---

① 美国学者佛兰德·S. 科伯恩认为，教育经费政策、课程政策、学生政策、教师政策、教育管理政策是一个国家教育改革与发展的基本教育政策。

② Robert E. Moon and Patricia F. Murphy, P. , *Curriculum in Context*, London：Open University，1999，p. 1.

投入严重不足，不发达地区尤其难以吸引合格的教师，由此，这一政策不得不在 1981 年作出调整，根据"由于师资准备不够，中小学衔接问题没有解决好，已经开设的学校大部分教学质量不合格"这一状况，强调"目前一般学校，凡不具备合格师资条件的，不要勉强开设外语"；例如，1992 年的课程政策中提到"农村复式教学点（班）、简易小学和全日制小学，按本课程计划全面开设各学科尚有困难的，可适当减少学科门类，或只开设思想品德、语文、数学、常识，或只开设语文、数学"。这都体现了已有经济能力所能提供的师资、设备、资源等条件对课程结构的制约。最为典型的表现是 1984 年分别有针对"城市小学"和"农村小学"的课程政策，对于数学、外语、自然常识、劳动课程分别提出了不同的要求。

其二，我国尚处于社会主义初级阶段，经济发展极不平衡的状况决定了课程实施必须因地而异，而不能"一刀切"。因此，在课程政策中都强调了政策的实施，必须考虑城市、农村、边疆少数民族地区的不同情况，实行统一性和灵活性相结合的原则，增强课程对地方、学校及学生的适应性。

二　经济发展对于课程政策的要求

这一点主要体现在劳动力市场对于人才素质不断提出新的要求，带来新的挑战，从而迫使课程政策作出调整以适应和满足这一需求。为了更为具体地呈现其对课程政策的影响，避免泛泛而论，以下分阶段论述经济语境的变化如何引致了课程政策的变革。

（一）第一阶段（1978—1985）

1978 年，党的十一届三中全会，实现了中国历史上新的伟大的转折，明确作出了把党和国家的工作重点转移到经济建设上来的战略决策。1982 年，党的十二大拉开了中华民族全面开创社会主义现代化建设的序幕，在全面开创新局面的各项任务中，胡耀邦在《全面开创社会主义现代化建设的新局面——在中国共产党第十二次全国代表大会上的报告》（1982 年 9 月 1 日）中指出，首要的任务是"把社会主义现代化经济建设继续推向前进"。

1978 年的全国教育工作会议（后文均简称"全教会"）主题尽管不是集中在研究经济问题上，但是邓小平的讲话在谈到教育发展和经济发展的关系时说得很清楚："教育事业必须同国民经济发展的要求相适应"，

"国家计委、教育部和各部门，要共同努力，使教育事业的计划成为国民经济计划的一个重要组成部分"。这就要求课程的发展必须与经济同步。

这首先反映在课程政策里的话语中。例如："加速培养又红又专的建设人才，以适应建设现代化的社会主义强国的需要""加速提高工业和农业的技术水平"（1978）；"积极适应社会主义现代化建设的需要""培养有社会主义觉悟的有文化的劳动者""为社会培养优良的劳动后备力量"（1981）；而1984年则提出了"适应新时期总任务的需要，迎接新的技术革命的挑战"。

其次，经济建设对于人才的质量和数量都提出了新的要求。1977年，邓小平在同教育部主要负责同志的谈话中指出"教材非从中小学抓起不可，教书非教最先进的内容不可"。① 由此，1978年开始了课程内容现代化的步伐，"现代"成为1978年课程政策中的核心话语，几乎各门课程都强调了内容上的更新，如"加强现代科学技术……""注意反映现代物理学成就""注意反映现代数学的观点"，等等，或是用"先进"这一话语如"先进的文化科学基础知识"，并提出要加强学生"科学态度""科学方法""分析问题、解决问题的能力"的培养；同时，这一政策中就有5次提到质量问题，诸如"提高教学质量""根据建设四个现代化的社会主义强国的要求，努力提高教育质量""努力提高中小学教育质量，为赶超世界先进水平打好基础"等。在其后1981年和1984年的课程政策中也均强调了"质量"问题。

尤为重要的是，为了"更快更好地培养人才""适应社会主义现代化的迫切需要"，邓小平从战略发展的高度提出了"办教育要两条腿走路，既注意普及，又注意提高。要办重点小学、重点中学、重点大学。要经过严格考试，把最优秀的人集中在重点中学和大学"的指示，由是，教育部在1978年颁发了《关于办好一批重点中小学试行方案》，之后1980年7月底8月初，教育部讨论修改了《关于分期分批办好重点中学的决定》，并于1980年10月经国务院批准颁布。因此，我国在1981年也就有了专门针对"重点中学"而不是面向一般中学的课程政策文件。这一方面反映了现实经济语境对政策的制约，各地经济发展不平衡，底子薄，人力、物力、财力有限，师资、经费、设备等资源相对不足的经济现状，使得反

① 《邓小平文选（1975—1982）》，人民出版社1983年版，第66页。

对平均主义、集中力量办好重点学校成为当时教育部门的头等理念，试图通过将有限的教育资源向重点学校倾斜的政策，最大限度地发挥资源的利用率。另一方面，这是经济语境提出的要求，是为了早出人才、快出人才、出好人才，挽回十年浩劫所造成的损失，改变人才匮乏的现状，加速造就人才尤其是推出一些社会急需人才以适应经济建设的需求。1981 年的课程政策还首次提出了分科性选修，分为侧重于文科、理科的两类教学计划，高二分流，从而开始形成高中文理分流的办学模式，以更符合经济计划的需要。

（二）第二阶段（1986—1997）

1984 年 10 月 20 日，《中共中央关于经济体制改革的决定》在十二届三中全会通过。经济体制的改革在工业上主要集中在国有企业的利改税和简政放权的改革试验阶段，在农业上则以推行家庭承包土地责任制为核心。邓小平同志对于这一决定给予高度肯定和赞扬，说它"是马克思主义基本原理同中国社会主义实践相结合的政治经济学，是一大发明，一大创造"，同时他又特别强调说：经济体制改革决定的第九条最重要。第九条的中心即为知识与人才，"进行社会主义现代化建设必须尊重知识，尊重人才"，"科学和教育对国民经济的发展有极其重要的作用"。

随着国家实行改革开放政策，社会经济向现代化发展转型，当时国家各级管理部门所面临的问题是人才缺乏，尤其是具备现代科学技术知识的管理人才缺乏，在这种形势下，教育在当时主要面临着为经济和社会发展培养有知识和技术的劳动者的重大任务。这可以从领导讲话有关会议主题的叙述与经济话语的密切关联中体现出来，在 1985 年全教会上，当时分管教育科技工作的邓小平在表述"搞改革，提高教育质量"时，用的却是"我国的经济，到建国一百周年时间时，可能接近发达国家的水平……就是在这段时间里，我们完全有能力把教育搞上去，提高我国的科学技术水平，培养出数以亿计的各级各类人才……"这是宏大的经济战略设计话语。从其他国家领导人如总书记胡耀邦、副总理万里等人的讲话里，同样可看到这种用经济话语作为教育政策制定论据的语义模式。教育政策与经济政策的关联在这期间最为经典地表现为当时有关《中共中央关于教育体制改革的决定》的政策设计，很多项目参考了当时有关《中共中央关于经济体制改革的决定》和《中共中央关于科技体制改革的决定》的写法，甚至当时国家教委主任何东昌关于《中共中央关于教育体制改革的决定》修改意见所做的说明中，明确承认"这个决定（指《中共中央关于教育体制改革的决定》）在修改和定稿过程中，认真征求了参与起草前两个体制改革决定的政策制定过程的同志们的意见和建议"。①这表明，经济对于教育政策的作用已经进入教育政策制定的议事日程当中，正在发展为一种制度化的保证。②

　　只要教育政策的制定受到国家经济发展战略任务的影响，那么，作为提高教育质量核心途径的课程政策也就必然会有调整与改革，因为"课程的内容和结构，直接关系到人才的培养和民族素质的提高。课程在普通教育中具有特殊的意义和地位"。③因此，1988年提出要"注意各门学科的联系"，小学新增"社会课"，至1992年，"综合课"这一专门术语首次出现在课程政策中，突破课程体系的封闭性，尝试对分科课程体系进行整合，有利于培养经济建设所需要的复合型人才。1990年基于"选修课范围较窄，在培养学生对现代社会生活和生产等方面的适应能力重视不够"，因此，提出"适当减少必修课的课时"而适当增加选修课，同时强调课程结构由单一的学科类课程改变为学科课程和活动两部分，随后1991年特地颁发了致力于选修课规范化的《关于在普通高中开设选修课的意见》。

　　1992年初邓小平南方谈话，提出了"发展才是硬道理"的命题。其后，我国市场经济发展的速度明显加快。1992年10月，党的十四大确立了我们要建立社会主义市场经济体制的目标，这是自1979年的改革以来中国共产党第一次明确地将市场经济作为中国社会发展的基本取向。以此为契机，我国社会开始进入全方位推进市场经济的阶段。为贯彻落实党的十四大提出的经济体制改革的任务，加快改革开放和社会主义现代化建设步伐，1993年11月十四届中央委员会第三次全体会议通过了《中共中央关于建立社会主义市场经济体制若干问题的决定》，"效率优先，兼顾公平"的原则正式提出。

　　市场经济体制的全方位引入，其影响是多方面的。一方面，市场经济作为一种竞争经济，追求利益最大化是它的根本目的，因而不可避免地存

　　① 国家教育委员会政策法规司：《十一届三中全会以来重要教育文献汇编》，教育科学出版社1992年版，第175页。

　　② 李钢：《话语·文本·国家教育政策分析》，社会科学文献出版社2009年版，第165页。

　　③ 白月桥：《课程变革概论》，河北教育出版社1996年版，前言。

在不同的利益主体之间的利益冲突，这就需要与之相适应的竞争观念。由此，1992 年的课程政策在小学阶段特别增加了"诚实"的规定，在初中阶段则增加了"守信"的规定。同时，社会主义市场经济体制的建立和完善，必须有法制来规范和保障，这就要求开展法制教育，提高全社会的法律意识和法制观念，从 1981 年课程政策中始提出初二的政治课专门开设"法律常识"课，集中对学生进行全面的法律知识教育，至 1988 年、1992 年的课程政策都强调"思想政治"课和"社会"课中要进行法制教育，树立"社会主义法制和纪律的观念"。

另一方面，经济市场化的魔瓶一旦开启，就会按自身的逻辑展开，在增强经济的灵活性提高经济效益的同时，也带来一些负面影响，如拜金主义、享乐主义、利己主义等的兴盛，给德育工作环境提出了挑战。如1987 年国家教委特地颁发了《关于在中小学严格制止宣扬凶杀、色情、迷信等有害书刊流传的通知》，1988 年 8 月颁发的《中学德育大纲》要求"对不良影响有一定识别能力和抵制能力，并具有一定的自我教育和自我管理等能力"，由此，在同年 9 月颁发的课程政策中，在小学阶段提出了"初步分辨是非的能力"，中学阶段则为"使学生具有一定的分辨是非和抵制不良影响的能力"，随后 1992 年的课程政策则更为强调了这一点，一共出现 4 处提到要提高学生"分辨是非的能力"。

（三）第三阶段（1998—2008）

其一，在 1999 年 6 月的全教会领导人的讲话中，出现了一系列经济学话语"需求""教育消费""投资""国内需求""经济增长"，这意味着加快教育发展之意并非完全仅仅是为了教育，而是要"拉动"和"促进经济持续增长"。这反映出教育具有极其深刻的经济推动意义。教育能推动经济的发展，而经济的飞速发展又为教育提供了进一步发展的条件，改变着教育的面貌。据统计，从 1978 年到 1989 年的 11 年，我国国内生产总值增加了近 1 万亿元；而从 1990 年到 2001 年的 11 年，国内生产总值增加了 8 万亿元。1990 年到 2001 年，中国年均经济增长 9% 以上，增速世界第一，是世界经济增长速度的三倍，2001 年国内生产总值达到95933 亿元，中国的经济总量在世界排名由第 11 位跃居第 6 位。[1] 这种经

---

① 《走向辉煌　开拓创新的伟大时代》央视国际消息（新闻联播）（2002 年 9 月 15 日 20：40），http：//finance. cctv. com/news/xwlb/20020915/100229. shtml。

济实力的大幅度增长无疑为教育提供了更好的条件，在课程政策上的典型体现就是"信息技术"成为核心话语之一。2000 年的课程目标中提出"能够利用现代信息技术手段进行学习，解决问题"，并在开发课程资源方面也要充分利用信息技术巨大潜力。2001 年的政策，一方面将"信息技术教育"明确列入综合实践活动课程中，突出培养学生利用信息技术的意识和能力；另一方面提出要大力推进教师在教学过程中普遍应用信息技术，通过发挥信息技术的优势，逐步实现教学内容的呈现方式、学生的学习方式、教师的教学方式和师生互动方式的变革，为学生的学习和发展提供丰富多彩的教育环境和有力的学习工具。

　　其二，初见端倪的知识经济也带来了课程政策的变革。1998 年 11 月 24 日，江泽民在新西伯利亚科学城会见科技界人士时发表讲话，指出"要迎接科学技术突飞猛进和知识经济迅速兴起的挑战，最重要的是坚持创新。创新是一个民族进步的灵魂，是一个国家兴旺发达的不竭动力。创新的关键在人才，人才的成长靠教育"。[①] 要迎接知识经济时代，就必须紧紧咬定"创新"二字。由此，"创新"成为世纪之交课程政策的一大核心话语。在 2000 年的政策中便有 5 处提到"创新精神"，无论是"课程目标""课程设置"还是"课程实施"部分都强调培养学生的创新精神；2001 年的政策也强调了"创新意识"和"创新精神"的培养；2003 年的政策有 5 处提到"创新"，开篇就明确提出要大力推进"教育创新"，为造就一大批"创新人才"奠定基础，除强调学生的"创新精神"外，还提出学校要积极进行"制度创新"。同时，知识经济的背景也呼唤具有创业意识和创业能力，敢于创业、勇于创业的人才。在 1992 年的课程政策中只是提到学生需"了解一些择业的常识"，1996 年的政策则表述为"初步的择业能力"，而到了 2000 年则明确提出了"具有与社会生活相适应的职业意识、创业精神和一定的择业能力"，2003 年在此基础上而增加了"人生规划能力"。

　　其三，构成课程政策变革的另一重要经济语境是中国加入世界贸易组织。1999 年 11 月 15 日，中美就中国加入 WTO 达成协议；2001 年 12 月 11 日，中国终于叩开世贸组织大门，成为 WTO 第 143 个成员。如果说 1971 年中国加入联合国，从此登上世界政治大舞台，那么 30 年后中国加

---

　　① 《江泽民文选》（第 2 卷），人民出版社 2006 年版，第 237 页。

入世界贸易组织，标志着中国全面融入世界经济主流。这充分展示了中国顺应经济全球化潮流、主动参与国际竞争与合作的积极姿态。加入 WTO 意味着我国与各国具有更为密切更为广泛的交往。这要求我们树立全球意识，要善于从全球的利益角度去考虑问题，要具有面向全球化所必备的思维和行动方式，要具有国际知识、经验和能力，善于国际交流和合作。由此，与之前的课程政策不同的是，世纪之交的课程政策凸显培养学生交流与合作的能力、团队精神等。如 2000 年的政策中提出"具有参与国际活动和国际竞争的意识"，2003 年提出"理解文化的多样性，初步具有面向世界的开放意识"。

第二节　政治语境下的课程政策

课程政策作为一种政治行为的产物，必然受到政治环境与政治条件的作用，某一时期执政党和政府所代表的阶级利益、所确定的政治路线与体制等都对课程政策的形成有非常大的影响。以下阐释了各时期不同的政治语境对于课程政策的影响。

一　第一阶段（1978—1985）

这一时期的政治语境体现着过渡时期新旧杂陈的特征。一方面，1978 年底，党的十一届三中全会总结了新中国成立以来经济建设的经验教训，坚决批判了"两个凡是"的错误方针，抛弃了"以阶级斗争为纲"的"左"倾错误方针，作出把工作重点转移到社会主义现代化建设上来的战略决策，重新确立了实事求是的马克思主义思想路线。但在另一方面，从 1957 年反右运动开始，再到 1966—1976 年十年"文化大革命"运动对毛泽东的个人崇拜达到登峰造极的影响，"文化大革命"中的极"左"思潮等仍留有残迹。

1978 年的课程政策指出，其制定是遵照了华国锋在党的十一大政治报告中的指示，即"要真正搞好教育革命，提高教学质量，建立一个充分体现毛主席的无产阶级教育路线，适合我国情况，适应社会主义经济基础的无产阶级制度的指示"，由此"坚持毛主席的教育路线，深揭猛批'四人帮'"成为首要的指导思想，具体就是要"集中批判'四人帮'炮制的'两个估计'，清算他们反对毛主席的教育路线，破坏教育革命的罪行，分清路线是非，肃清其流毒和影响"。除了这些话语外，整个政策文本充斥着很多其他政治话语，如"没有正确的政治观点，就等于没有灵魂""教育必须为无产阶级政治服务""克服非无产阶级思想，提高阶级斗争和路线斗争的觉悟""各科教材和教学，都要用马列主义、毛泽东思想统率起来""要防止不问政治的倾向"等。政策文本中屡次提到"华主席"和"毛主席"，尤其是"毛主席/毛泽东"共出现达 15 次之多，由此，仍可窥见政治权力中的个人迷信这一传统的痕迹。极左思潮的残迹体现在：学制为十年，还保留"文化大革命"时期的农基课程，初中只学本国史不学外国史，各学科间的课时比例也不太合理，外语比重过大，生物等则比重过小，对劳动实践过分推崇，没有体现现代科学的发展趋势。

在全党、全国上下迎来了思想解放的春天之际，也有些人打着"思想解放"的旗号，对我国的社会主义制度、国家的性质、中国共产党的领导地位、意识形态的领导思想等根本问题提出了质疑，多种思想倾向的影响造成了一部分青年思想混乱。针对这一现状，在 1979 年 3 月召开的党的理论务虚会上，邓小平首次正式提出"坚持四项基本原则"的主张。在这一背景下，1981 年的课程政策除继续强调肃清林彪、"四人帮"的流毒及纠正"左"的错误指导方针在教育工作方面的影响，还提出要针对少年儿童的特点，进行"坚持四项基本原则和社会主义精神文明的教育"。根据坚持四项基本原则，加强青少年思想教育的精神，一个重要的举措就是将其时的政治课改为了思想品德课，并在总课时上比原政治课增加 44 课时，加之又恢复了地理、历史课，小学的思想品德教育、爱国主义教育得到了加强。同样，为坚定人民的社会主义信念，1982 年第五届全国人大所通过的宪法中规定"国家提倡爱祖国、爱人民、爱劳动、爱科学、爱社会主义的公德"，将新中国成立初期的《共同纲领》中所提出的"爱护公共财物"改为"爱社会主义"。由此，1984 年的课程政策也强调"进行以'五爱'为基本内容的共产主义思想品德教育"。

二 第二阶段（1986—1997）

改革开放在推动经济发展的同时，为我国民主政治的发展提供了强大动力。一方面，随着经济社会的发展，广大人民的权利意识，尤其是公共权利意识普遍增长，人民群众对充分享有民主政治权利、在各个层次各个领域有序参与民主政治提出了新的要求；另一方面，社会主义市场经济体制的建立和发展也必然对社会主义民主政治建设提出新要求。民主政治既是市场经济的必然结果，也是市场经济顺利发展的保障机制。社会主义市场经济体制的改革呼唤着政治体制的改革与之相适应、相配套。从 1986 年到 1987 年一年多的时间里，邓小平从经济与政治改革的关系的角度，就政治改革的必要性发表了一系列重要论述。他指出："现在经济体制改革每前进一步，都深深感到政治体制改革的必要性。不改革政治体制，就不能保障经济体制改革的成果，不能使经济体制改革继续前进，就会阻碍生产力的发展，阻碍四个现代化的实现。"① 1987 年，党的十三大报告明确提出了我国政治改革的长远目标和近期目标，从实行党政分开、进一步下放权力、改革政府机构等七个方面论述了政治体制改革的蓝图，标志着我国政治体制改革全面启动。

政治民主化是我国政治体制改革的核心。政治民主化在这一阶段首先表现为社会生活各领域的决策逐渐趋于适度的民主化。教育领域对这种民主化趋势的重要响应之一，就是教育的决策权包括课程决策权部分地下放到地方和学校。体现在课程政策中就是在 1992 年出现了"地方安排课程"这一话语，而且在文件中出现达 11 次之多，同时也首次出现了"地方课程"一说，代表由中央独揽的课程管理体制开始松动，予以了地方一定余地。其后，1996 年的文本中首次正式提出"三级管理"，即国家、地方和学校共同参与管理的方针标志着课程管理体制发生了本质性变化。

其次，政治民主语境下的教育民主还体现在"面向全体学生"的理念。1991 年的政策文本中明确提出"从只面向重点学校和升学有望的学生转变为面向全体学生"，从之前的重点学校政策到注重调动每一所学校的办学积极性，"大面积提高教学质量"，从面向部分学生到面向所有学生，这是我国基础教育在朝向摆脱培育精英主义的窠臼和狭窄的升学取向的努力，是对教育民主的追求。随后，1992 年和 1996 年的文本中也都提到要因材施教，坚持"面向全体学生"。

三　第三阶段（1998—2008）

从 20 世纪 90 年代末至 21 世纪初，基于经济的稳定增长，我国继续保持政治稳定的局面。1997 年的中共十五大报告，提出依法治国，建设

---

① 《邓小平文选（第三卷）》，人民出版社 1993 年版，第 176 页。

社会主义法治国家的目标，为社会主义政治建设增添了新的内容，同时，把"继续推进政治体制改革"作为跨世纪的重要工程。这是实现世纪之交中国政治发展的一项重要环节。政治体制自身的不断完善，有力地推进了政治生活的民主化，使民主的意识进一步渗透至教育活动的各个层面与环节之中。同时，党的十五大和十六大报告都明确提出"尊重和保障人权"，并于2003年将这一条款载入宪法，标志着我国民主政治建设迈上新台阶。

其一，这体现在课程政策之中就是个体的权利尤其是发展的权利得到了前所未有的重视。最为典型的表现就是2001年的《基础教育课程改革纲要（试行）》的标题为"为了中华民族的复兴，为了每位学生的发展"，个体发展与社会发展的和谐统一，成为政策文本的主题。使每一所学校成功，使每一位学生成功，也构成2003年课程政策的基本理念。除此之外，教育民主纵深发展，"教学民主"成为核心话语之一。2000年的课程政策提出"倡导教学民主，建立平等的师生关系"。

其二，作为政治民主化的重要路径之一的公民教育得到关注。一般来说，政治民主化有三种路径，即"政治民主的基础性建设、制度性建设和公民教育"。[①] 就"公民教育"而言，美国的定义具有代表性，指"民主下的自治教育，即教育公民积极参与自我管理，而不是消极地接受别人的格言，或者默许别人的需求"。[②] 也就是说，公民教育以培养合格的、负责任的、能参与民主政治生活的公民为己任；公民教育的本质是塑造公民的民主精神。这点在世纪之交我国的课程政策中得到了重视。2000年的政策提出，课程目标之一是要使学生"具有民主和法制精神，学习行使公民权利和履行公民义务"；将普通高中教育的任务定位于培养高中生的健全人格或公民基本素养，是2003年课程政策所追求的重要理念，其阐述更为全面，提出"具有民主与法制意识，遵守国家法律和社会公德，维护社会正义，自觉行使公民的权利，履行公民的义务，对自己的行为负责，具有社会责任感"的目标。

---

① 王浦劬：《政治学基础》，北京大学出版社2006年版，第339页。
② 中国驻纽约总领事馆教育组：《美国公民教育的现状及改进措施》，《世界教育信息》2006年第9期。

第三节　文化语境下的课程政策

改革开放给中国社会带来了全方位的深刻变化，也极大地推动了中国社会文化的变迁和发展。正如马克思所指出的："随着每一次社会制度的巨大历史变革，人们的观点和观念也会发生变革。"[①] 伴随着中国社会的转型，中国文化也在与世界现代文化观念的交融、摩擦和碰撞中从传统走向现代。

社会文化的变迁也反映在课程政策之中。进行这个方面的研究，有助于认识课程政策的文化特征。无论实施什么样的课程政策，其中的意图不外乎是用政策引导和控制社会趋同于某种政治组织意识形态的主流文化，弘扬适合国情发展的先进文化，促进社会精神文明按照政治组织主流意识形态的要求进步。同时，如经济合作与发展组织（OECD）基于成员国的观察所指出的，认识课程改革，理解改革中的争论的关键，是要意识到所有的课程改革政策的变化都是广泛复杂的社会文化变化的一部分，而社会文化的变化又是与社会的政治经济发展战略的关注点密切相关的。[②] 这一点也反映在以下对于各时期课程政策变革的一定文化语境的分析中，体现着其与政治、经济语境的紧密关联。

一　第一阶段（1978—1985）

改革开放之后，国家的中心任务转移到了"经济建设"上，全国上下都开始了对经济问题的关注。市场与文化的结合，繁荣了文化，一定程度上满足了人民的文化需求，但由于同市场只是有限的接触，同时还有事业体制的保护伞，因此，"20 世纪 80 年代得到最优越滋养的应该是知识分子所引领的'精英文化'，而不是代表着人民普遍文化需求的'大众文化'。让人记忆犹新的是中国 80 年代在电影、文学、戏剧、美术等文化领域出现的一大批先锋性的、探索性的文化艺术作品，许多内容在西方都堪称前卫。可以理解，经过'文革'的禁锢，知识分子带着'要补回失去的十年'的热情，在文化领域尽情徜徉。但很普遍的问题是，热情一

① 《马克思恩格斯全集》（第 7 卷），人民出版社 1982 年版，第 240 页。

② Row M. Skilbeck, *Curriculum Reform: an Overview of Trends*,（OECD）Paris, 1990, p. 17.

时之间造成了对中国现实国情的忽视，兴致勃勃走进电影院的普通大众，面对晦涩甚至怪诞的剧情最终得到的是茫然和愕然。而拍一些更有市场也就是更适合大众口味的电影，在电影圈却被斥之为'要钱不要脸'"。①

在这一阶段，精英文化一直处在话语的中心，知识分子是社会主流文化的承担者和价值观念的捍卫者。如"70 年代末 80 年代初一些知识分子写出的作品往往万人捧读，洛阳纸贵，如刘心武的《班主任》、徐迟的《哥德巴赫猜想》、刘宾雁的《人妖之间》、遇罗锦的《一个冬天的童话》，还有《人到中年》《高山下的花环》，都曾产生轰动性的影响。刘心武说自己曾是很中心的人物，确乎如此。那个时候的文学书籍动辄印上几十万，上百万册也很平常。哪像现在，除了复习材料，印几万册就算不错了。"②

这一时期的"精英"取向也明显地体现在精英教育的价值取向，如中小学教育的重点学校制度，由此，面向重点中学的课程政策实际上成为当时所有中学都在遵循的政策。同时，课程政策也较为关注对于传统文化的承继，如 1981 年的课程政策指出，语文中"古典文学要占一定的比重"，1984 年的课程政策明确指出，两周的集体教育活动机动时间要用于"清明扫墓以及其它传统教育活动"等。

二　第二阶段（1986—1997）

20 世纪 80 年代中期以后尤其是进入 90 年代，市场经济作为意识形态的合法性逐步被确立，大众文化的规模生产开始有了它的合理性和合法性依据，大众文化随之得以蓬勃兴起，精英文化开始不断地退至边缘。可以说，精英文化的衰落与大众文化的兴起是 20 世纪 90 年代最引人注目的文化景观。

市场大潮的兴起是其产生的最重要背景。特别是 1992 年邓小平的南方谈话，指出计划与市场都是手段，不是衡量姓资姓社的标准，终于为冲破禁锢提供了强大推动力。另外从实践的角度看，在现实生活中市场经济

---

① 靳一：《给文化产业一个市场的空间》，http：//www. gzwh. gov. cn/whw/channel/ylxx/scdt/gwhcydschj/index. htm。

② 陈钢：《精英文化的衰落与大众文化的兴起》，《南京师范大学学报》（社会科学版）2001 年第 4 期。

的因素已经在到处发展，并显示其优越之处。

20 世纪 90 年代初期，电视连续剧《渴望》的播出，标志着消费性电视片在文化市场上开始占有绝对的优势和垄断地位。从这一时期开始，电视连续剧作为大众文化生产的主要形式，迅速形成规模化。《海马歌舞厅》《爱你没商量》《爱谁是谁》《北京人在纽约》《雍正王朝》《宰相刘罗锅》《还珠格格》等成为世纪之交家喻户晓的明星剧目。并且随着市场体制的逐步完善，原属于国家事业单位的广播新闻机构逐渐被推向市场，为了立足市场，赢得经济效应，就不得不考虑影视的娱乐性商业性，这促进了大众文化的发展。娱乐性电影和电视节目，占据了电视台大部分时间，随之而起的音像制品、DVD、VCD 等电子产品，成为受大众喜爱的文化品种。通俗报刊、流行音乐、卡拉 OK、卡通、广告及各种各样的畅销文学"文化快餐"飞快占据了 90 年代大众的生活空间。它们以其"流行的趣味"娱乐消闲的特性、通俗的内容、光鲜的包装，很快在文化市场上受到市民大众的热烈欢迎。同时他们也调动着大众的欲望，引导大众的消费，在文化市场的发展过程中，逐渐取代了精英文化的主导地位，形成覆盖面极广、渗透力极强，对中国的政治、经济、文化、社会价值观念都产生了极大影响的文化潮流。[①]

与市场经济相适应的大众文化和通俗文化的应运而生，成为学生社会化的重要途径，这对书本世界中的精英文化和经典文化形成了强有力的冲击，引发了社会对学生生活世界的关注。

1994 年，国务院颁布了一个具有历史性意义的通知：从 1994 年 5 月 1 日开始，我国逐步实行"五天工作制"。自此，中国人基本的工作、劳动和学习方式出现了重大变化，也使"消闲文化"这个概念随之具有了新的内涵和外延。在人们长期形成的传统观念中，"消闲"似乎是某种特定社会阶层的专利，而政治意识更赋予这个概念带有某种贬义的感情色彩。当"五天工作制"实行之后，"消闲"问题也就从以前狭小的社会范围和原有的感情色彩中超脱出来，变成了一种面向普通大众而具有广泛意义的社会需求。这种社会需求刺激着"消闲文化"现象迅速出现，并拓展出一个活跃的市场。

针对"五天工作制"，基础教育课程政策也做出了相应的调整，先后

---

① 马萍：《大众文化与 90 年代文学》，硕士学位论文，陕西师范大学 2006 年，第 5 页。

颁发了《实行新工时制对全日制小学、初级中学课程（教学）计划进行调整的意见》《实行新工时制对高中教学计划进行调整的意见》以及《关于实行每周 40 小时工作制后调整全日制中小学课程（教学）计划的意见》。这些调整文件都强调要积极引导、安排好中小学生每周两天的课余时间，加强校外教育。

三　第三阶段（1998—2008）

文化的核心是价值观。在"改革开放之初，尊重知识、尊重人才成为时代强音，全社会表现出学习科学技术的强烈愿望和极大热情，'按规律办事'成为社会的普遍共识，这种时代精神深深地影响了课程与教学的改革探索"，"这种'科学主义'倾向本身并不排斥人文价值和人文精神，只是在迫切渴望科技昌明的背景下，它无暇甚至无力更多关注人文世界而已"。[①] 由此，21 世纪之前我国的课程政策在目标上都尤为关注"科学"（而"人文"这一话语却未能见到），并且从强调科学知识、科学态度和科学方法提升至注重科学精神的培养，如 1978 年的课程政策只是提出"科学基础知识""科学态度和科学方法"，1981 年为"学好文化科学基础知识"，1988 年为"实事求是的科学态度"，1992 年为"初步具有实事求是的科学态度，掌握一些简单的科学方法"，至 2000 年提出"具有科学精神，形成科学态度，学会科学方法"。

进入世纪之交，随着改革开放进入纵深阶段，与市场经济相适应的新的道德伦理价值观对传统的价值观逐渐形成了极大的挑战，引发了社会的精神危机，由此也引发了对学生的人文精神的关注。这种关注体现在课程政策上就是，2001 年的政策在倡导科学精神、科学态度和科学方法的同时，增添了"人文"一词，课程目标包括"具有初步的创新精神、实践能力、科学和人文素养"；2003 年的课程政策在目标上也明确指出"具有初步的科学与人文素养"，除对"人文素养"的关注外，还出现了"人文精神"这一话语，即研究性学习的设置目标包括"学会学习，培养学生的人文精神和科学素养"，与此同时，"人文与社会"成为课程设置的八大学习领域之一。

---

① 王本陆：《中国 30 年课程与教学改革的三大理论主题》，《中国教育学刊》2009 年第 2 期。

随着中国与世界的文化交流日益加深，在全球化影响下，中国的大众文化也深受世界消费文化影响，"娱乐"是消费文化的典型特征，虽然中国在经济上还没有真正进入后现代，但在文化上却体现出后现代特征。另一重要的方面是，互联网发展的大众化、媒体化、数字化趋势更加凸显，随着互联网技术门槛的不断降低，网民群体加速向普通大众发展，网络文化盛行。互联互动、即时传播、共享共用的特征，使互联网的媒体功能日益凸显。互联网普及促进了社会各领域的数字化，"数字化生存"成为当今社会的发展趋势。网络文化对青少年的思想观念、价值取向、生活和交往方式的影响日益深刻，它正以前所未有的广度和深度影响着青少年。由此，如何积极利用、大力发展、科学管理互联网，如何减少中小学生对各种文化的盲从性而加强其甄别和选择能力，已成为一个重大而紧迫的课题。在世纪之交的课程政策中也体现出了这方面的意识。如 2003 年的课程目标指出要培养学生学会"判断和处理信息"的能力。

第 五 章

作为教育现代化进程的一部分——相关政策语境的构建[*]

> 课程现代化，一方面是社会现代化和教育现代化的客观要求；另一方面它在教育现代化的过程中居于核心地位，并通过促进人的现代化在社会现代化的进程中起着举足轻重的作用。
>
> ——题记[②]

从内在来说，课程现代化是课程自身现代性不断增长与发展并最终得以实现的动态过程，课程政策因而有其自主发展的一面。但从外在来说，任何课程政策都是更大的教育政策甚至社会公共政策的金字塔的组成部分，课程现代化的实现有赖于教育整体上的现代化追求，有赖其提供良好的政策支持系统。由此，课程政策也往往是在相关教育政策网络的裹挟、引领和推动中发展与变革的，我们很容易在课程政策文本中看到这样的语句，如："依据邓小平同志关于'教育要面向现代化，面向世界，面向未来'的指示和《中国教育改革和发展纲要》的精神……"（1996）；"为贯彻《中共中央国务院关于深化教育改革全面推进素质教育的决定》和《国务院关于基础教育改革与发展的决定》……"（2001），等等。

由此，本章主要阐述了在改革开放以来基础教育课程政策的变革历程中，构成其重要推进力量的国家教育元政策和基本政策的影响，除此之

---

[*]　本章部分内容发表于《天津师范大学学报》（基础教育版）2010 年第 3 期，题为《"政策群"视域中的基础教育课程政策变革》。

②　王永红、黄甫全：《课程现代化：跨世纪的思考——首届全国课程学术研讨会述评》，《课程·教材·教法》1998 年第 2 期。

外，其他相关具体政策所起到的促进作用亦构成本章的另一主体内容。

第一节　教育的元政策和基本政策的引领

根据一些学者的观点，自 20 世纪 80 年代以来，我国教育的元政策和基本政策主要体现在以下几部政策性文献中。

第一部：《中共中央关于教育体制改革的决定》（中共中央，1985 年 5 月 27 日）。

第二部：《中国教育改革和发展纲要》（中共中央、国务院，1993 年 2 月 13 日）。

第三部：《面向 21 世纪教育振兴行动计划》（教育部，1998 年 12 月 24 日）。

第四部：《国务院关于基础教育改革与发展的决定》（国务院，2001 年 5 月 29 日）。

上述文本之所以归为元政策和基本政策，在于它们所具有的共同特点：一是内容覆盖面广，几乎涉及教育的方方面面；二是简明扼要，尽管涉及面广，但大多为指导性条款，并无很多可操作性内容；三是形式较固定，以条款排序形式予以表述；四是具有很强的政策效力，在相当长一段时间内有指导功能。[①]

通过政策文本的阅读，笔者以为，以上教育政策中有关基础教育的内容可找出两条核心线索：一是保证义务教育的实施；二是确保素质教育的实行。为使内容集中，重点突出，避免逐一分析以上各教育政策文本对基础教育课程政策的影响这一分散的叙述模式，这一小节以义务教育政策和素质教育政策为逻辑线索。基于此，还一并考虑了另三个重要政策文本即《中华人民共和国义务教育法》（1986）、《关于当前积极推进中小学实施素质教育的若干意见》（1997）和《中共中央国务院关于深化教育改革全面推进素质教育的决定》（1999）的影响。

---

① 吴志宏、陈韶峰等：《教育政策与教育法规》，华东师范大学出版社 2003 年版，第 15 页。

一　义务教育政策的推动

"义务教育是推动一个国家进行课程和教学改革的强大动力。近现代教育发展史已证明，凡是实施义务教育时间早和年限长的国家，课程和教学改革就会在世界领先，否则就必然滞后。"[①] 从这一点来看，中国的义务教育不论在台湾、香港，还是内地，其开始时间和实施年限，都大大落后于西方国家，这可以说是造成我国课程和教学改革滞后的原因之一。我国的义务教育起步虽较晚，但在这短短 30 年里，发展迅速，取得了卓越的成效。当下，全球 190 多个国家已有 170 多个实现了免费的义务教育，中国改革开放带来的连续 30 多年的经济快速增长也使它完全具备了跨入这一行列的财力保障，而 2006 年新修订的《中华人民共和国义务教育法》（以下简称《义务教育法》）就是中国向世界宣告我们已是这个行列中的一员，这对一个人口占世界四分之一的国家来说是非常了不起的。在义务教育政策的逐步推进下，我国的基础教育课程政策因此而不断变革。

《中共中央关于教育体制改革的决定》对于义务教育的实行起到了举足轻重的作用。"我们完全有必要也有可能把实行九年制义务教育当作关系民族素质提高和国家兴旺发达的一件大事，突出地提出来"，由此，文件倡导要"动员全党、全社会和全国各族人民，用最大的努力，积极地、有步骤地予以实施"，并实质性地强调："需要制订义务教育法，经全国人民代表大会审议通过后颁行"，尤其指出："建立一支有足够数量的、合格而稳定的师资队伍，是实行义务教育、提高基础教育水平的根本大计。"在这一文件的指示下，不到一年的时间里，《中华人民共和国义务教育法》于 1986 年 4 月通过，并于 7 月起施行。这是我国教育史上具有划时代意义的大事，它圆了我国几代教育工作者的梦。

实施九年制义务教育，不仅在数量上，在小学和初中教育的普及程度上有所不同，而且在性质、任务和对象的特点上，也与非义务教育有所不同，因而形成于《义务教育法》颁发以前的小学和初中的课程政策，就不可避免地存在着一些与九年制义务教育不相适应的地方。这意味着需要新的课程政策与之相呼应。

1986 年 10 月，国家教委就公布了《义务教育全日制小学、初级中学

---

① 白月桥：《素质教育课程构建研究》，教育科学出版社 2001 年版，第 10 页。

教学计划（初稿）》以征求意见。1988 年 9 月又颁布了《义务教育全日制小学、初级中学教学计划（试行草案）》及 24 个学科教学大纲（初审稿）。这一时期的课程改革充分吸收和总结了新中国成立以来我国课程改革的经验教训，体现出了前所未有的理性精神。国家对义务教育阶段课程工作的指导性文件，从 1986 年开始酝酿，经过近 4 年的探索与实验后，1990 年底正式成立了专门的研究班子，具体着手进行修订工作，在两年时间内，又多次征求各地意见反复论证，国家教委党组也多次听取汇报，先后 14 次易稿，至 1992 年 7 月才最后定稿，到 8 月才正式通过《九年义务教育全日制小学、初级中学课程计划（试行）》，新的课程计划和各科教学大纲统称为"课程方案"，并自 1993 年秋季开学起在全国逐步试行。

　　这一课程计划较多地受到了《中共中央关于教育体制改革的决定》和《义务教育法》文件精神的影响。

　　其一，《中共中央关于教育体制改革的决定》标志着我国宏观层次上的教育改革首先进行体制性改革，有力地推进了课程管理政策的突破。在文件中，根据"在教育结构上，基础教育薄弱"，"不少课程内容陈旧，教学方法死板，实践环节不被重视"等现象，中央认为，"要从根本上改变这种状况，必须从教育体制入手，有系统地进行改革。改革管理体制，在加强宏观管理的同时，坚决实行简政放权，扩大学校的办学自主权"，为使基础教育"得到切实的加强"，中央着重提出"把发展基础教育的责任交给地方，有步骤地实行九年制义务教育"，指出实行九年制义务教育，实行基础教育由地方负责、分级管理的原则，是"发展我国教育事业、改革我国教育体制的基础一环"。"基础教育管理权属于地方"具体而言，就是指"除大政方针和宏观规划由中央决定外，具体政策、制度、计划的制定和实施，以及对学校的领导、管理和检查，责任和权力都交给地方"。

　　遵照这一精神，1992 年的义务教育课程政策中首次提出了"国家安排课程"和"地方安排课程"，虽然，地方安排课程的比例依然很小，留给各地管理课程的余地还不大，但这是新中国成立以来我国课程管理政策的重大突破。

　　其二，任何国家在制订义务教育的课程计划时，先要确定它的学制。尤其是课程的改革，往往受到学制的限制。我国在 20 世纪 80 年代中期城市小学从五年迅速改回到六年，其动力机制主要是为了适应片面追求升学率的需要，在一定程度上增加了其后学制改革的阻力。基于这些历史教训，关于义务教育阶段这九年，应该采取什么样的学制，是否应该确立一种基本学制的问题，国家为此进行了广泛的调查和多方面的论证。根据义务教育法及其实施细则的规定，九年义务教育全日制小学和初中，采取"六三"分段，"五四"分段和九年一贯制。基于此，同时考虑到我国当前仍有较多地区存在小学五年、初中三年这一现实情况，课程计划也适当照顾到"五三"过渡学制的要求，提出在小学阶段可采用"五四"学制小学五年的计划，在初中阶段可采用"六三"学制初中三年的计划。课程计划中的课程表分为"六三"和"五四"两种。

其三，《义务教育法》第四条规定："国家、社会、学校和家庭依法保障适龄儿童、少年接受义务教育的权利"，从国家方面来说，在制订义务教育课程计划时，有关课程设置就考虑要为全部适龄儿童、少年顺利接受义务教育创造条件。《义务教育法》的实施细则对义务教育的具体实施，规定了一些基本条件，并要求各地应"根据本地区经济和社会发展状况，因地制宜、分阶段、有步骤地推行九年义务教育"。因此，在修订课程政策时，既考虑了把九年义务教育作为一个整体来设置课程，又保证小学和初中两个阶段的教育具有相对的完整性。同时，考虑到我国城乡和地域之间文化、经济发展不平衡的现实，小学阶段的课程设置目的着重在于使儿童打好全面发展的基础，规定课程计划中开设的学科和活动都为必修课，保证儿童受到较为完整的初等教育。这样既可照顾到暂时不能升学的儿童有就业和继续自学的基础，又为升入初中学习的儿童奠定继续学习的基础。

而在初中阶段，根据义务教育的性质和任务，以及学生毕业后升学与就业分流的必然性，课程计划中的课程设置相对于以往的教学计划来说，就有一些新的突破与改进。如除国家统一安排的必修课以外，有一定数量的课时为地方安排。在必修课中有的学科（主要是外语）又分两级水平，国家承认只要受完一级水平，即初一、初二学习两年，考试及格者就算达到义务教育的外语合格水平，但对具有继续学习外语潜力的学生又提供选修外语的条件，同时，对确实不具备师资条件的学校，经省一级教育行政部门批准，还允许暂时可以不开设外语。初中阶段还增设有关职业技术教育，这是历次课程计划中所没有的。开设职业技术教育课，就是考虑到学生毕业后分流的需要，让他们在思想上、知识上对择业有所准备，尽可能把个人发展与社会需要吻合起来，有助于克服片面追求升学率的弊端。①

　　义务教育政策的实行催生了与之相适应的小学、初级中学课程政策。除此影响外，它的实行，也标志着高中教育作为独立的一个阶段开始确立。因为，在新中国成立后相当长的时间里，我国一直是把基础教育分为小学和中学（包括初中和高中）两个学段，并分别设计和制订相应的两个教学计划，而义务教育政策则使课程计划第一次对小学、初中课程进行统一设计，由此，高中的课程计划需单独设计，从而也就推动了高中课程政策的变革。因此，1990 年颁发了《现行普通高中教学计划的调整意见》，1996 年有《全日制普通高级中学课程计划（试验）》的颁布。

　　其后的教育基本政策中对于义务教育的重视，也都为义务教育课程政策的变革构建了良好的政策支持系统。如 1993 年的《中国教育改革和发展纲要》将 90 年代教育的具体目标之一定为"全国基本普及九年义务教育"；1998 年《面向 21 世纪教育振兴行动计划》中将"2000 年如期实现基本普及九年义务教育、基本扫除青壮年文盲的目标"，作为全国教育工作的"重中之重"。而在 2001 年《关于基础教育改革与发展的决定》中，"义务教育"一词共出现达 47 次，足见其重视程度，为贯彻这一文件，2001 年的课程政策文本强调要"整体设置九年一贯的义务教育课程"，"义务教育课程标准应适应普及义务教育的要求，让绝大多数学生经过努力都能够达到"，体现了对义务教育的性质与要求的充分考虑。

　　二　素质教育政策的引领

　　素质教育政策从酝酿初创，到逐步发展到区域推广，进而全面推进，这一趋向有力地推动了课程政策的同步变革。具体而言，课程政策与素质教育政策的关联可从以下两方面来探讨。

　　其一，从政策话语来看，随着素质教育政策的发展，"素质"和"素质教育"这一话语逐步进入课程政策文本中。

　　在"文化大革命"结束后至 20 世纪 80 年代初期，"素质"一词在国家政策话语系统中是很难寻见的，因此，在这一期间即 1978 年、1981年、1984 年颁发的几个课程政策文本中，均未出现"素质"一词。

---

　　①　旷习模：《谈谈〈九年义务教育全日制小学、初中课程计划（试行）〉中的课程设置》，《教育研究与实验》1993 年第 1 期。

　　至 1985 年，在中央高层领导的正式讲话中首次讲到"素质"的问题，即邓小平在全教会的讲话《把教育工作认真地抓起来》中指出："我们国家国力的强弱、经济发展后劲的大小，越来越取决于劳动者的素质，取决于知识分子的数量和质量。"随后，在同年颁发的《中共中央关于教育体制改革的决定》指出："教育体制改革的根本目的是提高民族素质，多出人才、出好人才。"1986 年的《义务教育法》第三条也指出，义务教育要为"提高全民族的素质，培养有理想、有道德、有文化、有纪律的社会主义建设人才奠定基础"。

　　由此，在 1988 年的课程政策文本中始出现"素质"一词，开篇提到，必须"全面提高全民族的素质"。1990 年和 1992 年的文本中亦能找到"素质"一词，1990 年的文本中指出，"当前普通高中存在文理偏科，学生知识结构比例不尽合理，学生课业负担过重，不利于全面提高学生素质的问题"，因此，普通高中教育要在义务教育的基础上"进一步提高学生思想道德素质、科学文化素质、身体心理素质，并且要使学生的个性得到健康的发展"。

　　在中央领导人的讲话和有关文件的鼓舞下，1993 年《中国教育改革和发展纲要》明确提出"中小学要由'应试教育'转向全面提高国民素质的轨道，面向全体学生，全面提高学生的思想道德、文化科学、劳动技能和身体心理素质，促进学生生动活泼地发展，办出各自的特色"的号召，此纲要全文不过 1.7 万字，而提到"素质"一词就有 20 处之多。但从内容来看，只是提出要从"应试教育"转向"全面提高国民素质的轨道"，在整个文本中，尚未有"素质教育"的直接说法。可见，素质教育政策尚处于酝酿期，与此关联的是，在 1994 年和 1996 年颁发的课程政策文本中也未见"素质教育"字样，仍有"素质"一词。

　　随着素质教育讨论的不断深入，在 1994 年的第二次全教会上，李岚清的《在全国教育工作会议上的总结讲话》中提出："基础教育必须从'应试教育'转向素质教育的轨道上来，全面贯彻教育方针，全面提高教育质量。"这是党和国家领导人第一次正式提到"素质教育"一词。而标志着我国的教育改革真正开始进入以素质教育为根本的内涵式改革，标志性的文件是 1997 年颁发的《关于当前积极推进中小学实施素质教育的若干意见》，其中对"素质教育"作出了较为清晰的界定："素质教育是以提高民族素质为宗旨的教育。它是依据《教育法》规定的国家教育方针，着眼于受教育者及社会长远发展的要求，以面向全体学生、全面提高学生的基本素质为根本宗旨，以注重培养受教育者的态度、能力，促进他们在德智体等方面生动、活泼、主动地发展为基本特征的教育。素质教育要使学生学会做人、学会求知、学会劳动、学会生活、学会健体和学会审美，为培养他们成为有理想、有道德、有文化、有纪律的社会主义公民奠定基础。"这是政府文件第一次对"素质教育是什么"的明确阐述，可以看作素质教育的可操作性定义。

1998 年《面向 21 世纪教育振兴行动计划》中提出要大力推进素质教育，要"实施'跨世纪素质教育工程'，整体推进素质教育，全面提高国民素质和民族创新能力"。1999 年在《关于深化教育改革全面推进素质教育的决定》中，强调"全面推进素质教育，是我国教育事业的一场深刻变革，是一项事关全局、影响深远和涉及社会各方面的系统工程"。在 2001 年《关于基础教育改革与发展的决定》中，"素质教育"一词共出现达 16 次，为"扎实推进素质教育"，着重指出要"加快构建符合素质教育要求的新的基础教育课程体系"。

由此，在这些教育政策的导引下，在 2000 年的课程政策文本中开始出现"素质教育"这一话语，开篇指出《关于深化教育改革全面推进素质教育的决定》即为制定依据之一，提出"以全面推进素质教育为宗旨"，"积极推进普通高中实施素质教育"。2001 年的课程政策也强调其出发点是为了调整和改革基础教育的课程体系、结构、内容，从而"构建符合素质教育要求的新的基础教育课程体系"，课程改革的总目标是"全面推进素质教育"。

其二，从具体举措来看，课程政策逐步体现素质教育的根本精神，强调面向全体学生，促进学生的全面发展。在素质教育政策的酝酿期，为响应教育体制改革和《义务教育法》中"提高全民族的素质"的精神，1991 年，高中选修课政策出台，指出"把高中教育从应试教育转变为全面提高学生素质的教育，从只面向重点学校和升学有望的学生转变为面向全体学生"；开设选修课的原则是"要有利于发展学生的特长，满足学生的不同兴趣爱好，充分体现因材施教的原则，有利于提高学生的素质"。这一举措所表达出来的全面提高学生素质、面向全体学生、因材施教等思想，已体现素质教育的基本观念。

1992 年的义务教育课程政策中也强调了培养目标是"为提高全民族

素质"，使全体学生在德、智、体诸方面都生动活泼地主动地得到发展。由此，为在课程设置上保证学生能打下全面发展的基础，在课程结构上进行较大的改革，改变了以往教学计划中只设置学科课这样单一结构状况，把活动课纳入课程体系。就九年整体来看，语文、数学、外语三门课的周课时数占学科周课时总数的比例有所下降，其用意在于调出相当数量的课时加强薄弱学科与活动课，也可以适当照顾不同学生兴趣爱好、个性特长的发展。在考试考查部分，也强调考核要全面，对学科和活动都要有所考查，从而"促进学生整体素质的提高和特长的发展"。所以，"1991 年 11月 7 日在《中国教育报》公布课程计划征求意见稿后，从我们直接调查访问和收到 25 个省、市、自治区反映的材料来看，绝大多数同志、特别是中小学校长、教师们认为，真正执行这个课程计划，会有利于全面贯彻国家的教育方针，会有利于学生打好全面发展的基础，也必然会有利于端正办学思想，促使学校从应试教育向素质教育方面转化"。①

　　1997 年以后，随着素质教育政策的推进，为建立和完善以全面提高学生素质为目标的课程体系，课程政策方面出现了一些新的举措。具体而言：2000 年的课程政策中，重视创新精神、实践能力、终身学习能力的培养，强调"自觉保护环境的意识和行为"，将综合实践活动定为国家规定的必修课，实行国家、地方和学校三级管理体制，加强了体育和美育，体育方面增加了"身心保健的能力"，美育的要求有所提高，不仅要有健康的审美观和审美情趣，还得"对自然美、社会美、科学美和艺术美具有一定的感受力、鉴赏力、表现力和创造力"；2001 年的课程政策中，总目标上增加了"科学和人文素养"，对于课程结构上存在的学科本位、科目过多和缺乏整合，对于课程内容方面的"难、繁、偏、旧"，对于课程评价上过分强调甄别与选拔等现状，均有一些新举措，如小学阶段以综合课程为主，初中阶段设置分科与综合相结合的课程，加强课程内容与学生生活以及现代社会和科技发展的联系。

　　仔细分析和对照，课程政策上的这些变革很多都依据了这一时期以下教育基本政策中所指出的问题及相应建议，例如：《关于当前积极推进中小学实施素质教育的若干意见》指出的当前中小学存在的问题如"必修

---

　　①　旷习模：《谈谈〈九年义务教育全日制小学、初中课程计划（试行）〉中的课程设置》，《教育研究与实验》1993 年第 1 期。

课程门类过多，选修课程类型过窄，教学内容较难，过于偏重学科体系，忽视综合性及应用性内容，不同程度存在着脱离学生生活实际、忽视实践"；《面向21世纪教育振兴行动计划》中指出，为在全国推行21世纪基础教育课程教材体系，倡导"改革课程体系和评价制度，2000年初步形成现代化基础教育课程框架和课程标准，改革教育内容和教学方法，推行新的评价制度，开展教师培训，启动新课程的实验"，"体育和美育是素质教育的重要组成部分，要加强体育和美育工作"；《关于深化教育改革全面推进素质教育的决定》中，所提出的"调整和改革课程体系、结构、内容，建立新的基础教育课程体系，试行国家课程、地方课程和学校课程。改变课程过分强调学科体系、脱离时代和社会发展以及学生实际的状况。抓紧建立更新教学内容的机制，加强课程的综合性和实践性，重视实验课教学，培养学生实际操作能力"；《关于基础教育改革与发展的决定》中指出，实施素质教育，应体现时代要求，要"具有初步的创新精神、实践能力、科学和人文素养以及环境意识；具有适应终身学习的基础知识、基本技能和方法"，等等。

第二节　其他相关政策的推动

除了大的教育元政策和基本政策对课程政策产生了实质性的影响外，还有些具有政策意义的重要教育法规、条例、通知、意见、规定、指示、领导人讲话等也产生了某些直接或间接影响，有待整理与挖掘；从政策内容和宗旨来看，其中涉及的大部分政策也都是服务于义务教育和素质教育这一整体目标的，是两者的具体化，也在我国改革开放后教育现代化征程上起着重要作用。因这一部分涉及的政策较为琐细，为使课程政策与政策系统语境的关联分析更为深入清楚，这一部分根据第一章的课程政策分期，分阶段梳理了各时期影响课程政策的其他相关政策，并探讨其具体影响。

一　第一阶段（1978—1985）

1978年，教育战线"拨乱反正"，同年9月出台了全面整顿的文件即《全日制中学暂行工作条例（试行草案）》和《全日制小学暂行工作条例（试行草案）》，对这一时期的教学工作、思想政治教育、教师、学校体制和行政工作等作出了部署，也对这一阶段的课程政策指出了发展方向。譬如其中明确指出:"高中阶段在保证学好必修课程的基础上,有条件的可以酌设选修课程,也可以进行文理分科试验。"

1980 年 10 月国务院批准的《教育部、国家劳动总局关于中等教育结构改革的报告》指出改革中等教育的结构、发展职业技术教育、适应四化建设的需要,是亟待解决的问题,因为,"普通高中毕业生除少数升入大学外,每年有数百万人需要劳动就业,但又没有任何专业知识和技能",由此,在 1981 年的中学课程政策中也指出要"结合中等教育的调整和结构改革,作出具体规划",具体举措是在选修课的开设中,提到"可以另设新课程(包括职业技术课)","逐步开设劳动技术教育课程"则成为五大指导思想之一,其所指的劳动技术教育就明确包括了职业技术教育,劳动技术课的开设目的在于"不仅为培养人才打下良好的基础,而且为就业准备一定条件",响应了中等教育结构改革的主旨。

同样,在 1981 年的中学课程政策中有关政治课的安排则与《教育部关于改进和加强中学政治课的意见》(1980 年 9 月)中的要点明显一样,如后者所提到的"时事政策教育",以及具体方案即初一开设《青少年修养》、初二开设《法律常识》等内容。

1984 年 7 月,教育部副部长彭珮云在中国少年先锋队队员和辅导员代表会议上发表了讲话,核心内容在于要求教育部门坚决纠正片面追求升学率的倾向,她指出:"党和政府三令五申要求纠正片面追求升学率的倾向,虽然有些地方在努力贯彻执行,但是这种倾向至今还没有得到切实的纠正,在一些地方甚至还有发展的趋势",她也提到一些有力措施,如"在已经普及初中的地区,小学升初中不必再搞统一考试,凡毕业考试合格者就近升入初中;重点中学招生可划定较大范围的服务区,向小学分配名额,由小学推荐,中学择优录取"。这一讲话的精神直接反映在 1984 年 8 月颁发的小学课程政策中,如本书第一章(表 2)中所示的,"课业负担"和"升学率"成为文本的核心话语,它完全采纳了彭珮云所指出的上述措施,所重申的"不再排学校升学率的名次""不要把升学率的高低作为评价或奖惩学校、教师工作的唯一标准",也都是彭珮云的讲话中所强调的。同时,对于课业负担、升学率问题的强调,也与当时对中学升学率问题的高度关注有关。1983 年颁发的《中学贯彻党的教育方针、纠正片面追求升学率倾向的十项规定(试行草案)》中,也强调指出,不能频繁地进行考试,要减轻学生过重的学习负担,坚决不搞升学考试名次排队等，这势必对小学的政策也施加了压力。

另外，在这一课程政策中所规定的"保证学生每天参加 1 小时的体育锻炼"，则是响应了《教育部关于保证中、小学生每天有一小时体育活动的通知》（1982 年 6 月）。

尤为重要的是，这一期间领导人的言论往往具有很大的政策意义，表征着课程发展和前进的方向，除上面提到的彭珮云部长外，邓小平讲话也产生了很大的影响。首先，是他于 1977 年 5 月（1977 年 8 月当选为中共中央副主席）指出的，"办教育要两条腿走路，既注意普及，又注意提高。要办重点小学、重点中学、重点大学。要经过严格考试，把最优秀的人集中在重点中学和大学"。在这一方针下，1978 年的课程政策中也指出要"坚持普及与提高两条腿走路的原则"，1981 年也就有了面向重点中学的课程政策即《全日制六年制重点中学教学计划》，实际上，当时全国所有全日制中学都执行了这个计划。其次是 1983 年 9 月时任中共中央军委主席邓小平提出的"三个面向"产生了重大影响。由此，在 1984 年的课程政策中，开篇即为"遵照邓小平同志'教育要面向现代化、面向世界、面向未来'的指示精神"，当然，"三个面向"的影响是深远的，不仅在这一阶段，其影响一直延续到今天。

为明晰起见，表 1 以表格形式列出了对这一阶段的课程政策影响较大的其他相关政策。

表 1　　　　1978—1985 年期间影响课程政策的其他相关政策

1978 年 9 月	《全日制中学暂行工作条例（试行草案）》 《全日制小学暂行工作条例（试行草案）》
1980 年 9 月	《教育部关于改进和加强中学政治课的意见》
1980 年 10 月	《教育部、国家劳动总局关于中等教育结构改革的报告》
1982 年 6 月	《教育部关于保证中、小学生每天有一小时体育活动的通知》
1983 年 9 月	邓小平作出的"教育要面向现代化、面向世界、面向未来"的指示
1983 年 12 月	《中学贯彻党的教育方针、纠正片面追求升学率倾向的十项规定（试行草案）》
1984 年 7 月	彭珮云要求教育部门坚决纠正片面追求升学率的倾向的讲话

二　第二阶段（1986—1997）

中小学生课业负担过重，是全社会普遍关心而始终未能解决的问题。

在这一阶段,"减负"仍是政策的核心议题。随着 1988 年《国家教育委员会关于减轻小学生课业负担过重问题的若干规定》和《关于普通中学端正办学方向、纠正片面追求升学率倾向几点意见》的同时颁发,随后 9 月出台的课程政策也指出,制订教学计划的原则之一是要调整各科教学内容,力求教学内容难易适度,合理安排学生的课业。其后 1990 年的高中课程政策调整,也指出调整的原则之一是"减轻学生过重的课业负担,减少各门学科过多的内容,降低过高的教学要求和难度,以利于打好基础,大面积提高教学质量"。在考试问题上则指出,为了减轻学生过重的负担,要严格控制考试次数,加强平时考查。

随后,在 1990 年发布了《重申贯彻〈关于减轻小学生课业负担过重问题的若干规定〉的通知》,1993 年又有《关于减轻义务教育阶段学生过重课业负担、全面提高教育质量的指示》,1994 年则又下达了《国家教委关于全面贯彻教育方针,减轻中小学生过重课业负担的意见》,提出要转变教育思想,更新教育观念。在这些政策的不断强化下,无论是 1992 年、1994 年还是 1995 年的课程政策都注重了对"减负"精神的响应,如 1992 年在总序部分指出,要根据儿童、少年身心发展规律,合理安排课程,注意教学要求和课业负担适当;1994 年指出,调整原则之一为"调整课程(教学)计划要有利于进一步减轻学生过重的课业负担",语文、数学、外语等课时均有所减少。

根据 1995 年 2 月通过的《国务院关于修改〈国务院关于职工工作时间的规定〉的决定》,人事部关于印发《国家机关、事业单位贯彻〈国务院关于职工工作时间的规定〉的实施办法》的通知,以及学校与教学工作的特点,全国普通中小学应该实行每日工作 8 小时、每周工作 40 小时标准工时制度。由此,1995 年出台了实行新工时制的课程政策调整意见,对各年级的周课时分配进行了调整,适当增加了选修课的课时。

在这一阶段,另一政策核心议题则是德育工作。继《中共中央关于改革学校思想品德和政治理论课程教学的通知》(1985)颁发后,又有一系列改革和加强德育工作的政策,例如:《中共中央关于改革和加强中小学德育工作的通知》(1988);《在中小学语文、历史、地理等学科教学中加强思想政治教育和国情教育的意见》(1989);《关于进一步加强中小学德育工作的几点意见》(1990);《国家教委办公厅关于在中小学进一步开展爱国主义教育活动的意见》(1991);《中小学加强中国近代、现代史及国情教育的总体纲要》（1991）；《关于进一步加强中学时事教育的几点意见》（1993）；《国家教委关于进一步加强和改进中学思想政治课教学工作的意见》（1995）。有关文件在教育政策文件总量中占了很大比例，由此，在这一时期的课程政策中，德育工作得到进一步加强，如1988年指出，制订教学计划的原则之一为"加强思想品德、思想政治课"；1992年的政策中，历史和地理课都强调要使学生受到爱国主义的教育，历史要"着重学习中国近、现代史的重要事件和主要人物"，小学语文强调"受到生动的思想、政治、品德教育"，初中语文则是"受到深刻的政治教育、思想教育"，音乐和美术都需"增强爱国主义精神"，在"实施要求"部分指出，农村地区按计划全面开设各学科尚有困难的，可适当减少学科门类，"但都必须加强德育"；1994年的课程政策调整中，在语文、数学、外语等课时都有调减的情况下，"为保证中小学校的德育工作"，提出不调减小学思想品德和中学思想政治的课时；时事教育得到进一步重视，1994年和1996年的高中课程政策都限定时事政策教育时间每学年不得少于17课时。

除此之外，随着1986年全国中学计算机教育工作会议的召开及1987年全国中学计算机教育研究中心的成立，多数省市也建立了中小学计算机教育领导机构，以及1992年发出的《关于加强中小学计算机教育的几点意见》，人们逐渐认识到，计算机将会逐渐成为学生适应现代信息社会中的学习、工作和生活方式的基础学科。在1990年的课程政策中，"计算机课"首次进入课程设置部分，指出有条件的地方和学校还可将其列入必选课或必修课；1996年也倡导要"积极推进计算机教育"。

与此同时，艺术教育也得到了加强。为加强对学校艺术教育工作的宏观规划和指导，1987年国家教委艺术教育委员会成立，1989年《国家教委、文化部关于加强少年儿童艺术教育的意见》中提出"艺术教育是美育的主要内容和途径，是基础教育的重要组成部分"，同年出台的《国家教育委员会全国学校艺术教育总体规划1989—2000年》也强调了艺术教育具有其他学科教育所不可替代的特殊作用，而"由于历史的和现实的种种原因，艺术教育在整个学校教育中仍是个十分薄弱的环节"，因此，需要加强学校艺术教育工作，1994年又发出了《国家教委关于在普通高中开设"艺术欣赏"课的通知》。在这些政策的指引下，1994年的高中课程政策调整中指出"加强艺术教育，在普通高中开设艺术学科"，将音乐和美术合称艺术，要

"将艺术学科作为必修课，在高中一、二年级开设"。

除此之外，随着《国家教育委员会、司法部关于加强小学法制教育的意见》（1985）的颁发，小学阶段法制教育也得到重视，在1988年的课程政策中，小学阶段社会课的目标包含"受到爱国主义和法制观念的启蒙教育"，初中思想政治课要使学生初步树立"社会主义法制和纪律的观念"。

同上一阶段的分析类似，为更为清楚，表2以表格形式罗列了对本阶段课程政策产生了较大影响的相关政策。

表2　　　　　　1985—1997年期间影响课程政策的其他相关政策

1985年8月	《中共中央关于改革学校思想品德和政治理论课程教学的通知》
1985年8月	《国家教育委员会、司法部关于加强小学法制教育的意见》
1988年5月	《国家教育委员会关于减轻小学生课业负担过重问题的若干规定》
1988年5月	《关于普通中学端正办学方向、纠正片面追求升学率倾向的督导评估的几点意见》
1988年12月	《中共中央关于改革和加强中小学德育工作的通知》
1989年2月	《国家教委、文化部关于加强少年儿童艺术教育的意见》
1989年11月	《在中小学语文、历史、地理等学科教学中加强思想政治教育和国情教育的意见》
1989年11月	《国家教育委员会全国学校艺术教育总体规划1989—2000年》
1990年2月	《重申贯彻〈关于减轻小学生课业负担过重问题的若干规定〉的通知》
1990年4月	《关于进一步加强中小学德育工作的几点意见》
1991年4月	《国家教委办公厅关于在中小学进一步开展爱国主义教育活动的意见》
1991年8月	《中小学加强中国近代、现代史及国情教育的总体纲要（初稿）》
1992年7月	《关于加强中小学计算机教育的几点意见》
1993年3月	《关于减轻义务教育阶段学生过重课业负担、全面提高教育质量的指示》
1993年11月	《关于进一步加强中学时事教育的几点意见》
1994年7月	《国家教委关于在普通高中开设"艺术欣赏"课的通知》
1994年11月	《国家教委关于全面贯彻教育方针，减轻中小学生过重课业负担的意见》
1995年2月	《国务院关于修改〈国务院关于职工工作时间的规定〉的决定》
1995年3月	人事部关于印发《国家机关、事业单位贯彻〈国务院关于职工工作时间的规定〉的实施办法》的通知
1995年12月	《国家教委关于进一步加强和改进中学思想政治课教学工作的意见》
1995年12月	《关于印发〈关于加强学校法制教育的意见〉的通知》

三　第三阶段（1998—2008）

进入 21 世纪后，我国的课程政策又进行了不少变革。这些变革同样离不开一些具体政策的支持、巩固与导引。

其一，随着对课程评价的重要性的认识，评价与考试制度的改革成为这一时期的核心政策议题。

1999 年教育部颁发了《初中毕业、升学考试改革的指导意见》，其指导思想在于面向全体学生，体现九年义务教育的性质，突破"应试教育"的模式，建立科学的评估体系，推进素质教育，改革课堂教学，减轻学生过重的课业负担，促进学生生动、活泼、主动地学习，培养学生的创新意识和创新能力；改革的重点一是考试内容改革，如各科命题都要注重考查学生运用知识分析问题、解决问题的能力，要有利于发挥学生的创造性；二是完善与考试改革相应的管理机制，如要严格控制考试科目数。2001 年的课程政策也基本反映了这些精神，着重指出要完善初中升高中的考试管理制度，考试内容应加强与社会实际和学生生活经验的联系，重视考查学生分析问题、解决问题的能力，部分学科可实行开卷考试。

2002 年又发出了《教育部关于积极推进中小学评价和考试制度改革的通知》，指出随着素质教育的全面推进，中小学评价与考试制度的改革取得了有益的经验，但现行中小学评价与考试制度与全面推进素质教育的要求还不相适应，突出反映在强调甄别与选拔功能，忽视改进与激励的功能；注重学习成绩，忽视学生全面发展和个体差异；关注结果而忽视过程，评价方法单一；尚未形成健全的教师、学校评价制度等。由此，强调对学生、教师与学校评价的内容要多元，既要重视学生的学习成绩，也要重视学生的思想品德以及多方面潜能的发展等；评价方法要多样；评价不仅要注重结果，更要注重发展和变化过程，要把形成性评价与终结性评价结合起来等。在 2003 年的高中课程政策中，对评价方法的多样、内容的多元等都加以了具体说明，如"实行学生学业成绩与成长记录相结合的综合评价方式"；"学校应根据目标多元、方式多样、注重过程的评价原则，综合运用观察、交流、测验、实际操作、作品展示、自评与互评等多种方式，为学生建立综合、动态的成长记录手册，全面反映学生的成长历程。"

　　其二，计算机教育和艺术教育又得到进一步加强。

　　随着计算机技术作为现代科学技术的基础与核心，其应用的深度与广度已成为衡量一个国家科学技术和经济发展水平的重要标志。这种以计算机技术为先导的科学技术对劳动者的素质提出了更高的要求。为了适应这种需要，就必须发展计算机教育，以提高民族的科学文化素质。这就对中小学计算机教育提出了新的要求和机遇。1996 年 11 月，全国中小学计算机教育主管干部会议召开，同年 12 月，《中小学计算机教育五年发展纲要（1996 年—2000 年）》公布，指出我国的中小学计算机教育在总体上还是落后的，不能适应现代科学技术飞速发展和计算机应用水平不断提高的需要，不能适应教育改革和社会发展的需要，需要大力加强。1997 年，国家教委又发出了《关于印发〈中小学计算机课程指导纲要（修订稿）〉的通知》，再次重申计算机教育对于提高中小学生适应信息社会的能力，对于转变教育思想和观念，促进教学内容、教学方法、教学体系和教学模式的改革，加速教育手段和管理手段的现代化，提高师资队伍的素质，对于深化基础教育改革，全面提高教育质量和效益，促进由"应试教育"向素质教育转轨都具有重要的意义。在这些政策的强化下，世纪之交的课程政策对此给予了很大重视。2000 年的课程政策中，培养目标上包含要"能够利用现代信息技术手段进行学习，解决问题"，实施要求中，教师则要"充分利用信息技术在开发课程资源方面的巨大潜力"。2001 年的课程政策中，从小学至高中设置综合实践活动并作为必修课程，信息技术教育是综合实践活动的主要组成部分，强调教师也应大力推进信息技术在教学过程中的普遍应用，促进信息技术与学科课程的整合，充分发挥信息技术的优势，为学生的学习和发展提供丰富多彩的教育环境和有力的学习工具。

　　随着《国家教委关于印发〈关于加强学校艺术教育的意见〉的通知》（1997）的颁发，艺术教育继续得以加强。该通知着重指出，学校艺术教育是国民素质教育而非专业教育，它的根本目的是培养全面发展的"四有"新人，而非艺术专业人才，进一步明确普通学校艺术教育必须面向全体学生、提高学生审美素质、促进其全面发展这一指导思想。在这一阶段的课程政策中，美育的要求有所提高，如除了要树立健康的审美观，养成健康的审美情趣，"对自然美、社会美、科学美和艺术美具有一定的感受力、鉴赏力、表现力和创造力"（2000）。

其三，在德育方面，课程政策中的有关要求体现了《公民道德建设实施纲要》（2001）的基本精神，如各课程政策中对社会公德的重视，以及如"维护社会正义，自觉行使公民的权利，履行公民的义务，对自己的行为负责，具有社会责任感"（2003）的提出。

除以上几个方面外，"减负"问题在这一时期仍未松懈，2000年伊始，国家就召开了"减轻中小学生过重负担工作电视会议"，同时颁发了《关于在小学减轻学生过重负担的紧急通知》，课程政策中如强调要改变学科本位、科目过度的现状而设置综合课程，且小学阶段以综合课程为主，改变课程内容"难、繁、偏、旧"的现状，这些举措在很大程度都是为了减轻学生的课业负担。

总的来说，表3罗列了这一阶段对课程政策产生了一定影响的主要相关政策。

表3　　　　　　1996—2008年期间影响课程政策的其他相关政策

1996年12月	国家教委《中小学计算机教育五年发展纲要（1996年—2000年）》
1997年5月	《国家教委关于印发〈关于加强学校艺术教育的意见〉的通知》
1997年10月	《关于印发〈中小学计算机课程指导纲要（修订稿）〉的通知》
1999年4月	《关于初中毕业、升学考试改革的指导意见》
2000年1月	《关于在小学减轻学生过重负担的紧急通知》
2001年9月	《公民道德建设实施纲要》
2002年12月	《教育部关于积极推进中小学评价与考试制度改革的通知》

第 六 章

作为制定过程的产物——
生产语境的剖析

分析政策如果仅根据在正式的文件中使用的词语，我们就忽略了赋予文本意义和重要性的语境的微妙之处。政策因此是动态和互动的，不仅仅是一套教导和意图。它们代表教育变革应该如何进行的相冲突的见解之间的妥协。如我们所提到的，政策文本中所用的词语是精挑细选出来的，并经过多种利益的目标进行了很多修改。

——泰勒（Sandra Taylor）等①

呈现在我们眼前的某一阶段或某个课程政策文本为什么是这个样子，对于各课程问题为什么采取这样的解决方案，选择这样的表述方式及话语，而不是其他，要回答这个问题，不仅需要环顾课程政策制定的社会语境、国际语境等，而且需要考察其具体的制定过程。政策的制定主要是依靠决策过程来实现，决策过程构成政策形成前最为近端的语境。在政策议题进入议程后，课程政策的制定主体（包括决策主体、辅助决策主体也即咨询主体、参与主体如民众）是谁，采取何种制定程序，以什么为决策依据，都成为影响课程政策的重要因素。

美国政治学家戴维·伊斯顿（David Easton）在其《政治体系——政治学状况研究》（1951 年版）一书中将"公共政策"界定为"对一个社会进行的权威性价值分配"，也就是政策作为一个以政府为主体的行为过

---

① S. Taylor, R. Fazal, B. & Lingard, M. Henry, *Educational Policy and the Politics of Change*, London：Routledge, 1997, p. 15.

程，针对社会中出现的一些公共问题，对社会价值进行重新调整和分配，以达到利益协调、社会发展的目的。任何政策都是阶级意志、利益的集中体现与表达，课程政策也不例外。各利益群体都试图对决策施加影响，由此，决策过程成为一种价值选择和意识形态斗争的过程，所公开表达的意见和问题往往是政治选择的结果，是一些潜在斗争的外在表达形式。如泰勒等人所说的："重要的是要承认，政策过程天生就是政治的性格，伴随着妥协、交换和解决。"[1]

本部分首先分析改革开放以来课程政策的一般制定程序与制定主体，在此基础上阐述了这一生产语境对课程政策的最终形成所产生的影响；其次，也着重呈现了制定活动中有关的利益冲突、争论与妥协对课程政策的影响。

英国学者米切尔·黑尧认为："政策过程研究应该是案例研究，所使用的主要是定性的方法，定量的方法主要是用于分析政策的结果。"[2] 鉴于案例研究是过程分析的一种更佳的方式，此部分选择了案例研究，择取了几个有代表性的课程政策案例，分别对其制定过程进行了简要的叙说，在此基础上进行了总结与思考。

第一节 课程政策与其制定程序和 主体的关联分析

一 个案 1：《现行普通高中教学计划的调整意见》的制定（1989—1990）

20 世纪 80 年代末期，鉴于其时的普通高中教学计划是 1981 年颁发的，虽然这一计划在整顿、建立正常秩序，提高教学质量等方面起到了较好的作用，但也反映出一些问题：其一，这个计划原来是为重点中学制定的，虽然允许其他中学根据实际情况进行调整，但由于应考，事实上所有的中学都在执行这套计划，因此大多数学校和学生不能适应这套计划的要求；其二，课程结构的比例，从单科性选修计划来看，历史、地理的课时

---

① S. Taylor, R. Fazal, B. & Lingard, M. Henry, *Educational Policy and the Politics of Change*, London：Routledge，1997，p. 26.

② ［英］黑尧：《现代国家的政策过程》，中国青年出版社 2004 年版，第 22 页。

与物理、生物、化学相比较明显偏少；其三，选修课的范围较窄，主要是文科类或理科类的选修课，在培养学生对现代生活和生产等方面适应能力的选修课十分薄弱。

因此，国家教委决定在新的高中教学计划尚未制订之前，先对现行普通高中教学计划进行适当调整，作为一种过渡措施。以下是对《现行普通高中教学计划的调整意见》（见本书附录1）制定过程的简要叙述。①

为了研究部署制订高中教学计划的工作，国家教委基础教育司于1989年7月24、25日召开了准备工作会议。参加会议的有江苏、浙江、广东、四川等省、直辖市教委、教育厅（局）和北京师范大学、华东师范大学、华中师范大学等师范大学，以及辽宁省教育学院、人民教育出版社等单位。会议讨论了基础教育司提出的关于制订高中教学计划的工作方案，国家教委副主任柳斌同志到会听取汇报并讲话。

柳斌指出，制订高中教学计划是一项十分重要的基本建设，一定要重视这项工作。在制订教学计划之前要讨论清楚我国普通高中教育的性质、任务和培养目标究竟是什么，这就要搞好调查研究。他说，普通高中教学计划恐怕不能搞一个模式，城市与农村，沿海与内地、经济发达地区与后进地区应有所不同，可以考虑订出几种不同的方案。他强调指出，高中阶段除了加强日常思想品德教育和行为规范训练，要大力加强思想政治教育，继续搞好思想政治课教学改革，加强文史学科的教学，并适当渗透职业技术教育的因素。

会上确定了工作的总目标是通过调查研究、总结、论证确定高中的性质、任务和培养目标，形成几种各具特色的高中办学模式和不同特点、不同要求的教学计划。与会同志一致同意基础教育司的工作方案，讨论中也提出了一些修改意见和建议。

整个制订高中教学计划的工作分为三个阶段。

第一阶段：广泛的调查研究和论证（1989.8—1990.3）

这一阶段主要是委托部分省教委及高等师范院校进行广泛的调查研究（包括与几个主要国家的比较研究）和论证。工作目标为：①确定普通高中的性质、任务和培养目标；②提出适合我国国情的几种不同的办学模

---

① 这一部分的有关资料来自亲历该计划制订过程的人员所撰著作，即马立、潘仲茗：《普通高中课程计划问题研究》，教育科学出版社1994年版。

式；③提出制订普通高中教学计划的具体原则；④确定制订哪几种不同特色的教学计划。围绕这些工作目标，确定了调查内容方面的七个专题：①对当前普通高中教育教学现状的分析与评价；②对现行高中教学计划的全面分析与评价；③社会各行各业（包括升学）对普通高中毕业生的需求情况；④普通高中的性质、任务和培养目标；⑤普通高中的办学模式、农村高中和城市高中究竟该怎么办；⑥制订普通高中教学计划的指导思想和原则；⑦普通高中如何加强劳动技术教育，如何渗透职业技术教育的因素。

调查研究工作主要采取问卷调查的方式。为了使问卷调查更规范、更科学，国家教委委托中央教科所成立调查研究指导小组负责问卷的设计、问卷调查的指导和数据处理、分析的工作。承担教研任务的北京、江苏、浙江、吉林、辽宁、湖北、广东、四川、甘肃九省市均成立了领导小组，由省市教委、教育厅（局）一位负责同志牵头，普教处、教研室、高等师范院校、教科所等单位参加。调研前，各省分别培训了负责施测的人员。

调查针对 6 个群体进行：①1989 年 9 月升入普通高中三年级的学生；②被调查学生所在校校长、教导主任、各科教研组长及有经验的教师；③1984 年以来升入大学和就业的原高中毕业生；④教育方面专家；⑤人大、政协、民主党派以及有关领导部门主管教育的负责人；⑥前述群体③所涉及的高中毕业生当前学习和工作单位。对于群体③、④和⑤以开调查座谈会的方式进行调查。

调研过程要求充分吸收上海市教育局、南京师大等单位对有关普通高中问题调研的经验。同时，为借鉴和吸收有关国家（地区）的经验，国家教委委托北师范大学、华东师范大学和华南师范大学承担中外（苏、美、日、英、法、西德、东南亚国家）高中教育的比较研究，作为决策依据。

在以上基础上，综合各地的意见，经过进一步研讨，提出对普通高中性质、任务、培养目标等问题的具体意见。

第二阶段：制订出几套不同特色的高中教学计划（1990.4—1990.8）

这一阶段的工作目标是制订出几套不同特色的高中教学计划（包括上海制订的新高中教育计划）。工作的方法是采用招标方式，确定几个省和高等师范院校联合组成几个工作小组，分别制订不同特色的教学计划。

第三阶段：广泛征求意见，修改定稿（1990.8—1990.11）

这一阶段广泛征求了社会各界对新高中教学计划的意见，并根据意见进行修改定稿。

二　个案2：《基础教育课程改革纲要（试行）》的制定（1996—2001）

1996年，教育部基础教育司与联合国儿童基金会签署了一个国际合作的教育项目，该项目旨在了解发展中国家义务教育的发展情况。在该项目的资助下，从1996年7月开始，基础教育司组织了北师范大学、华东师范大学、华中师范大学、南京师范大学、东北师范大学、北京大学以及中央教科所的部分专家、学者组成项目组，研讨制订了一项对全国义务教育阶段课程实施状况进行全面调研的方案。这次调研是对1993年秋开始实施的第七次课程改革方案的调研，更是新的课程政策制定前的重要准备工作。

调研工具主要是问卷和访谈提纲两种。问卷编制完成后，项目组在北京、江苏、吉林、湖北、山西等8个地区进行了预测验，对测试结果进行处理分析，听取受测者的意见，在此基础上，专家组对问卷进行了修改，并再预测后定稿。1997年5月正式开始实施调研，被调查对象涉及9个省市的中小学生、教师、校长、家长及其他社会人士（主要是全国政协委员）。样本来自九省市的72个地区（地级市），随机抽样获得。最后实际获得样本中小学生共16124名，其中小学生样本均采自地级市市区小学，初中生包括城、乡全部区域内的初二与初三的学生；教师2272名；校长162名。问卷的题目主要围绕着课程目标的实施现状、教育过程现状、考试的现状与影响、学生的学业负担与对学校的体验这四个方面设计，让校长、教师、学生、家长从各自的角度，看待这四个方面的问题。1997年底，完成了《九年义务教育课程方案实施状况调查报告》。

1997年9月，教育部基础教育司在烟台的素质教育会议上已提出，要制定一份基础教育课程改革的纲领性文件，从而建立和完善以全面提高学生素质为目标的一套课程体系。会后，教育部组织专家进行基础教育课程改革前期研究，研究主要集中在上面的现状调查，以及比较研究、实践经验研究等方面。

1998年，教育部着手起草《基础教育课程改革指导纲要（讨论稿）》（以下简称《纲要》）。1999年10月，《纲要（讨论稿）》草稿形成，在此基础上历经 28 次修改，最终方形成《纲要（试行）》的正式文本。

每一次修改，都伴随着研究与讨论，以 2000 年 6 月对第 14 稿的讨论为例，参与咨询讨论的人员包括教育部副部长、基础教育司和课程中心相关官员，大学、研究所、出版社的知名教育专家：邵宗杰、文喆、钟启泉、顾泠沅、阎立钦、潘钟茗、陈德珍、谈松华、周萌昌、魏国栋等。以下是参与第 14 稿的征询讨论过程部分摘录（研讨主题为：政策文本中如何体现继承与发展的关系）①。

专家1：接受学习包括有意义的接受学习和机械的接受学习。不能取消接受学习，因为学生本质上是需要接受学习的，学生的学习应是有意义的接受学习和自主学习的整合。我们要改变的是"学生死记硬背、被动接受的学习"。

专家2：刻苦钻研、勤奋好问、基础知识、基本技能扎实是我们的美德。对我们的成绩和不足要展开一些。

专家3：六条改革目标容易引起异议，执行过程中容易产生误解，因而可能与本意相背。建议全面、辩证地解释，从正面阐述。可以先正面写，再写要克服的问题。

专家4：要处理好继承与发展的关系，总的感觉是继承方面比较虚，在课程纲要中要对改革开放以来的课程情况客观地、清楚地进行评价，否则的话会造成教材编写人员、教研人员和教师的迷惑。课程改革目标上要正面阐述。

在修改过程中，不仅先后在北京、天津、福建、上海、武汉、南京、重庆等地向教研员、校长、教师、高校理论工作者征求了意见，向各省主管基础教育的管理人员做了意见征询，其中包括全国的基教处处长和省教研室主任，九个省市的教委主任等。同时，还向两院院士、大中型企业的老总等也征求了意见。

因此，教育部课程中心新课程设计的组织者对于不断地征询、审议过

---

① 这里的征询讨论过程部分，包括其后的"退学分"和"零选择"争论细节主要引自吕立杰《国家课程设计过程研究——以我国基础教育"新课程"设计为个案》，教育科学出版社 2008 年版。

程有如下总结：

> 科学的课程改革方案是顺利推进课程改革的前提，而科学的课程改革方案跟科学的、民主的课程运行机制密切相关，在课程设计的过程中无论是大规模的上万名的中小学生的调研，还是国际视野的通盘的比较、反思，开放广泛的征求意见，向67个独资的、合资的大中型企业的老总、总工程师、总会计师，向几十位两院院士征求意见，向学术界的资深学者征求意见，是保证科学性很重要的一个方面，课程改革方案的形成过程不再是少数人闭门造车的一个过程，我们承认历史上历次课程改革做了大量的工作，但像这次课程改革做这样大规模的向几十位两院院士、六七十位企业老总征求意见，向从南到北、从东到西、从发达地区到欠发达地区广泛的一线教师背靠背地隐名征求意见，包括这次课程改革所有项目隐名评审、招投标的方式征求意见，这在历史上都是没有的。（LJ教授，2003）

2001年的6月1日，在京的教育部党组成员集体审议并原则通过《基础教育课程改革纲要（试行）》，同时通过了《义务教育课程改革方案》和各学科的《课程标准》。至此，新的课程政策完成了它的研究、决策以及合法化的过程。

三　个案3：《普通高中课程方案（实验）》的制定（2001—2003）

新的高中课程政策的研制是在2001年7月启动的。因为高中新课程方案不仅涉及与义务教育课程的衔接，而且面临高中课程学分制管理、学生对课程内容的选择权问题，以及关涉利益密集的高考等敏感问题，因此，存在较多的不同意见，其制定之路亦是崎岖而辛苦，历经多次反复。大致过程如下：

2001年7月至10月，教育部召开了三次普通高中新课程工作会议。参与新课程研制的核心成员（包括教育部基础教育司和基础教育课程教材发展中心的有关负责人员，大学的课程研究中心、课程工作组等）集中了三次。这一阶段提出了高中课程方案必须面对的核心问题，并就此展开研讨。这些问题包括：高中阶段教育的性质、任务、培养目标、课程结构，高中课程的多样化、选择性，以及高中课程评价改革与高考的关系、高中学分制管理等。

2001 年 11 月 27 日至 12 月 3 日，教育部组织了第四次工作会议。课程工作组对普通高中课程结构框架进行了集中研讨，提出普通高中课程"模块"的整体设想。在此基础上，各研制组开始着手撰写各学科课程标准的准备工作。

2002 年 1 月 3 至 13 日，第五次工作会议期间，对于拟订中的高中课程改革的目标定位、基本思路等总体方案进行了进一步的论证和完善。会议除了要求各学科课程标准核心组成员、大学课程研究中心的课程专家，还吸收了中小学校长、教研人员、地方教育行政管理人员。

2002 年 2 月 17—25 日，教育部召开了第六次工作会议，初步形成了高中课程方案的整体框架。

2002 年 3 月 24 日—31 日，第七次工作会议期间，课程工作组、课程标准研制负责人就高中课程中的学习领域、学科课程结构的设计、学分配置以及不同学科之间的协调等争议性大的问题进行了反复的研讨与充分的沟通。

2002 年 5 月至 6 月，课程工作组又接连召开了三次会议，确定了普通高中由学习领域、科目及模块三部分组成的课程结构，进一步确定、完善《普通高中新课程方案（初稿)》，同时各学科课程标准形成征求意见稿。

其后，在初稿形成后，又开始了大规模的意见征询工作：

2002 年 7 月 2 日至 5 日，教育部基教司和基础教育课程教材发展中心在北京召开了普通高中新课程方案可行性论证会，会议邀请了 10 多位在第一线工作的普通高中校长或教导主任参加会议，其中五位代表来自县城中学。在此后的半年时间里：陈至立部长、王湛部长、袁贵仁副部长、李连宁部长助理多次听取汇报，并提出指导意见；征询的对象还包括不同地区的普通高中校长（包括贫困地区的农村高中）、教育行政人员、教研员、大学教授、一线教师等。2002 年 9 月以教育部的名义通过中科院、工程院和中国社会科学院向 50 位院士和 12 位学者征求了对高中新课程方案及 15 个课程标准的意见。12 月 2 日，教育部还邀请 14 位教育厅局长就高中新课程方案和实验推进策略进行了研讨。

2002 年 12 月 22 日，经教育部党组讨论原则通过《高中新课程方案（实验稿)》。

2003 年 3 月末,《普通高中新课程方案和各科课程标准（实验稿）》正式向社会发布。

四　基于课程政策个案的关联分析

在政策研究中，通常把政策制定过程分成三个阶段：确立政策议程、规划方案以及方案的合法化。[①] 从以上三个案例中可看出，课程政策的制定基本遵循了这一程序。

政策议程是指将政策问题提上公共部门的议事日程，公共部门正式决定进行讨论和研究，并准备如何制定有效政策加以解决的过程。政策问题只有纳入政策议程，才能被研究、分析，并为之制定公共政策加以解决。以个案 1《现行普通高中教学计划的调整意见》为例，它所要讨论和研究的是如何解决学校不适应、课程结构比例不合理、选修课范围薄弱等问题，由此，需要设定解决这些问题的方案，将其提上政策议事日程，纳入决策领域。

在这一环节，我们可发现，相关领域政府官员的讲话与言论对于确认某些问题列入政策议程有很大的作用，其精神与思想也作为一种信号在宏观上引导了方案规划的走向。如在个案 1 中，柳斌的讲话所指出的"加强日常思想品德教育和行为规范训练，要大力加强思想政治教育，继续搞好思想政治课教学改革，加强文史学科的教学，并适当渗透职业技术教育的因素"，就是一大导向。因此，在最终出台的课程政策中，也出现了"加强思想政治教育，加强劳动教育和社会实践环节，适当调整文理科的比例，力求各类课程比例趋于合理，克服文理偏科现象"等类似的举措。

方案规划是在对政策问题分析研究的基础上，提出相应的解决办法或方案的过程。这一过程以政策问题为基础与前提，也就是成为政策的社会问题应是真问题，方案规划就是为解决这一问题提供系列的行动和制度的设计，并在众多的解决方案中选择最优。方案规划既是研究活动也是政治行为。如个案 3 中，为解决普通高中课程所面临的问题，课程工作组进行了充分的研讨，提出了多种解决方案，最终在众多的解决方案中确定了"学习领域""模块""学分制"等方案。

政策合法化是政策的制定者为使政策获得合法地位，依照法定权限和

---

① 　陈振明：《政策科学》，中国人民大学出版社 1998 年版，第 212 页。

程序所实施的一系列征询、论证、审查、同意、批准、签署和颁布政策的行为过程。通过审查、批准使政策具有权威性、法律性的约束效力，因此，这一环节是政策可以执行的前提；通过征询，也可以吸收更多的民众参与决策，加强沟通与协调，使决策更具民主性、合理性与监督性。一些涉及面广的重要公共政策在最后决策前请专家充分论证，向全社会广泛征询意见，经过法定程序签发等是完善政策制定合法化程序所必需的。这一点在各课程政策的制定过程中都是显而易见的，所征询的对象涉及各级教育行政人员、教育科研人员、中小学校长、教师、学生、家长、两院院士及企业界人士等。

有学者指出，改革开放前，中国"政策制定的价值取向以政治浪漫主义为主，政策制定主体主要是政治领袖和少数政治精英，政策制定权属于中央高度集权，政策制定方式以经验决策为主，政策制定的动力主要来源于政治领袖的言论"①。从前述课程政策个案的制定过程中，可看出，改革开放以后，尤其是20世纪90年代以来，课程政策的制定无论在价值取向、制定主体还是制定方式上，都发生了很大的变化，尤其是走出了经验判断、个人意志的窠臼，彰显出了更强的理性精神，说明其决策的科学化、民主化与绩效化水平在不断提高，由此，也使得最终出台的课程政策呈现出不一样的特点。

其一，从其决策依据中可看出，除了有国际化的参照和视野，在政策的制定中非常注重对现行中国基础教育课程状况的实证调查与研究分析，强调通过数据来描述本土国情，通过数据来凸显存在的问题，而不是根据经验来作出判断以至于出现决策的过于随意化与人为化。以《基础教育课程改革纲要》的制定为例，前期筹备阶段中产生的《九年义务教育课程方案实施状况调查报告》中，基于数据分析基础上提出的对国家义务教育课程的改革建议，为其后纲要的制定提供了重要的决策信息。从如下的对照中即可看出来：

《九年义务教育课程方案实施状况调查报告》（1997年12月）中对国家义务教育课程改革的建议：
　●　突出国家义务教育课程的性质（即权威性、统一性、

①　张国庆主编：《现代公共政策导论》，北京大学出版社1997年版，第257页。

基础性)。

- 制定国家义务教育课程标准。
- 完善现行课程政策(开设地方性和多样化的符合当地、当时需要的课程)。
- 加强课程实施过程的指导(以解决课程目标与具体课程与教育、教学活动的有关问题)。
- 建立评价机制,加强质量监控(其中推广使用发展性评估是核心问题)。
- 成立国家基础教育课程改革发展委员会(全面承担基础教育课程改革的具体任务)。

《纲要》(1999年,草稿)中阐述的这次课程改革的具体任务是:

- 确立体现素质教育精神的培养目标。
- 形成体现整体性和可选择性的课程结构。
- 研制以基础性和发展性为特征的课程标准。
- 倡导贯穿自主性和创造性的(课程实施)教学过程。
- 建立具有尊重个性和鼓励向上功能的课程评价体系。
- 制定三级课程管理政策。
- 完善(课程资源与)教材的开发与管理制度。
- 建立推进课程改革的支持系统(课程不断发展和更新的机制)。

其二,从其制定主体来说,呈现多元状态,注重吸纳广泛的团体、组织或个人的意见,赋予其利益表达的权力,从官方的立法者、教育行政官员和教育行政管理人员到非官方的利益团体(如社会考试中介)、研究机构、传播媒介和作为个人的公民等,制定主体不再仅仅集中于单一的政治领袖和少数政治精英。就其咨询主体而言,涉及课程专家、学科专家、一线的教育实践工作者以及社会各界知名人士等。

尤为重要的一个变化是，作为"两个范畴、两种工作规范、两种文化"① 的研究者和决策者之间的交流与对话成为可能，并在一定程度上影响了课程政策的制定。在我国，很长一段时间以来，课程是国家严格控制的，课程政策往往是在相对忽视政策理论及课程理论的指导作用的情况下制定出来的，政策所达到的高度在很大程度上取决于决策者的认识和水平。改革开放以来，这一状况随着课程专业人员的不断进入政府工作或充当政府顾问而开始有了改善。

从以上个案就可看出，课程的科研工作者在课程政策的制定团体中获得了一定的地位，开始有了对课程问题"仗义执言"的机会，其研究不再都"要么是为既定的政策作解释作宣传而沦为政策的附庸，要么是以'傲慢、权威和独立'的学术思想自负，其研究成果只限于自我欣赏"。② 由此，在最终出台的课程政策中，我们能够发现，相关的课程专业术语增多，课程意识渐渐浓厚起来，而不再是泛泛论及教育方针、教育目的、办学指导方针和重视政治方向，教育发展的宏观原则已经转换成较为具体的课程发展的原则，相关的解决方案更多地渗透了课程变革的内在逻辑与规律；同时，随着更多课程专业人员的加入，基于他们不同的现状判断、研究视野、思维风格以及所拥有的话语权威与地位的不同，而使课程政策话语体现出更多地受国内某一或某些课程研究流派与思潮影响的痕迹。

第二节　利益的博弈：课程政策制定过程中的论争与妥协

英国学者米切尔·黑尧认为政策制定过程的研究就是针对政策制定的主体及其之间的关系、角色进行分析，表现政策决定的议程、"交易"的过程，行政的过程以及制度和文化对决策的影响等，以此帮助人们理解政策并判断政策理性的程度。③

---

① 袁振国：《决策者的研究意识与研究者的政策意识》，《国家教育行政学院学报》2001 年第 1 期。

② 孙绵涛：《教育政策论——具有中国特色的社会主义教育政策研究》，华中师范大学出版社 2002 年版，第 59 页。

③ ［英］米切尔·黑尧：《现代国家的政策过程》，赵成根译，中国青年出版社 2004 年版，第 22 页。

对于政策主体及其之间的关系，托斯顿·胡森和莫里斯·科根（Torsten Husen & Maurice Kogan）就曾对决策者与研究者之间的相互关系进行了研究，认为他们分属于两种不同的文化。由于不平等的地位、看问题的不同视角以及对学术的不同看法，决策者和研究者之间的紧张关系和意见分歧会引起他们的分裂。具体来说，决策主体具有高度分化的角色结构，这种结构的存在是为了执行教育利益表达之外的功能，他们通常以政治家的眼光或以政党的利益来衡量教育的价值，他们制定教育政策也通常是为了解决更大社会背景下的一些基本问题。例如，美国1958年颁布的《国防教育法》，与其说它是对杜威以来的教育政策的矫枉过正，还不如说是为了适应当时政治和军事的需要，该法冠以"国防"的称谓即是明证。而咨询主体和执行主体是为了教育利益的表达而形成的专业化内部角色，代表着广泛的教育利益，因而也能在某种程度上限制或控制决策主体的比较隐蔽的意向和行为，如集团利益的膨胀、政治精英私欲的肆虐、决策的短视或随心所欲等。[①]

在我国，国家课程政策的制定主体因涉及许多不同身份、不同学术背景的人员与组织，他们基于各自的价值取向、专业自信和利益立场对于同样的问题有不同的描述、理解与应对，思想的多元、风格的多样，势必使制定过程存在冲突、争议或折中、妥协。

这些论争较多地在中小学教研员与高校教师、政府官员与学科专家、课程专家之间展开。以下从《普通高中课程方案》的制订过程中择取了有关"学分"的论争案例。

一　案例1："退学分"

这一论争的背景是：2002年1月，课程工作组曾经拿出一个高中新课程方案的初步框架，方案中的总必修学分为130—140学分，而实际上可以提供给基础教育高中阶段的学分总数为144学分，也就是说只留下了4学分的选修空间，因此这个初步框架面临着需要大量缩减学分，就此教育部新课程研制的行政管理者与各个课标组召集人召开特别会议，商讨退学分事宜：（以下节选）

---

① 孙绵涛：《教育政策论——具有中国特色的社会主义教育政策研究》，华中师范大学出版社2002年版，第35页。

教育部基础教育司负责人1：每个学科都很重要，但是为了学生的选择性能够得以实现，各个学科都应该降低选修学分。只有必修学分减下去了，选修的选择性才可能得以实现。

学科专家A：可以组织课程专家，从各个领域的教育功能来进行分配，从整体上进行宏观调控。

教育部基础教育司负责人1：最低学分应该低于现行的最低学分。

学科专家E：同意××（学科专家A）的意见，各个学科在学分折算的时候也要有所不同，建议课程专家们在进行一些国际比较的基础上，对领域提出一些建议，然后由学科在领域内进行分割。

学科专家G：应该进行一个整体的研究，从各个领域在培养人的方面的作用，在此基础上，各个学科向后退一下。

教育部基础教育司负责人2：外国语的学分与语文的学分是一样的，这在中国的课堂上恐怕不合适。

学科专家A：外语跟语文一样，有学科发展的要求和终身学习的要求，是一个很重要的语言工具，在目前的发展形势下，外语教育应该加强。

教育部课程中心负责人1：不上大学的学生，是不是有必要修这么多的学分？

学科专家A：有多少学生愿意放弃升学的？这个比例不是很高，不到5%，大家不要以为只定了这么多学分，学生就只选这些学分课程。有些课程学分少，学生也会去学，而有的课程，学分多，学生也不一定会去学。

教育部基础教育司负责人1：如果所有的学科都通过"必修＋选修"来达到要求的话，可能这种空间就达不到了。有没有可能把必修的作为最低要求？这样总共是107学分，这样就剩下了一定的空间。

教育部基础教育司负责人2：必须减下去，不减就实际上还是原来的那些方案，留不了余地。

教育部基础教育司负责人1：要考虑到上大学的只占普通高中人数的50%，也要考虑到能上普通高中的只占同龄人的20%。

学科专家 B：艺术的学分比原来还多了，音乐和美术分开开设，建议各个学科向下减 20%。音乐和美术退 2 学分，计 6 学分。

教育部课程中心负责人 1：不同意艺术领域退学分，这种课程是给学分也有可能不上的课。

学科专家 C：化学退到 5 学分。

学科专家 D：技术可以降下来一点。

教育部课程中心负责人 1：有些课程如果政府不再支持，可能就会面临消亡的危险，建议艺术改为 8—10 个，生物 5—6 个，化学 5 个，物理 5 个，地理 5—6 个，数学 10 个，外语 14 个……另外一个问题：选修课程太多，没有实现的空间，有没有必要做这么多的选修课，选修课不要设计得太复杂，学分赋值相对减少一点。

学科专家 D：是不是可以允许拓展课程与选修课或综合实践活动进行整合？搞一点证书制留出一定的时间。

教育部课程中心负责人 1：不能因为小部分人不需要这些时间，就不设计这些时间。

学科专家 D：但是有一部分人可以将这些时间省出来选其他的课程。

二　案例 2：“零选择”

这一论争的背景是：学习领域—科目—模块是当时初步形成的课程结构设想，学分制的实行意味着要考虑把学分落实到学习领域。那么，学分制如何与课程内容结合在一起？如果对学生具体学什么内容不作要求，那么，有的学生可能在某些科目中不选学任何内容，即出现“零选择”。譬如，赋予“科学”这一学习领域（包括物理、化学、生物、自然地理等科目）的几十个学分，学生可能用来全选物理或全学生物。

对于这一问题，一派人坚决支持，他们认为，课程要培养的是科学素质，而并不要求形成对特定学科的知识，因此，整个科学领域学一门也就够了；另一批人则强烈反对，认为会影响学生的基础知识，造成素质缺陷。以下是各派的一些意见：

课程专家：其实，课程研制受很多因素影响，除了科学的思维方式，还有其他的很多因素，包括学术利益，表现在争学分，因为学分的合理性结构是建立在充分研究的基础之上的，不是哪一学科重要，都重要，不重要不会放到里面来，像我刚才说的"零选择"，有的学科就不同意，怕没人选，其实一个学校1000多个学生，总会有相当比例会选。但学科专家总认为，"在我们的背后有成千上万的专业队伍在看着我们，如果这个阵地在我们手里丧失了我们不好交代"，他们的想法不是从学术的角度、从方案的可行性的角度考虑的。

（课程工作组 Y 博士，2003）

学科专家：这个课标还是有理想化的东西，这在高中的时候比较明显，比如最开始的时候，课程专家提出了什么？你这个科目可以"零选择"。这个争论太大了，他们从学生发展的角度，为了发展学生的个性、差异，划分了八个领域，领域内有些科目可以零选择，这就是一种理想化，比如人文与社会领域，政治这门课是不可能"零选择"的，政治这门课谁管，中宣部管，在中国不学政治行吗？历史，国家领导人有一句话，中国人都应学近代史，那好，在人文社会科学领域里，"零选择"只能是地理。地理是一个弱势学科，没有必修学分保证的话，可能就没有人选，应该说学科工作组与专家工作组有很多看法不相同的地方，专门搞课程的人和学科之间真是要互动的，矛盾有时候还比较大，最后还是协商讨论，比如从学科的角度来说，我们是搞地理的，我们希望地理的学分高一点，这总是一点学科本位的思想，我们代表那么多的地理老师，学分都没了，地理老师要骂我们的，没有饭碗了，还要争取更多的学分。

（地理课程标准研制组 Y 教授，2003）

部领导仔细听取汇报后，认为"零选择"是一个激进的方法，如果真的在高中大面积实施，会产生的问题是社会不理解、家长不理解、科学家不理解、学科专家不理解，这样容易导致不稳定，课改本身就容易引起矛盾，在没有论争清楚之前，没有很强的说服力，不要实行，所以马上就收回来，这就是一个行政参与的问题，这是行政命令，必须去做……

（课程工作组 Y 博士，2003）

从以上案例中，我们可发现，政府官员、学科专家和课程专家对于同一问题就出现了意见的分歧，也体现出他们不同的价值立场。

就政府官员而言,"有些课程如果政府不再支持,可能就会面临消亡的危险","不能因为小部分人不需要这些时间,就不设计这些时间"等语句体现了一种大局着眼的国家立场,强调在政策层面要表现出一个国家的课程价值导向,如对于"弱势学科"的扶助;"外国语的学分与语文的学分是一样的,这在中国的课堂上恐怕不合适",则表明了对本土文化的捍卫;认为"零选择"是"一个激进的方法,会容易导致社会的不稳定",则不仅体现了一种稳妥、渐进的改革思路,而且富有政治意味。在中国的政治话语系统中,稳定是改革发展的前提与基础,社会稳定是压倒一切的大局,而高中课程政策与考试尤其是高考制度有着直接的关系,在我国,高考仍是社会阶层流动的一个最大的可能渠道,承载着一个社会对命运的关注,其相关改革势必成为全社会关注的焦点,事关千千万万老百姓的切身利益,因此,"稳定"放在首位。

就学科专家而言,从政府官员提出"外语"的学分问题时学科专家的反应,以及"我们代表那么多的地理老师,学分都没了,地理老师要骂我们的,没有饭碗了……"等语句,都体现了学科专家对学科"利益"的捍卫和争取。

就课程专家而言,因为没有具体的学科立场,他们更多地关注"儿童"的发展而不是"学科"本身的逻辑,着眼于课程的系统部署与建构,倡导一种应然的课程理念与行动方式,其改革的思路主要是基于课程理论与实践研究,这也导致他们在学科专家看来具有"理想化"色彩。

也正是因为在课程政策的制定过程中存在多元的团体、多样的声音,使得基础教育课程改革在理想与现实、传统与进步之间保持着适当的张力,在求同存异中发展前进。

第 七 章

作为世界课程改革的组成部分——
国际语境的审视

> 观念并不会很长时间保持寂静。它们有翅膀，也即，可以促
> 使其从一个地方飞到另一个地方。是这种语境界定了它们的
> 意义。

——题记·阿普尔（Michael W. Apple）[①]

话语或理念总是处于旅行或流亡状态之中，它们超越了自身的局限，向外扩展，在旅行所到之处和彼时彼地的接受土壤和环境相作用而且产生新的意义。

1983 年，著名的文化批评家爱德华·赛义德提出了颇具影响力的"旅行的理论"（Traveling Theory）。在论文的开始部分，赛义德陈述道："与人和批评流派一样，观念和理论从这个人向那个人、从一个语境向另一个语境，从此时向彼时旅行。文化和智性生活经常从这种观念流通中得到养分，而且往往因此得以维系。"[②] 他以"起点""通道""条件""改造"四个关键词描述了理论旅行的四个阶段：一个源头（origin），或类似起点的一个发轫环境，使理论得以产生或进入话语；有一段必须穿行的距离，一个穿越各种文本压力的通道（passage），使理论得以移向随后的

---

① Michael W. Apple, "Thinking 'Right' in the USA: Ideological Transformations in an Age of Conservatism", in B. Lingard, J. Knight and P. Porter (eds) Schooling Reform in Hard Times, London: Falmer Press, 1993, p. 49.

② Edward W. Said, *The World, the Text, and the Critic*, Cambridge, Massachusetts: Harvard UP, 1983, p. 226.

时空；有一些条件（conditions），可称其为接纳条件或作为接纳所不可避免的一部分抵制条件；完全（或部分）地被容纳（或吸收）的理论因其在新时空中的新位置和新用法而导致某种程度的变形（transform）。以课程话语为例，"变形"也就是说，形形色色的课程话语体系在旅行中必然会出现强调、意义转化或改造，同样会出现因接受者的不同需要而被过度诠释的现象，或跨文化交流中必然会出现的"意义强化"或"意义流失"问题，也即这些话语与本国土壤、环境相互作用下会产生出新的意义。

事实上，回顾我国近代以来至中华人民共和国成立初期基础教育课程改革乃至整个教育改革的历史，不难发现的一个显著特点是，改革与外国的影响始终紧密相连：从近代初期泛泛的师夷长技以制夷；到晚清（特别是甲午战败后）对日本的效法；随后又有对德国的短暂模仿；再到第一次世界大战后美国化的趋向；新中国成立初期，又"以俄为师"，掀起全面学习苏联的热潮。

改革开放以后，我们更是处在一个全球化趋势愈加明显的时代，国家与国家之间的联系和交往越来越频密。正如一国政治经济的变化发展越来越避免不了国际因素或全球力量的波及一样，一国的科技、文化、教育的变革发展也越来越多地受到世界潮流的影响。

伴随着经济全球化的深入，通信、信息等科学技术的飞速发展，发生在课程学术和政策团体之间的国际化在加快着步伐，尤其是西方课程理论向其他国家和地区的传播与渗透。由此，在赛义德所提出的理论旅行的"通道"与"条件"更为迅捷的背景下，我国更是在加速对国际课程政策话语的主动"拿来"与"引进"，而不是坐等话语"旅行"至此，汲汲于将国外先进理念及有益的经验融会贯通于本国的改革之中，使我国的课程改革成为世界课程改革的有机组成部分，而不是孤立于世界课程改革之外。

本章所探讨的内容是：其一，20世纪70年代以来，国际课程发展潮流中存在哪些核心话语。这一部分的探讨涉及世界四大文化圈中的典型国家："盎格鲁—撒克逊文化圈"（英美文化圈）内的美国、英国、加拿大、澳大利亚；"欧洲大陆文化圈"中的德国、法国、芬兰；"东方文化圈"中的日本、韩国、马来西亚、泰国等；"印度文化圈"内的印度；等等。其二，这些核心话语对我国的课程政策发生了何种影响，体现在何处。

第一节　国际课程政策变革的主流话语

一　课程目标："全人发展"与"个性发展"

课程目标是课程实施的基本依据和课程评价的主要准则，也是教育目的、培养目标的具体体现。20 世纪 70 年代以来，世界各国课程政策中的一个共同的趋向是，关注学生的整体性发展，突出学生个性的发展。

（一）全人发展

在 1972 年，由曾担任法国总理和教育部长的富尔主持并提交联合国教科文组织的研究报告中已经提出了"走向完整的人"的思想："把一个人在体力、智力、情绪、伦理各方面的因素综合起来，使他成为一个完善的人。"[1] 从各国的基础教育课程目标来看，"全人发展"的理念体现在学生的科学素养与人文精神的融合，知识技能的学习与多方面能力（如创新能力、终身学习能力等）的发展融合，体现在认知、情感、技能与应用的统一协调等方面。

英国在 1988 年颁布的法案中提出，国家课程的实施，旨在为学生提供均衡而基础广博的课程，其目标有二：一是为"促进学生精神的、道德的、文化的、心理的、身体的发展"；二是为"预备学生未来成人生活的机会、责任及经验"。

德国指出："把向成长着的一代传授广泛的、出色、综合的基础知识与培养其多方面能力结合起来。"

美国的高中课程目标指出："培养学生善学、好学的品质，批判性思考的习惯，面对问题解决过程中莫衷一是的情形时乐此不疲的情怀，从而在知识、能力和情感等诸方面为中学后教育做好充分的准备"；"要把学生培养成为各方面潜力都得到充分发掘而全面发展的人"。

印度主张："将学生作为知识的建构者"；"加强认知、情感和行动之间的联系"；"发展审美能力"。[2]

芬兰的课程改革目标是："让所有学生能够平等地接受教育，从知识、

---

① 联合国教科文组织国际教育发展委员会：《学会生存——教育世界的今天和明天》，教育科学出版社 1996 年版，第 195 页。

② 张华：《世界普通高中课程发展报告》，《教育发展研究》2003 年第 9 期。

技能以及价值观等方面培养学生，为提高终身学习能力、应对现代社会和未来发展的挑战奠定基础。"①

日本 1991 年提出普通高中的课程目标结构为：（1）关心、兴趣、态度；（2）思维力、创造力；（3）知识、理解；（4）技能表现。②

（二）个性发展

突破以往单一的知识本位或智力本位的传统目标，在培养全人、促进人的整体性发展的基础上倡导个性的发展，则是各国课程目标的另一典型发展趋势。

1997 年韩国教育部决定，从 2000 年始实施第七次课程改革，这次课程改革在"培养主导 21 世纪全球化、信息化时代的自律的富有创造性的韩国人"的理念之下，对基础教育培养目标进行了重新阐述："在全面发展的基础上追求个性的人；建立以基本能力为基础，发挥创造性的人；以丰富的教养为基础，开拓前进道路的人；在对韩国的文化理解的基础上，创造新价值的人；以民主意识为基础，为共同发展作出贡献的人。"由此，课程体系也应为学生个性的发展创造条件，其明确指出："考虑学生的能力、个性、发展前途，使教育内容和方法多样化，确立可以使学生根据自身的个性和素质选择教学科目、能动而自律地学习的'以学习者为中心的课程'体系。"

日本临时教育审议会于 20 世纪 80 年代共发表了 4 次审议报告，报告的核心内容之一就是要改变过去教育中忽视学生个性的弊病，并提出了"尊重个性的原则"，把个性、自由与自律、权利与责任看成密切联系的统一体。1987 年 10 月，日本内阁会议上所决定的《教育改革推进大纲》中提出的四点改革建议中，其中有一点就是"尊重儿童个性，增进儿童身心健康"，并在同年 12 月教育课程审议会正式提出课程改革的标准，再次强调要"重视作为国民所必要的知识，加强个性教育"。在 1989 年公布的新的中小学学习指导纲要中，"个性化"成为改革的基本精神之一，并把"加强各阶段教育之间的连续性……充实发展个性的课程"作为努力的方向之一，认为"今后教育的发展方向应把在'轻松宽裕'中

---

① Ministry of Education, *Education and Research 2003 – 2008*, Publications of the Ministry of Education, Finland, 2004.

② 洪非：《日本普通高中课程目标模式的嬗变与趋势》，《外国教育研究》1994 年第 6 期。

培养孩子们的‘生存能力’作为根本出发点。只有使孩子拥有轻松宽裕的时间和环境，去发现自我，进行自我思考，才能培养孩子的‘生存能力’。另外还应重视孩子精神上、思想上的轻松宽裕，让他们站在自己的生活方式、由自己决定的立场上，确立自己真正的个体自我"。①

俄罗斯自20世纪80年代以来对教育进行了全面的改革，其中一个显著的变化就是提出了发展学生个性的目标。如1992年7月通过的《俄罗斯联邦教育法》第14条对普通教育提出了总的要求，即教育内容是社会和经济进步的因素之一，"它应保证个性的自我确立，为个性的自我实现创造条件。发展文明社会并加强完善法制国家，使学生了解符合现代知识水平和教育大纲水平的世界概况，使学生具备与世界水平相适应的社会普通文化水平和社会职业水平，使学生的个性与世界文化和民族文化融合为一体，成为以完善现代社会为目标的人才"。② 在这一思想的指导下，俄罗斯充分开发个人课程，增加高中阶段自我选择课程的比例，以摆脱苏联时期对学生规范培养的影响，大力发展学生的个性。

芬兰于20世纪90年代中期开始实施全新的高中课程，其标志是1994年1月颁发的高中课程改革纲要——《芬兰高中课程框架》（*Framework Curriculum for the Senior Secondary School*）。③ 这一富有里程碑式意义的框架明确提出，普通高中教育"要为学生提供其继续深造、工作、生活、发展个人兴趣和促进个性形成所需的知识与技能"。

美国是个有着较长历史倡导自由、发展学生个性的国家，自杜威提出"儿童中心论"以来，这一历程一直未曾中断过，强调学生个性的培养，以发展学生的个性为目标来设置课程、选择和组织课程内容。

二　课程结构："综合"

在课程结构方面，综观20世纪70年代以来各国课程政策的变革，课程的综合化（curriculum integration）是当之无愧的核心话语之一，各国政府和国际教育组织都将课程综合化写入政策文件，旨在通过建立不同学科

---

① 徐斌艳：《面向21世纪中国中小学课程改革巡礼》，《外国教育资料》1997年第4期。

② 靳玉乐、张家军：《国外基础教育课程目标的特点及其启示》，《外国教育研究》2000年第4期。

③ National Board of Education, *Framework Curriculum for the Senior Secondary School*, Helsinki, 1994.

领域知识间的联系，使学生更容易、更有效地掌握和运用学科的基本知识和基本技能，实现人格的整体发展。它的流行表征着现代社会对综合性人才的迫切呼唤，因人们强烈地感受到，很多日益凸显的社会问题不是依靠单一学科就能解决的；为了回应时代和社会的需求而不断添加新的学科领域，譬如环境学习、国际理解、信息技术等，这势必导致课程的庞杂而给学生造成巨大压力，也无法实现对知识的深层次理解，也无法培养创新性和批判性思维，由此，综合就成为避免课程体系中出现过多科目的重要解决方式；而脑科学研究的成果也证实，比起一步步积累片断知识的学习，在某种关联中进行知识或信息的处理和整合更适合大脑的运作。

仅在 1970 年，世界教科文组织就至少有三次重要的专门会议讨论学科的融合问题；20 世纪 70 年代初，教科文组织开展了一些综合科学项目的研究；该组织的重要刊物《教育展望》杂志在 80 年代前后发表了数篇关于这一论题的研究论文，近年来有关的论文则更多。

国际教育大会在 20 世纪 80 年代以后连续对课程综合化问题展开了讨论。1986 年召开的第 40 届国际教育大会在《最终报告》中指出："为了应付现代世界的挑战，科学教育应该少一些以这一门学科或那一门学科为中心，反之，应该显得更加综合化和更具跨学科性。"[①]

从各国的情况来看，课程的综合通常是围绕主题展开，将几个相似学科的知识结合成为一个学科领域，如价值观教育（values education）。但不同国家对课程的综合化有不同的理解。比如，在马来西亚，课程综合被认为是将关键内容融入规定的课程中。而在美国，课程综合则是用来完善学生对学术内容理解的途径。由此，不断涌现的相关课程（correlated curriculum）、融合课程（fused curriculum）、广域课程（broad curriculum）、核心课程（core curriculum）、交叉课程（cross curriculum）、跨学科课程（interdisciplinary curriculum）、多学科课程（multidisciplinary curriculum）、全语言（whole language）、网络课程（webbing curriculum）等术语，都代表了综合课程范畴内多样的模式。

举例来说，在日本，政府相关部门于 1976 年度指定若干中小学开始综合学习的实验研究。1989 年的课程标准废除了小学低年级的理科和社

---

① 张人杰译：《国际教育大会最终报告·关于综合课程的论述》，见广东省教育厅《普通高中综合课程研究资料汇编》（1996 年 7 月），第 183 页。

会科，代之以综合性的"生活科"。1996 年中央教育审议会提交的咨询报告进一步将实施综合性学习作为培养"生存力"的一项重要措施。1998 年 6 月教育课程审议会提出设置"综合学习时间"的课程改革措施，在同年 12 月和 1999 年 3 月发布的中小学课程标准规定，小学三年级至高中三年级每个年级平均每周开设 2 课时的综合学习时间。这是每个学校根据所在社区、学校以及学生的实际情况开展特色教育活动、进行跨学科学习的一种课程形式，其学习的内容没有统一的规定，没有教材，其活动方式主要为"综合体验性学习"和"课题研究性学习"，旨在使学生通过理解、体验、感悟和探究自然、社会，形成综合社会实践能力和社会责任感。

在美国，20 世纪 80 年代以后，中小学（以 6—8 年级为主）都出现课程综合化的趋势。小学阶段以综合课为主：语言艺术包含了阅读、写作、文学、口语等知识，社会包括历史、地理、政治、法律等，科学课将物理、化学、生物等方面的知识融为一体，音乐与艺术、体育和保健也具有较明显的综合课的特点。在各州的课程标准中，虽没有统一的"综合实践活动"课程，但各个州都设计了具体的、不同类型的综合实践性活动的课程，如"科学·技术·社会"（STS）、"设计学习"（Project or Design Learning，简称 PDL）、"社会参与性学习"（Social Participating Learning）、"服务学习"（Service-Learning）等。

在英国，1988 年议会通过《教育改革法》，以法令形式规定了"全国学校课程"。对此新课程，英国"全国学校课程管理局"（简称 NCC）提出要在课程计划及具体的教学进程中，贯彻交叉课程要素，并确定了五个基本的交叉课程主题：对经济与工业的理解、健康教育、职业教育和指导、环境教育、公民教育。

在德国，20 世纪 90 年代以后，大部分州的教学大纲中使用了"跨学科""学科间协作"等名称，跨学科教学成为初等教育和中等教育改革的重要课题。

在印度尼西亚，1994 年的课程计划规定，在小学 1、2 年级，自然科学与社会科学教育整合在印尼语课程中实施，从 3 年级到 6 年级，自然科学与社会科学教育整合为"科学"一门课程。[①]

---

① 钟启泉、张华主编：《世界课程改革趋势研究·课程改革国别研究》，北京师范大学出版社 2002 年版，第 689 页。

在加拿大，课程的整合成为 90 年代各州教育的关注焦点。如，不列颠哥伦比亚省（British Columbia）于 1992 年秋开始全面实施"2000 年计划"，该计划将一年级至十年级的课程划分为四个综合学科群：人文（英语、外语、生活、社会）、科学（算术或数学、科学）、艺术（舞蹈、戏剧、音乐、美术）、技术（商业、家政、体育、工业技术）。小学原则上以综合学科群为学习单位，初中课程是学科群与个别学科并存，而且学科群之间也建立了联系。

三　课程管理："分权"（权力的共享）

当代社会民主化的发展，强调了权力的公正与合理分配，并保证大众广泛参加与其切身利益相关的社会事务的决策。在课程管理方面，绝对的中央集权制与彻底的地方分权制都面临着严峻的挑战。20 世纪 80 年代以来，在世界大多数国家，单一的国家课程或校本课程开发模式都陆续退出了历史舞台。因为，各国逐渐意识到，"统得过死"和"放得过宽"都不是明智做法。统一要求有利于统一目标、内容与测量标准，但不利于联系各地的实际，不利于联系生活实际；而地方自由设置课程有利于从地区实际出发，因地制宜，发挥地方优势，但不利于统一目标、统一水平。

以往，根据权力的集中与分散程度来划分，世界上主要国家的课程管理政策可分为三种类型：第一种类型是中央集权型，即课程权力集中统一在最高国家权力机关和教育行政机关，地方教育当局的几乎所有重要事务均受中央支配，如法国、苏联、日本、韩国；第二种类型是地方集权型，即课程权力集中在地方教育行政当局，由地方当局负责课程事务，中央教育行政部门只是一个虚设的机构，对课程问题采取不干预的政策，这以美国、澳大利亚、加拿大为代表；第三种类型则是学校自主决策型，即课程权力主要在学校，中央和地方往往只提供指导或参考性的课程标准或课程建议，这种类型以英国为代表。

20 世纪 80 年代以来，在世界课程改革的进程中，逐渐明朗的一大趋势是：基础教育课程管理权力在过去过多集中于国家层次的国家，先后实行将部分课程决策权下放到学校或地方的改革；过多地集中于地方层次的国家，则同时采取将部分课程决策的职责与权力上移到国家层次和下放到学校层次的改革；过多集中于学校层次的国家，也出现将课程管理权力上

移到国家层次的趋向。具体而言:

　　苏联作为一贯强调全国统一的课程设置的国家,在 1988 年新的课程改革中提出准备逐步取消全国统一的中学教学计划,1989 年制订的《国家中等学校基础教学计划》把教学计划的内容分为三部分:加盟共和国计划部分;共和国计划部分;学校计划部分。

　　在高度发达的现代国家里,美国常被看成地方分权制的最高典范,"不像其他许多国家有着高度集权的教育体制,由国家的教育部控制;我们则传统地偏爱一种分权的体系,由地方学区服务地方社区"。[①] 各个州在课程上均独立自主,自行制订、实施、评价与修改课程计划。20 世纪六七十年代以来,在教育(包括课程)控制方面出现了一些权力集中的趋向,主要表现在由州以下的行政单位向州集中。同时,国家也加强了对课程的管理权力。以 1989 年的全国数学教师协会颁布的数学课程标准为先导,美国至今已先后制定并公布了十几门课程的全国性标准。2002 年,布什总统签署的《不让一个孩子掉队》法案规定:从 2005—2006 学年开始,全国 3—8 年级的所有学生每年必须接受全州统一的数学和阅读统考,各州可以自行选择和设计统考试题,但其试题必须与该州的学术标准相符合等。

　　英国是一个具有学校自治传统的国家,长期没有全国性课程和教学大纲,其教师一直享有比其他任何国的教师更大的自治权。[②] 教师的自治权很大程度上体现在课程设置、教材选用、教学方法选用等方面,诚如有学者指出的:"英国的教师比世界其他地方的教师有更多的自由,在决定教什么方面尤其是如此。在英国,没有从中央当局方面强加给学校的课程。"[③] 但是,20 世纪 70 年代末开始,这种局面日益受到挑战,政府开始加强干预。1981 年发布了一份指导性文件《学校课程》,明确提出课程目标和中学应开设的课程建议。1986 年秋季实施全国学科专门标准和一般标准制定的考试课程大纲。1988 年通过的《教育改革法案》,规定从

---

①　William L. Boyd, "The Changing Politics of Curriculum Policy-making for American Schools", *Review of Educational Research*, Vol. 48, No. 4, 1978.

②　[英] 约翰·怀特:《再论教育目的》,李永宏等译,教育科学出版社 1997 年版,第 174 页。

③　[英] 丹尼斯·劳顿等:《课程研究的理论与实践》,张渭城等译,人民教育出版社 1985 年版,第 1 页。

1989 年起全国所有公立中小学实行统一的国家课程，结束了其作为欧洲唯一一个未使用全国统一课程的国家的历史。随后，英政府专门成立了"国家课程设置委员会"（NCC），其首要职能便是"对公立学校的课程设置进行全面的审查"。这样，部分课程决策权收回中央政府，削弱了教师及地方教育当局在课程决策方面的权限，只给地方教育当局留下一点提供指导的课程权力。

实质上，无论下放与上移，都并不代表某一方权力的全部让渡，或简单地将权力从一级转到另一级，而只是走向了更为合理的权力共享，更为均衡的"分权"。有关改革都是为了更好地协调国家、地方、学校三者之间的权力分配关系，最大限度地调动中央、地方、学校以及各类与课程相关人员的积极性，使它们相互协调与配合，共同推进课程改革的深化。

四　课程实施："学习方式"

从注重教师的教学策略到同时凸显学生的学习方式的变革，是各国课程政策的另一重要发展趋势。从单一、被动的学习方式，向多样化的学习方式转变，以提高学生的学习兴趣和积极性、培养学生良好的学习方法、思维方法与学习态度，成为各国课程改革探索的重要课题。由此，"体验""探究""合作""操作实践""自主"等字样成为各国课程政策的重要话语。

在美国，1990 年美国科学促进会发表了《2061 计划》，强调科学教育应当符合科学探究的特点。从 1991 年 8 月起，在《2061 计划》的基础上，以美国的国家科学研究会（NRC）为首，先后动员了万余人，为期四年，在 1996 年公布了《美国国家科学教育标准》，将学生的探究能力和探究观念的培养列为重要的课程目标，将"动手做探究性学习"（Hands-On Inquiry Learning）列为学习科学的核心方法，系统地阐述了探究教学在课堂教学中的实施，这成为美国新课程改革中教学方式革新的纲领性文件。

在日本，20 世纪 70 年代末期的中小学课程改革的重要特征之一就是"开始倡导体验性学习、问题学习，重视学生的兴趣和积极性"。[①] 1999

---

① 冯生尧：《课程改革：世界与中国》，广州教育出版社 2004 年版，第 180 页。

年，日本高中课程修订的基本方针之一是"转变以灌输大量知识为任务的教育基调，十分重视自主学习自主思考的能力。以这种观点出发，在创设'综合学习时间'的同时，在各个学科中充实体验性的、问题解决性的学习"。[①]

在马来西亚，课程开发中心的小学新课程纲要（KBSR）和中学新课程纲要（KBSM）强烈建议学校采取小组作业的教学策略。[②]

在法国，1999年10月，教育部宣布在全国范围内推广"动手做"探究性学习。2000年6月，法国教育部借鉴"动手做"积累的经验，制订了小学科学教育革新计划，并把该活动作为教育革新计划的创新部分，要求每个省有学校进行科学教育实验。"动手做"项目的核心在于让学生充分体验科学探究、科学发现的整个过程，从而发展学生的探究与解决问题的能力，是学习方式的变革。

泰国为应对在21世纪力争成为新的亚洲龙所制定的新课程特点之一是："重视学习过程的改革。考虑学生的个体差异，建立以学生为中心的学习模型，设计多样的学习活动，将正规的课堂学习、非正规学习和家庭学习结合在一起。"[③]

一方面，学习方式的变革表征着人们对于知识性质的认识转变，强调了知识的开放性和主体建构性；另一方面，学生的学习方式和教师的教学方式是相互依存和相互影响的，学习方式的变革也意味着师生关系的调整，对教师的角色定位构成一个巨大的挑战。

首先，这需要教师从传统的知识传递者转向学生学习的"组织者""引导者"和"促进者"；其次，教师自身必须形成自主的、合作的、探究的专业生活方式。教师必须成为一个自我导向、自我监控的学习者，能够主动寻求与同事、学生及其家长、教育管理者、教育研究者的合作，能够通过对自身实践的反思探究，从经验中学习，成为一个具有强烈的自主发展意识和合作、探究精神的专业工作者。

---

① 钟启泉主编：《国际普通高中基础学科解析》，华东师范大学出版社2003年版，第547页。

② 钟启泉、张华主编：《世界课程改革趋势研究·课程改革国别研究》，北京师范大学出版社2002年版，第632页。

③ 同上书，第658页。

　　学习方式的变革由此带来的教师角色的重塑也由此成为各国课程改革关注的另一重要内容。

五　课程评价:"发展性评价""质性评价"

　　课程评价在基础教育课程改革中起着导向与质量监控的重要作用,是课程改革成败的关键,构成课程政策的重要内容。20世纪80年代以来,"发展性评价"与"质性评价"是各国课程评价政策的共同走向。

　　(一)发展性评价

　　20世纪60年代以前,受最初评价产生时的科学效率运动的影响,课程评价更多地强调其总结性功能。其后,对于形成性评价与总结性评价的区分使人们对课程评价的功能有了一个更全面的认识,最终走向发展性评价。发展性评价重视以改进为主要特征的形成性功能与教育性作用,具有三个方面的基本理念:其一,以学生发展为本的理念;其二,促使课程不断提高的理念;其三,面向多元的理念。①

　　发展性评价注重对学生表现情况的全面考查并进行反馈,及时发现学生在学习过程中的问题,并给予帮助,以达到学生不断发展的目的。自1998年起,韩国在小学施行了遂行评价。与传统评价方法不同,遂行评价不是让学生选择问题的答案,而是让学生自己把正确的答案表现出来的评价方法,遂行评价重视诊断学生的学习过程,重视促进个人学习的努力,强调综合地评价学生个人的变化与发展,是全面的、持续进行的评价。② 其面向多元的理念强调评价主体、方式、内容等方面的多元。就主体的多元而言,强调多方力量的参与,使评价成为教师、管理者、学生和家长共同积极参与的交互活动,如在澳大利亚就有"三方协商考评法",包括三方座谈及三方评价,三方座谈也被人称为由学生负责的会议或以学生为中心的会议;③ 就内容的多元而言,主要是指评价要注重对学生综合素质的考察,即不仅要关注学生的学业成绩,而且更要关注学生的创新精神和实践能力,以及积极的情绪情感体验和心理素质;注重对个体发展独

---

① 刘志军:《发展性课程评价》,华东师范大学博士后研究工作报告,2002。
② 吕宪军、王延玲:《综观国外课程评价谈我国改革思路》,《中小学教师培训》2002年第5期。
③ 赵大成:《建立适应素质教育的考评体系——澳大利亚小学生的考评体系》,《外国教育研究》2000年第1期。

特性的认可，帮助学生悦纳自己、拥有自信；不仅要考察"概念"或"认识"等认知层面的内容，更应重视考察"表现"等行为层面的内容等。如在美国的纽约州和马里兰州的高中毕业考试中，开始试用考核学生的职业实践能力，如现场演示、产品设计和见习汇报等，而且这些考试的结果会直接影响到学生是否可以获得 CPC 就业资格证书（career pathways certificate），并且这种注重学生实践能力的考试趋势也开始向小学和初中蔓延。[1]

（二）质性评价

所谓质性课程评价，就是力图通过自然的调查，全面充分地揭示和描述评价对象的各种特质，以彰显其中的意义，促进理解。量化课程评价则是力图把复杂的教育现象和课程现象简化为数量，进而从数量的分析与比较中，推断出某一评价对象的成效。

20 世纪 60 年代之前，占主导地位的课程评价范式是量化评价，用古巴和林肯的历史分期理论来看，这个历史时期所流行的是"第一代评价"（测验和测量时期）和"第二代评价"（描述教育结果与教育目标相一致的程度）。从本质上看，量化评价是受"工具理性"所支配的，其最大的缺陷在于只关注可测量的方面，而忽略了那些不可测量的人类经验的重要方面，往往以预定目标为评价标准而排斥对给定教育计划的持续性再开发，信奉一元性评价标准而忽视了价值的多元性。

20 世纪 60 年代以后，随着课程领域主体意识的觉醒，人们开始在课程评价中自觉追求"实践理性"和"解放理性"，由此展开了对量化课程评价系统的反思与批判。20 世纪 70 年代以后，随着"课程理解范式"的兴起，"量化研究"渐次为"质性研究"所取代。伴随着"质性研究"在课程研究领域中的合法化，质性课程评价日益兴盛起来并体现着课程评价的发展趋势。美国著名课程论专家派纳等人在其名著《理解课程》中这样写道：[2]

　　到 90 年代，一般的质性研究和质性课程评价已经在课程领域获

① 蔡敏：《美国基础教育学生评价改革述评》，《中国教育学刊》2003 年第 8 期。

② W. F. Pinar, W. M. Reynolds, P. Slattery, P. M. and Taubman, *Understanding Curriculum*, Peter Lang, 1995, p. 737.

得了特别的合法性。没有负责任的学者再宣称只有量化方式才是惟一合法化的评价形式。由量化评价向质性评价的转换是证据确凿的。课程领域的一个评论者曾作出这样的判断:"当今的课程评价已很少关心如何对预先具体化的问题负责,而是更加关心如何发现并清晰地表达参与者所不得不面对的问题。"在课程评价领域以及更加广泛的整个课程领域,对传统概念的重建已经发生。

其中质性课程评价的典范之一则为"档案袋评定"。

在美国,20世纪80年代以来,就开始试验用成长记录袋的方式评价学生,并在不少州得到广泛应用与推广。这种评价制度的主要特点是收集在学生身上发生过的有典型意义的行为和事实来真实地描绘学生发展的过程"图景",弥补传统评价的不足。

在韩国,则采用了"综合生活记录簿",其中主要记载了学生思想品德的总体情况,学生的成绩、名次、学习能力、兴趣、出勤情况、课外活动情况、集体活动、服务活动和资格证书的获取情况,以及学科竞赛的成绩与获奖情况等。

在澳大利亚,中小学广泛推行"个人代表作品档案法"。个人作品档案并不仅仅收集学生经过选择的各科作品,也可以收集一切和学生学习有关并能反映学生成就的材料。同时,根据不同的教学、学习、考评目的,为了使档案能成为教育实践密不可分的一部分,教师应该认真细致地思考和计划建档问题,选择不同形式的档案,如:形成性个人代表作品档案、综合性的或总结性的个人代表作品档案。[①]

除以上典型的方面外,构成世界课程政策发展的潮流还涉及:课程目标方面,如对"终身学习""国际意识"的关注;课程内容方面,如"回归生活世界"的风尚;课程结构方面,除了强调综合,还注重结构的基础性、选择性与多样性的特征等。

---

① 赵大成:《建立适应素质教育的考评体系——澳大利亚小学生的考评体系》,《外国教育研究》2000年第1期。

第二节　国际课程发展潮流下我国课程政策话语的迁嬗

一　国际课程改革的经验，是我国课程政策制定的重要依据

对于国际课程发展现状的研究与分析，往往是我国制定课程政策准备工作日程中一项重要事务。如：

1989 年，为了研究部署制订高中教学计划的工作，国家教委基础教育司于 7 月 24 日、25 日召开了准备工作会议。会议议定的事项之一就是：“委托北师大、华东师大、东北师大和华南师大承担中外（苏、美、日、英、法、西德、东南亚国家）高中教育的比较研究。”《关于制订普通高中计划的中外比较研究工作方案》中，指出目的和任务是借鉴和吸收有关国家（地区）的有益经验，提交《普通高中课程计划中外比较研究报告》，“以便制订普通高中课程计划提供决策依据”。其对于比较研究的内容也作了明确的说明，如课程改革和发展的背景，课程结构、课程设置、课程内容的基本情况和特点，而研究重点是统一性与差异性、灵活性的关系，继承性与现代化的关系。研究对象则列出了 12 个国家（地区）：现代学校教育发达的美国、英国、法国；现代工业化程度发展较快的法国、日本；意识形态动荡中的苏联（或俄罗斯）；汉文化圈内的韩国、港、澳、台、新加坡。而对于汉文化圈内的日本、韩国、新加坡及我国港、澳、台地区，还提出要进行实地考察研究。[①]

同时，参与了 1992 年义务教育课程政策修订过程的学者旷习模谈到，当时修订的依据主要有三：其一是反映《义务教育法》等文件精神；其二是为全面贯彻国家的教育方针；其三则是对国内外课程改革的经验的借鉴。他指出：“确定义务教育课程计划的课程设置，要运用现代课程理论来鉴别历次课程改革，特别是近 20 多年来国内外课程改革与实验的经验……课程综合化是现代课程改革一种值得注意的发展趋势，国外有不少

---

① 马立、潘仲茗主编：《普通高中课程计划问题研究》，教育科学出版社 1994 年版，第 222—223 页。

成功的经验……"① 可见，其时提出在小学阶段把历史、地理两科综合为社会课，是借鉴了国际课程改革发展趋势的。

2001 年出台的《基础教育课程改革纲要（试行）》的制定准备工作中也做了大量的国际比较研究，对有代表性的一些国家的课程体制、目标、标准、课程内容以及目前课程改革的态势进行了详细的比较。参与制定政策工作的几位教授也都谈道："《纲要》的形成来源于三大研究，一是基于国际比较研究，我们所（即华东师大比较教育研究所）有很多项目，还有北师大比较教育研究所，借用国际的视野看中国的课程，我国的课程发展史上从没有搞过那么大型的研究……"；"为什么我们这次改革有科学性，就是因为它不仅是一个历史的总结，而是全瞻国际的一次创新"。②

据以上例证可看出，在制定准备工作中，对于他国的课程改革往往会做大量的研究与讨论，因而，在最终出台的课程政策文本中对于国际语境有所体现也就是自然的了。

二　我国课程政策话语的迁嬗

通过对改革开放以来课程政策文本的内容分析，综合起来，国际课程发展动向对我国课程政策话语的影响集中体现在以下几个方面。

（一）对于"个性"培养的关注

在课程目标方面，"全面发展"这一话语早已有之，而且"全面发展"所涉及的"面"的内涵也在与时俱进，1978 年的课程政策中所指的"德育、智育、体育几方面"，到 1984 年的课程政策中首次指出"德、智、体、美诸方面"，再到 1992 年指出的"进行德育、智育、体育、美育和劳动教育"，表征着"面"的不断扩大。

但课程政策中对于全面发展应建立在尊重学生个性差异基础上的关注，则相对较晚。至 1990 年，"个性"这一话语始进入课程政策，提出"要使学生的个性得到健康的发展"，调整的原则应"有利于因材施教，

---

① 旷习模：《谈谈〈九年义务教育全日制小学、初中课程计划（试行）〉中的课程设置》，《教育研究与实验》1993 年第 1 期。

② 吕立杰：《国家课程设计过程研究——以我国基础教育"新课程"设计为个案》，教育科学出版社 2008 年版，第 108—110 页。

发展学生的个性、特长"。在 1992 年的课程政策中，仍强调了要促进学生个性的健康发展，除此之外，"个性品质"和"个性心理品质"共出现四次。在 1996 年的文本中仍强调了要"发展学生的个性和特长"（1996）；所不同的是，在 2000 年的文本中，不仅在课程目标方面仍有"促进学生个性的健康发展"，而且在课程实施方面提出"使学生的学习成为主动、富有个性的过程"，在课程评价方面指出"重视学生个性健康发展和人格完善"；2001 年，不仅在教学过程方面继续强调"促进学生在教师指导下主动地、富有个性地学习"，而且在课程结构方面提出"使学生在普遍达到基本要求的前提下实现有个性的发展"；2003 年，课程目标上指出"应适应社会需求的多样化和学生全面而有个性的发展"，课程结构方面指出"学生自主选择并及时调整课程，形成有个性的课程修习计划"，在课程实施与评价方面鼓励学生在感兴趣、有潜能的方面，选修更多的模块，"使学生实现有个性的发展"。

　　从以上的话语脉络中，我们不难发现，对于"个性"的凸显逐步从目标维度细化至课程改革的诸环节，不仅在课程结构，而且在课程实施、课程评价方面都强调了要为学生的"个性"发展创设条件。其中提到的"富有个性"的学习过程、"有个性的课程修习计划"，以及配套的选课制度的建立等，都是对国际有益经验的吸收和借鉴，如：英国高中生确定自己的学习计划大致经历步骤是：学校提供信息→咨询→学生自我决定→初步定型的个人学习计划（由所选择的课程组成）→改动学习计划→最后定型的学习计划；在德国，学生从第 12 年级（相当于我国的高二）开始，由于年级制被正式打破，就按课程制上课。学校把第 12、13 学级划分为 4 个半年的课程段落，学生完全可以自己决定选择什么课程作为自己的基础课程和特长课程。每学期开头，学生根据学校开设的课程，给自己订出一个个人的课程表。关于选课指导制度，在芬兰，每一个学校都有专门的教师担任"学生咨询人员"（student counselor），负责帮助学生形成自己的学习计划。也有些学校吸收高年级学生与教师共同为学生提供咨询。① 在美国，关于选课指导，一般情况是学校为每 25 名学生配备两名指导教师。

---

① 张华：《世界普通高中课程发展报告》，《教育发展研究》2003 年第 9 期。

（二）对于"综合"的追求

随着诸多研究者对国外有关课程综合的理论和实践作了多方面的译介，如 1985 年吕达翻译的英国英格拉姆所著的《综合课程的作用》，以及一些学者对我国单一的分科课程体系提出批评和实施综合化改革的建议，"综合课"这一话语首次出现于 1992 年的课程政策中。笔者在前面也已提到，从 1992 年课程政策制定参与者的叙说中，可看出这项改革是对国际社会课程综合化发展潮流的积极回应。但当时考虑到大多数学校的实际，只是作出了在小学阶段把历史、地理两科综合为"社会课"的尝试，在 1994 年的政策中又有将音乐和美术整合为"艺术学科"的举措。

其后，随着课程综合化发展潮流的演进，课程综合化追求也成为我国基础教育课程改革的一个重点和突破口，综合课程的设置和实施进入了一个历史新阶段。2000 年的高中课程政策对于"综合实践活动"做了全面部署，其重要的举措在于将综合实践活动课作为国家规定的必修课，包括研究性学习、劳动技术教育、社区服务、社会实践四部分内容。除此之外，此政策中多次提到"要提高综合运用所学知识解决实际问题的能力"，在课程评价方面，也指出"侧重考查学生对知识的综合理解，运用所学知识综合解决问题的能力"，在课程管理方面，各级教育主管部门须"对综合实践活动和由学校安排的选修课的开发与实施给予全面的指导"。学校则要"积极开发综合实践活动资源""从实际出发，具体安排、确定综合实践活动的各部分内容和组织形式"。可见，从课程性质界定、课时分配、课程评价与管理等环节都强调了对综合课程的配合与支持，充分体现了国家对综合课程的重视。

在 2001 年的课程政策中，对于综合课程的关注与此前相比，又有很大增强。体现在课程目标上，致力于"改变课程结构过于强调学科本位、科目过多和缺乏整合的现状，整体设置九年一贯的课程门类和课时比例，并设置综合课程"。重大举措之一就是规定"小学阶段以综合课程为主"，如小学低年级的"品德与生活"，中高年级的"品德与社会"；举措之二是"初中阶段设置分科与综合相结合的课程"，如科学（或物理、化学、生物）、历史与社会（或历史、地理）。在其后 2003 年的高中课程政策中，在综合化方面又提出了新的举措，即设置了语言与文学、数学、人文与社会、科学、技术、艺术、体育与健康和综合实践活动八个"学习领域"，每一领域即是由课程价值相近的若干科目组成，明确指出"学习领域"的设置是为了更好地反映"现代科学综合化"的趋势，是为了指导教师的教学、整体规划课程内容并提高学生的"综合素养"。

"综合实践活动"的提出，小学阶段以综合课程为主的方案、"学习领域"的设置等都体现了对他国经验的汲取。如日本的高中教育所重视的"基础学力"也是通过基本的学习领域来养成的，划分为本国语领域、外语领域、数学领域、自然领域、社会科学领域、体育领域、艺术领域、科技领域、公民教育、思想教育、哲学宗教、综合学习领域等。

（三）自主、合作、探究的学习方式与教师角色的重新定位

在激烈的国际竞争中，随着各国对于终身学习体系构建的关注，对于人的实践能力、团队精神和创新能力重要性的认识，我国在世纪之交的课程政策中对于学生的学习方式也做出了特定的指示，体现在"自主""合作""探究""探索""体验""亲身实践"等之类的话语之中，这无疑是针对过于强调接受学习、死记硬背、机械训练的现状所做出的改革。

如在 2000 年的课程政策中，指出开设综合实践活动的目的在于通过"亲身体验"进行学习，积累和丰富直接经验；研究性学习则是以学生的"自主性、探索性学习"为基础，从学生生活和社会生活中选择和确定研究专题，主要以"个人或小组合作"的方式进行，通过"亲身实践"获取直接经验。2001 年的课程政策中，也提出要倡导学生的"主动参与、乐于探究、勤于动手"。

对于学生的自主、合作、探究的学习方式的践行与保护，需要课程内容、课程实施与评价等方面都做出相应的改革以共同创设良好的整体氛围，而在这些环节中最核心的则是教师角色的重新定位。

在我国，很长一段时间里课程政策对于"教师"角色的说明是缺失的，甚至在好些政策文本中，如 1981 年、1988 年、1990 年等出台的课程政策中，竟然找不到"教师"一词。这一现象可从两方面进行揣测，一方面，这种缺失表明尚未能认识到教师在课程改革中所起的关键作用；另一方面，意味着教师的角色就是"默认"的、无须多做说明的，也就是知识的传授者、课堂的权威。

实现向自主、合作、探究的学习方式的根本转变，对于"无须说明"的教师角色带来了挑战，迫切要求教师改变对知识的性质、课堂中的师生关系等固有观念，正如《学会生存》一书中所指出的，"教师的职责已经越来越少地传递知识，而越来越多地激励思考；……他必须集中更多的时

间和精力去从事那些有效果和有创造性的活动：互相影响、讨论、激励、了解、鼓舞"。①

由此，在新的课程政策中一个富有时代精神的转变是，凸显了教师对于学生的探索与质疑精神、创造精神的保护与鼓励，对于学生的自主学习、独立思考的促进，对于学生探究与实践过程的参与和引导。如在2000 年的课程政策就指出，在研究性学习中，教师是"组织者、参与者和指导者"，是课程实施的"促进者"，也是课程的"开发者和研究者"，每一位教师都有责任"爱护和培养学生的探索精神、创新精神"，"营造崇尚真知、追求真理的氛围，促进学生自主学习、独立思考"。2001 年的课程政策也提出，教师应与学生"积极互动、共同发展"，"引导学生质疑、调查、探究，在实践中学习"，"促进学生在教师指导下主动地、富有个性地学习"。

（四）走向多元的课程评价

课程评价一直是我国课程改革的"瓶颈"。在世界课程改革的"发展性评价""质性评价"的潮流下，我国的课程政策也不甘落后，对此做出了积极回应。

在发展性评价方面，如 2001 年的课程政策，对于评价的发展功能作了明确说明：其一，建立促进学生全面发展的评价体系；其二，建立促进教师不断提高的评价体系；其三，建立促进课程不断发展的评价体系。总起来说，这一"发展"功能体现在促进学生、教师、课程三方的共同发展。2003 年则更是提升至制度的层面，指出"建立发展性评价制度"。

在质性评价方面，借鉴国外"档案袋评定"方法，我国也提出了实行学生"学业成绩与成长记录"相结合的评价方式。

在之前所作的国际部分的梳理中，我们可发现，发展性评价和质性评价的一个共同点在于，改变评价的单一取向，强调"多元"的理念。这种"多元"的发展动向也明显体现在我国课程政策话语中。如评价内容的多元，除知识的考察外，2001 年的课程政策涉及学生"个性""人格""态度、能力和知识"等维度，2002 年则有学生多方面的"潜能"和"需求"等方面；如评价方式的多元，2003 年的政策指出了"观察、交

---

① 联合国教科文组织国际教育发展委员会：《学会生存——教育世界的今天和明天》，教育科学出版社 1996 年版，第 108 页。

流、测验、实际操作、作品展示、自评与互评等多种方式";如评价主体的多元,2001 年已提出建立"校长、教师、学生、家长共同参与的评价制度"。

除以上几方面外,课程管理上的"分权"取向也对我国课程管理政策的权力结构的变迁产生了不少影响,因前面几章都有所涉及,在此不多论述。

第 三 编

总结与省思

第 八 章

基础教育课程政策语境的
多元与复杂

第一节　总结:中国基础教育课程政策的
多元语境

课程改革的首要问题是制定正确和明晰的改革目标、指导思想及具体举措,它往往集中体现在制定出来的课程政策之中,可以说,课程改革的历史就是一部课程政策变革和调整的历史。

改革开放以来的这30年,一方面,基于我国独特的教育传统与课程文化、社会主义初级阶段的国情等因素,基础教育课程政策存在相对稳定的方面;另一方面,它亦发生了许多深刻的变革,从课程目标、课程内容与结构到课程管理、课程实施与评价各方面都发生了许多显著的变化。

基础教育课程政策所关涉和牵扯的问题十分广泛,它是由众多不同而又相互关联的范畴构成的一个复杂的系统。对于这样一个复杂的系统,本书主要从"政策语境"的视角切入,一方面旨在达成对课程政策文本的深度阅读与理解;另一方面,也更为重要的是,通过这种语境分析,更为清楚地呈现影响课程政策制定的主要因素、课程政策变革背后的推动力量。对于后一方面,可总结为如下几点。

一　课程政策在历史的承继与超越中发展

前期(主要指20世纪早期与新中国成立初期课程现代化的探索与发展)"历史遗绪"尤其是价值观念遗绪如对于课程的社会发展功能的凸显,重视思想道德目标、德育课程以及德育在各学科中的渗透,以学科知识为中心的分科课程理念等方面,对改革开放以来的基础教育课程政策产生了很大影响。这种影响表现在,课程政策中体现了某些前期价值理念的惰性,另外,其对前期某些历史教训的鉴照,使政策显示出更为理性与审慎的特征。

二　社会变革构成课程政策演变的重要动力

课程政策的演变与整个社会变革的趋势息息相关,课程政策的变化可以通过其社会语境包括政治、经济与文化语境的变化得到说明。

改革开放以来,一方面,现有经济能力和水平尤其是发展不平衡的状况对课程政策作出了制约,而更为重要的另一方面是,经济发展对于人才素质的要求促使课程政策的不断变革。工作重点转移到经济建设上来的战略决策,随后的经济体制改革、市场经济体制的全方位引入,到初见端倪的知识经济、中国加入世界贸易组织等,都反映在课程政策文本中经济话语的变迁中,反映在课程目标中涌现出来的"创新精神""团队精神""国际竞争的意识"等话语中以及课程内容的现代化等各方面。

就政治方面而言,改革开放初期,过渡性质的政治语境使课程政策也体现出新旧杂呈特征;其后,政治体制改革的全面启动,尤其是作为体制改革核心的政治民主化的发展,推进了课程政策改革的步伐,体现在课程权力的部分下放,对公民教育、个体发展以及教学民主等的关注。

就文化方面而言,社会文化的变迁也推动了课程政策的发展,从改革开放初期的"精英文化",到后来的与市场经济相适应的大众文化和通俗文化的应运而生,"消闲文化"的出现,网络文化的兴起等,都促使着课程政策关注学生的生活世界与经验、增强课程内容与社会生活的联系,在课程目标上将科学精神与"人文素养"并重。

三　课程政策在相关教育政策的引领下前行

一是教育元政策和基本政策在很大程度上指明了课程政策的发展方向,尤其是其中的义务教育和素质教育政策。一方面,义务教育政策昭示着需要新的课程政策与之呼应。首先,课程政策需考虑义务教育的性质与要求,致力于为全部适龄儿童、少年顺利接受义务教育创造条件。其次,义务教育的实行,也标志着高中教育作为独立的一个阶段开始确立,从而也就催发了高中课程政策的变革。最后,它也促进了学制的改革,并有力地推进了课程管理政策的突破。另一方面,素质教育政策从酝酿初创到区域推广，进而全面推进，这一趋向有力地推动了课程政策的同步变革。其一，从政策话语来看，"素质"和"素质教育"逐步进入课程政策中；其二，从具体举措来看，课程政策逐步体现素质教育的根本要旨，强调面向全体学生，促进学生的全面发展。

二是各阶段的其他相关政策如重要的教育法规、条例、通知、意见、规定、指示、领导人讲话等也发挥了较大作用。它们与教育元政策、基本政策所构成的教育"政策群"，以及与整体上呈现出的教育现代化的追求相结合，构成了课程政策变革的强劲动力。

四 制定过程直接塑造了课程政策的特点

通过对课程政策制定过程的案例分析，可看出，从其制定程序来说，强调对现状的大规模实证调查与研究分析，经验判断与个人意志的影响渐趋式微，这使课程政策表现出更为科学化、规范化的特点；从其制定主体来说，呈现多元状态，注重吸纳广泛的团体、组织或个人的意见，尤其是课程研究者和决策者之间的交流与对话成为可能，这使课程政策逐渐体现出更为浓厚的专业意识与气质。而通过呈现制定活动中有关中小学教研员与高校教师、政府官员与学科专家、课程专家等之间的争论，则可看出，课程政策是利益冲突、折中与妥协的产物，凸显了其政治性格与特点。

五 世界课程发展潮流成为我国课程政策变革的重要外在刺激

20 世纪 70 年代以来，国际课程发展中有关"全人发展"与"个性发展""综合""发展性评价"与"质性评价"等主流话语加速了我国课程政策的变革。正是在这一外来刺激下，我国的课程政策开始更为重视学生"个性"的培养，力促课程的"综合"，倡导学生学习方式的变革与师生关系的重构，注重国家、地方与学校的课程权力的共享，并走向多元的课程评价。

综上所述，课程政策的变革存在诸多的动因，课程政策的制定远不是课程领域甚或教育内部的事情，也不仅仅是一项技术性的问题，而受到内外众多因素的综合作用。

因此，我们在吸收和借鉴国外课程改革经验的过程中，不应仅是吸收和借鉴别国政策文本的表层内容，而应有对为什么要这样改革进行深层挖掘；不仅需要关注别国政策中好的思想与观点，还要关注这些思想与观点所酝酿、生根、发芽并进入政策议程、合法化的语境，而这也是政策即将付诸实践的语境，是改革成功与否的语境。"成功的改革是不能原样复制或照搬的，原因在于复制到的只是改革本身，而真正有价值的却是酝酿改革成功的各种条件或因素，这些东西是无法复制到的。"[1] 这正如查普瑞公司执行总裁所言："我们可以让竞争对手转遍工厂的所有角落，可以向他们展示一切，而我们却不用担心泄露了什么秘密，因为他们并没有把所看到的东西真正带走。"

第二节　仍欲补充的几个方面

在课程政策文本的阅读与深入分析中，笔者发现，基础教育课程政策的变革存在另外几股不可忽视的推动力量：一是来自课程政策实施的回馈；二是学术批判、反思与论争的影响；三是课程实验的推进。

因为本书集中的关涉面有限，对于诸"语境"难以面面俱到、穷其涯际，加之这几个方面似乎又难以归入本书探讨的任一政策语境维度内，故未能作单独的专门论述，只有零散论及。但鉴于其重要性，在此仍欲作概要补充。

一　实施中出现的问题构成课程政策不断调整的重要动力源泉

在本书中，鉴于主要考察的是课程政策出台前的语境，即政策文本出台后如何实施、实施的效果如何则不在考察范围内，但笔者在研究中逐渐认识到，前一课程政策的实施结果构成后一政策制定的重要语境。

如 1981 年对外国语课作出的调整，所针对的是之前（1978）颁发的政策在实践中产生的问题，即 1981 年的课程政策文本中所指出的："由于师资准备不够，中小学衔接问题没有解决好，已经开设的学校大部分教学质量不合格。学生进入初中后仍然要从头学起，而且往往还要正音，造成许多困难。根据这种情况，目前一般学校，凡不具备合格师资条件的，不要勉强开设外语。"1981 年颁发的另一修订意见，则也是基于"我部1978 年颁发的《全日制十年制中小学教学计划试行草案》，经过三年试行，其中有关中学部分存在一些问题"，由此，有关修订工作围绕存在的

---

[1]　石鸥：《结构的力量》，高等教育出版社 2004 年版，第 27 页。

教学要求太高、教学内容繁复等问题展开。

如 1990 年对高中教学计划所作出的调整是基于"为了解决当前普通高中存在文理偏科，学生知识结构比例不尽合理，学生课业负担过重，不利于全面提高学生素质的问题"。

这都体现了课程政策在实施中所产生的具体问题成为新的课程政策制定的重要参照，在一定程度上指示了新课程政策制定的战略重点。课程实践成为课程政策不断变革与发展的重要动力源泉。

二　学术批判、反思与论争是课程政策变革的重要舆论动力

基础教育课程改革是个利害关系密集的场域，其关注主体不仅包括教育理论与实践工作者，还涉及广大民众（社会人士、家长、学生等），加之信息渠道日益畅通，资讯空前发达，言说空间与氛围相对宽松自由，使这 30 年的基础教育课程改革历程始终伴随着褒贬毁誉与驳诘问难，如对于学生课业负担过重、考试评价制度的批判等，这些质疑与争议中不乏真知灼见，包含了不少有益的建议与对策，表达了人们的期待，在一定程度上推动了课程政策的变革。

课程及课程问题的丰富性与复杂性，课程研究主体和研究方法的差异，以及繁荣、开放的语境使课程论争得以发生。梳理起来，这 30 年来的课程论争关涉很多方面：譬如，课程内容的选择（如关于读经课程的论争）；课程的类型与结构（如关于学科课程与活动课程、分科课程与综合课程的论争）；课程实施（关于教学过程本质的论争、关于教学的教育性的论争、关于探究学习与接受学习之争、教学与生活世界的关系之争）等。其中，最引人注目的是"课改论争"，主要涉及：关于"知识"的论争，关于"新课程改革的理论基础是什么"的论争，关于"新课程改革的大的'方向'是否正确"的论争，关于"新课程改革是否脱离中国国情"的论争，关于课程改革与教学改革关系的论争等。另外，学科课程方面也有论争，主要有：关于语文教学效率的论争；语文的工具性与人文性的论争。从一些期刊论文可看出，围绕各科目的新课程标准及实验教科书发生了一些论争。①

---

① 彭彩霞：《课程研究三十年学术论争之回眸》，《内蒙古师范大学学报》（教育科学版）2009 年第 1 期。

课程方面的论争具体可以"知识"的论争为例。

2004年7月，《北京大学教育评论》第2卷第3期刊登了王策三教授的一篇长达5万字的论文：《认真对待"轻视知识"的教育思潮——再评由"应试教育"向素质教育转轨提法的讨论》，他认为由"应试教育"向素质教育转轨的提法，反映了一股"轻视知识"的教育思潮，这种思潮未能全面把握个人发展的社会机制和认识机制，是对教育改革的误解，并干扰了改革，必须坚决克服。一石激起千层浪，这些观点拉开了论争的帷幕。

随后，钟启泉教授在《全球教育展望》杂志上以《谁是"轻视知识"教育思潮的代表?》一文予以回应，认为王策三所主张的"哪里是'全面发展的教育'? 分明是赤裸裸的应试主义教育的典型主张"，并从"知识""学习"和"课堂文化"概念的重建与课程创新的视角进行了论述。此外，该杂志2004年第10期还发表了两篇相关文章，一篇为《发霉的奶酪——〈认真对待"轻视知识"的教育思潮〉读后感》（钟启泉、有宝华），另一篇为《素质教育是轻视知识的教育吗? ——与王策三先生商榷》（张正江）。

从随后的一系列讨论，如《教育：理想与现实的钟摆——评〈轻视知识〉和〈发霉的奶酪〉》（张洪高）、《"发霉的奶酪"和"填不饱肚子的维 C"——评关于应试教育与素质教育的一场争论》（李耀宗）、《素质教育应摆脱"知识中心主义"的羁绊——对〈认真对待"轻视知识"的教育思潮〉的回应》（王海福、李军强）、《教育模式要改革教育效益更要提高——基于钟启泉教授与王策三教授就"轻视知识"之争》（李宁）等文章，可见论争中越来越多的人参与了进来，讨论的内容不断地丰富，观点也愈加深入和多元。

可以说，这场论争远远超出了课程改革的范畴，不仅是关于知识与能力的论争，事实上关涉片面发展与全面发展、精英主义教育和大众主义教育、国外引进与其中国化、探究性学习与接受性学习、师与生和教与学之间关系等若干重大理论与实践问题，反映了教育的现实与理想、传统与现代等诸多矛盾，思想的交锋和价值的碰撞中凸显着课程改革绝不是一个线性的过程，而是多样的课程话语与实践纠葛的历程。学术论争的目的是通过科学思辨使整个学术界的认识更接近于真理。这种认识上的进步，正是论辩双方的共同贡献。且不论这场辩驳往复、激烈的论争是否逼近真理，学者们为真理而不惜面红耳赤的精神弥足珍贵，论争语言和思辨智慧中所呈现的不同性格气量则使之增添了几分可爱的气质。

相对于 20 世纪 70 年代末以前的论争而言，近 30 年的课程论争表现出多主体性的特点。论争参与者的身份多样，有课程专家、行政官员、中小学教师、在读硕博研究生等。以"课程改革的理论基础"之争为例，参与者中既有专家教授（如靳玉乐、高天明、崔国富、胡志坚等），也有各级教育科研或行政人员如罗槐（吉林省通化县教育科学研究所）、马福迎（河南省焦作市马村区教育局）等，也有中小学一线教师如刘培涛（山东省邹城市看庄中学）等。极"左"时代那种一言堂的作风、剥夺发言权，不允许对方申辩或解释的做法已较少见到，越来越多的主体被赋予了话语权，普通的教师和学生可以和中央研究机构的学术权威平等对话，提出异议。这体现了改革开放以来学术氛围的根本改变。哲学强调用理性来批判，但同样强调对理性自身的批判，作为主体的人的理性是有限的，每一个人都只能在他所拥有的知识范围内思考问题，不可能考虑周全，而多主体的参与，就意味着有多种理论、方法与思路介入，能有效克服个体知识能力的局限，聚集起集体的智慧，对于复杂的论争对象进行全面、丰富和透彻的分析。

在课程政策改革的论争中，多主体性尤显重要。保证多个主体拥有平等言说的权利，尊重各种具有思想性的争议，这是改革全面推进的条件。因为课程改革这一场域中蕴含着多种改革主体的利益诉求，如教师、学生、家长、出版机构、行政部门、专业人员等，涉及相关者利益的重新分配与调整；它既然是多种利益主体的博弈，就不可能也不应该是某一部分人的权利，不可能只按照一部分人的意愿或理想图景去进行，这就不应该助长某些论争主体将自己的言说造成某种强势话语以获得一种言说立场的优势，而应该赋予不同的改革力量、不同的团体或阶层平等的话语权，建立良好的沟通、对话机制，勇于开展多个主体之间的学术论争。

这 30 年中多样的论争为课程研究提供了充沛的活力，有助于凸显存在的问题，厘清某些概念，引入新的理念，为课程政策的变革提供一定的铺垫。一位苏联的科学家曾说过：在科学的发展中，不同观点之间论战的尖锐程度，决定了理论的深刻程度。

例如，20 世纪 90 年代，部分学者对于我国课程以学科体系代替课程体系，用学科的逻辑结构代替学生的认识过程，造成课程内容难、深、多的弊端批评较多，这些为世纪之交的课程政策突出要"改变课程内容'难、繁、偏、旧'和过于注重书本知识的现状"提供了一定的舆论支持。如就综合课程而言，在"文化大革命"之前，我国对综合课程的看法基本持否定的态度，认为它破坏了知识的系统性，不适宜按照各个学科的逻辑组织教材，不能反映学生的认识规律。20 世纪 80 年代中期以后，随着一批学者如江山野、里宁、叶立群等人撰文，从学生的整体世界观、减轻课业负担以及增加课程编制的伸缩性、灵活性等方面对综合课程意义进行挖掘，以及由此引发的讨论，都为综合课程在课程政策中获得关注与改进起到了一定的推动作用。

　　总之，改革开放以来的 30 年是充满反思与批判色彩的 30 年，正是在这种批判与斗争、破与立、吸收与融合的氛围中，课程政策不断推陈出新。

三　课程实验为课程政策的变革发挥了先导性作用

　　1978 年迎来了教育思想的大解放，催发着教育改革和教育实验的洪流涌动。1979 年 8 月，《教育研究》发表特约评论员文章，指出：30 年中很少在实验的基础上独立地进行教育理论研究，大多是对本土的注释或首长批示和政策条例的汇编。① 对此，该刊组织了"教育实验座谈会"，提出了"教育科学的生命在于教育实验"的口号。由此，已经沉睡了 10 年的教育改革实验全面复苏并迅速发展，出现了我国教育实验史上的第二个发展高潮。教育实验逐渐由改革开放初期的全面复兴，走向整体推进与深化发展，在探索和建构中国特色社会主义教育体系方面发挥了不可替代的独特作用。

　　而课程实验则是其中重要的组成部分，它作为一种验证性、变革性的课程实践活动，推动了课程理论与实践的双向结合，为课程改革注入了活力，发挥着先导性、试验性和创新性的作用，对政策层面亦产生了一定的影响。具体来说，20 世纪 90 年代以前的课程实验主要以学科课程中的教学方式以及教材改革实验为主；之后的课程实验出现了对新的课程类型、新的课程结构的实验，整个学校、整个地区的整体课程改革实验，学科课

---

　　①　本刊特约评论员：《补好真理标准讨论这一课，教育问题要来一次大讨论》，《教育研究》1979 年第 4 期。

程的实验从教学方法的改革拓展为课程内容的重新建构。

以综合课程为例，我国对综合课程的实验出现在 20 世纪 80 年代末，较为有名的是东北师范大学附属中学在 1986 年开始进行的"初中综合课程设置和综合教学的研究实验"。1988 年，上海市开展了综合课程实验，其中初中理科教材有两个版本，一种是上海师范大学编写的理科教材，采用主题式的编排方式，围绕 20 个主题，融合了物理、化学、生物、地理的知识；另一种是上海市教研室编写的理科教材，采用拼盘式的设计方式，高中阶段的综合课则采用了模块式的编排方式，以学科课程的发展和深化为基点，围绕着人类和自然系统、发明和创造、技术和过程、社会和变化等领域进行设计。1993 年，浙江省开始在全省初中阶段开设综合理科。其后，全国综合课程实验的数量和规模都有所增长。这些实验探索为我国 21 世纪初的课程政策中明确提出"小学阶段以综合课程为主"和"初中阶段设置分科与综合相结合的课程"提供了有力的依据。

《基础教育课程改革纲要（试行）》于 2001 年 6 月 8 日颁发后，同年的 9 月，新课程就在全国 38 个国家级基础教育课程改革实验区启动；2002 年 9 月，实验规模扩大到全国的 570 个县（区）、市（其中省级实验区 528 个）；2003 年 9 月，全国有 1642 个县（区）、市（新增实验区 1072 个）进入新课程；2004 年 9 月，全国起始年级使用新课程的学生人数达同年级学生数的 65%—70%；2005 年 9 月，全国义务教育阶段中小学各起始年级全部启用新课程。[①] 这些实验的开展为纲要日后的修改提供了重要的依据。

就本研究的不足而言，鉴于课程政策出台前的"语境"涉及方方面面的因素，从历史到其时的时局，从国内到国际环境，从社会经济、政治到文化层面，从课程理论到课程实践问题，从权力架构到价值取向等；有些因素是内在的、根本的，如学生成长的需要；有些因素是外显的，如来自国际发展潮流的刺激；有些因素是隐匿的、难以窥见的，如具体的决策过程。因此，我们所看到的课程政策文本，往往是诸多"有形"或"无形的手"共同操纵、综合作用的产物，也因此，面对这一有着"千头万绪"的恢宏"语境"，很难说穷尽了所有可能的因素，本研究只是借鉴了

---

① 付宜红、李健：《义务教育课程改革实验全面铺开》，《基础教育课程杂志》2005 年第 9 期。

泰勒和亨利等人的政策语境分析框架，根据他们着重提出的几个维度进行了论述，不免会有挂一漏万、顾此失彼之弊。

除了在整体上存在这一不足，在已考察的各维度中，也可能存在疏漏、处理不妥、材料欠缺、以偏概全等不足之处。

第 四 编

附 录

现行普通高中教学计划的调整
意见（1990 年 3 月 8 日）

为了解决当前普通高中存在文理偏科，学生知识结构比例不尽合理，学生课业负担过重，不利于全面提高学生素质的问题；为了更好地贯彻教育方针，在使学生全面打好基础的前提下，注意发展他们的兴趣和特长，增强他们适应社会生活和生产的能力，决定在新的高中教学计划尚未制定前，对现行高中教学计划进行适当调整，现提出以下几点意见。

一 调整后的时间安排

全年 52 周，其中教学时间 40 周（高一、高二年级每学年上课 34 周，复习考试 2 周，劳动技术教育 4 周；高三年级上课 24 周，复习考试 12 周，劳动技术教育 4 周），假期（包括寒暑假期、节假日和农忙假）10 ~ 11 周，机动时间 1 ~ 2 周。

每周活动总量为 36—38 课时。

高三年级结束新课时间不得早于 3 月底。

二 调整后的课程设置

1. 调整后的课程结构由学科课程和活动两部分组成。学科课程采取必修课和选修课两种形式。活动包括课外活动和社会实践活动。

2. 必修课程开设政治、语文、数学、外语、物理、化学、生物、历史、地理、体育和劳动技术共 11 科。选修课分两种，一种是单课性选修，在高一、高二年级开设；另一种是分科性选修，分文科、理科、外语、艺术、体育、职业技术六类课程，在高中三年级开设。

3. 政治、语文、数学、体育、劳动技术五科在高中三个年级均为必修课。外语、物理、化学、生物、历史、地理等科在高一、高二年级为必修课。与现行教学计划相比较，数学、外语、物理、化学等科必修课的课时有所减少；历史、地理和生物的必修课时略有增加。历史课的教学大纲要增加中国近现代史的内容。其他必修课的教学大纲，要依据适当调整教学内容、适当降低教学要求、适当控制深度的原则作必要的调整。调整后的教学大纲是必修课教学的依据，会考的依据，教学评估的依据和高考的依据，有些学科还要根据调整后的教学大纲重编教材。

4. 时事教育是高中思想教育的重要组成部分，必须放到重要位置。时事教育每周 1 课时，可利用选修课或课外活动时间，分散使用或集中进行。时事教育的内容要在各地党委领导下，由地方教育行政部门根据当时形势和各地实际情况进行安排。可以举办时事讲座，也可以开办时事广播。

5. 劳动技术课应该按照现行教学大纲的规定和要求开设。每学年安排 4 周，每天按 6 课时计算，可根据学校的具体条件，分散使用或集中使用。各校必须努力创造条件，落实此项教学要求。

6. 人口教育是必修的内容，进行人口教育试点的学校，要把人口教育课作为必修课，总课时不得少于 16 课时。教学时间可在选修课的时间内安排。其他学校要利用选修课或课外活动时间，开设人口教育讲座，还要在政治、生物、地理等课内结合进行。

7. 单课性的选修课在高一年级每周 3 课时；高二年级每周 4 课时。分科性选修课在高三年级开设。各类选修课的课时数可控制在以下范围内：物理 4—6；化学 3—5；生物 2—4；历史 4—6；地理 4—6；外语 3—5；体育 2—3；职业技术 4—6；艺术 2—3。学校可根据情况自行安排。

除职业技术选修课的教学大纲和教材暂由各地根据本地具体情况自行制定和编写外，国家教委将制定其他各类选修课的教学大纲并编写教材。其中物理、化学、生物、历史、地理、外语等学科选修课的教学大纲都要根据这次调整的原则降低过高的要求。这些选修课的教学大纲是选修课教学的依据，也是高考命题的依据。

8. 课外活动包括体育锻炼，知识讲座，科技活动，各类兴趣小组活动，校班会，时事教育等。课外活动时间不得进行补课和辅导。社会实践活动按我委（87）教中字 011 号文件规定进行，每学年安排两周。可以分散使用，也可以集中使用。

9. 国防教育、环保教育等不单独设课，一律安排在选修课和课外活动中进行，或渗透到有关学科中结合进行。

10. 计算机课的开设，要根据各地的条件决定。必须在解决物理、化学、生物等学科的实验设备并上好实验课的基础上，创造条件，开设计算机课。可以作为课外活动或者是选修课，也可以在劳动技术课中安排，有条件的地方和学校还可列入必选课或必修课。

三　调整后的普通高中教学计划（见表）

学科＼年级时数	高一	高二	高三	授课总时数
政治	2	2	2	184
语文	4	4	5	392
数学	5	4	5	426
外语	5	4		306
物理	3	3		204
化学	3	3		204
生物		3		102
历史	2	2		136
地理	3			102
体育	2	2	2	184
劳动技术	每学年 4 周	每学年 4 周	每学年 4 周	432
社会实践活动	每学年安排 2 周。在劳动技术课、课外活动或学科教学活动的时间内进行。			
每周必修课总课时数	29	27	14	2240
选修课	3	4	16	
课外活动	6（体育锻炼：3 其他：3）	6（体育锻炼：3 其他：3）	6（体育锻炼：3 其他：3）	
每周活动总量	38	37	36	

注：学校可根据场地、器材和师资等条件安排体育课和体育锻炼活动，但二者总量不应少于 5 节。

附　关于《现行普通高中教学计划的调整意见》的几点说明

一　现行普通高中教学计划需要进行调整

现行普通高中教学计划是 1981 年颁发的。这个教学计划强调扎实打基础，特别要打好语文、数学、外语的基础，注意适应和发展学生的志趣、特长。在必修课的基础上安排了选修课，重视对学生进行劳动技术教育，开设了劳动技术课。几年来，这个教学计划在整顿、建立正常教学秩序，提高教学质量等方面起了较好的作用。但是在贯彻执行过程中也反映出教学计划存在一些问题。

1. 现行三年制普通高中教学计划原是为重点中学制定的，因为没有制定适用一般高级中学的计划，全国只好统一使用此计划。由于我国各地师资水平和办学条件相差悬殊，学生的基础也有很大差异，因此，多数学校和学生都不能适应这个教学计划，严重影响了师生教与学的积极性。

2. 课程结构比例不尽合理。从单课性选修的教学计划来看，文科和生物的课时偏少，文科内容也不够充实、完整。选修课范围较窄，在培养学生对现代社会生活和生产等方面的适应能力上重视不够。

另外，与现行教学计划相配套的措施一直不完备，没有编写与分科选修教学计划相配套的有关学科的教学大纲和教材。再加上高校招生分科考试的影响，在执行教学计划过程中缺乏督导检查，管理不够严格，因此许多学校侧重文科的班级少开或不开理科课程，侧重理科的班级少开或不开文科课程，使学生知识结构不完整，不利于全面提高学生素质。

解决这些问题，必须从端正办学指导思想，调整教学秩序，加强教学管理，改革课程设置、教学内容、考试制度和考试方法等多方面进行综合治理。在新的与九年义务教育教学计划衔接的普通高中教学计划尚未制定之前，先对现行普通高中教学计划进行适当调整，是一种必要的过渡措施。

二　调整现行普通高中教学计划的原则

普通高中教育要在义务教育的基础上进一步提高学生思想道德素质、科学文化素质、身体心理素质，并且要使学生的个性得到健康的发展，为培养社会主义建设者和接班人奠定良好的基础。因此调整普通高中教学计划应遵循以下原则：

1. 加强思想政治教育，加强劳动教育和社会实践环节，适当调整文理科的比例，力求各类课程比例趋于合理，克服文理偏科现象。

2. 减轻学生过重的课业负担，减少各门学科过多的内容，降低过高的教学要求和难度，以利于打好基础，大面积提高教学质量。

3. 有利于因材施教，发展学生的个性、特长，在打好基础的前提下适当减少必修课的课时，适当增加文科、理科、外语、艺术、体育和职业技术方面的选修课。

4. 有利于适应各地发展不平衡的现状，有利于适应师资、生源和办学条件不同的学校的需要。

5. 有利于普通高中的整体改革，注意与九年义务教育教学计划和新的普通高中教学计划的衔接，推动高中会考制度的实施。

三　调整后普通高中的课程安排

1. 调整后的普通高中学科课程，在必修课为主的原则下，适当增加选修课。选修课分两种：一种为单课性选修，主要安排在高一、高二年级。高一、高二年级单课性选修课的开设可根据学校的条件、学生的要求和社会的需要而定。可以另设新课程，也可以就必修课的某一门或几门开设加深加宽的选修课，还可以开设职业技术选修课，供学生自由选择。另一种是分科性选修，即在文科、理科、外语、艺术、体育、职业技术等方面有所侧重的选修，主要安排在高三年级。

学校可根据条件选择开设若干类型的选修课。某些类型的选修课，如音乐、美术、体育等，可采取几所学校联合开设的办法。职业技术选修课各学校都要积极创造条件开设。各级教育行政部门要帮助学校解决开设职业技术选修课的困难，并可以设置一些劳动技术教育中心，作为附近学校进行职业技术教学场所，现有的职业技术培训中心也应为附近的学校开设职业技术选修课提供方便。

高三年级学生至少要从同一类型或不同类型的选修课中选修两门学科，选修课结业后，学校要对学生进行考核。

2. 各省、自治区、直辖市可根据会考科目的安排，对个别学科开设的年级进行调整，但不能增加每周必修课的总课时。

3. 对于师资、生源和设备条件均较好的学校，在达到调整后各门必修课教学大纲要求的前提下，经过省、自治区、直辖市教育行政部门批准后，可适当减少高一、高二年级的必修课时数，适当增加高一、高二年级单课性选修课的课时数，选修课可拓宽教学内容，进一步提高学生的能力，发展学生的智力。

4. 根据各地经济、文化发展不平衡的情况，外语课在高三年级可以作为必修课，也可作为必选课或自选课。各省、自治区、直辖市可自行决定采用哪一种方式，如果采用必修课的方式，外语会考安排在高三年级进行。采用必选或自选课的方式，外语会考仍在高二年级进行。

5. 各省、自治区、直辖市教育行政部门要加紧对开设职业指导课的研究，组织力量编写教材，积极创造条件，争取一二年内在本地区试行开设职业指导课，对学生进行志愿辅导和职业指导。开设年级和课时数由各地自行决定，教学时间可从选修课与课外活动的时间中安排。

四　关于考试问题

为了减轻学生过重的负担，要严格控制考试次数，加强平时考查。每门学科每年只举行一次考试（包括会考在内），非会考科目的考试一律由学校命题，考试时间由各地根据需要自行安排。除会考外，各级教育行政部门不得举行任何形式的统考。

九年义务教育全日制小学、初级中学课程计划(试行)(1992年8月6日)

九年义务教育全日制小学、初级中学课程计划是依据《中华人民共和国义务教育法》制定的。

本课程计划遵循教育要面向现代化、面向世界、面向未来的战略思想,贯彻国家的教育方针,坚持教育为社会主义建设服务,实行教育与生产劳动相结合,对学生进行德育、智育、体育、美育和劳动教育,以全面提高义务教育质量。

本课程计划把坚定正确的政治方向放在第一位,以人类社会的优秀文化成果教育学生;面向全体学生,注重全面打好基础,因材施教,促进学生个性的健康发展;根据儿童、少年身心发展规律,合理安排课程,注意教学要求和课业负担适当;从我国实际出发,注意城乡和各类地区的不同特点,坚持统一性与灵活性相结合。

一 培养目标

按照国家对义务教育的要求,小学和初中对儿童、少年实施全面的基础教育,使他们在德、智、体诸方面生动活泼地主动地得到发展,为提高全民族素质,培养社会主义现代化建设的各级各类人才奠定基础。

小学阶段的目标:

初步具有爱祖国、爱人民、爱劳动、爱科学、爱社会主义的思想感情,初步养成关心他人、关心集体、认真负责、诚实、勤俭、勇敢、正直、合群、活泼向上等良好品德和个性品质,养成讲文明、讲礼貌、守纪律的行为习惯,初步具有自我管理以及分辨是非的能力。

具有阅读、书写、表达、计算的基本知识和基本技能,了解一些生活、自然和社会常识，初步具有基本的观察、思维、动手操作和自学的能力，养成良好的学习习惯。

初步养成锻炼身体和讲究卫生的习惯，具有健康的身体。具有较广泛的兴趣和健康的爱美的情趣。

初步学会生活自理，会使用简单的劳动工具，养成爱劳动的习惯。

初中阶段的目标：

具有爱祖国、爱人民、爱劳动、爱科学、爱社会主义的思想感情，初步了解辩证唯物主义、历史唯物主义的基本观点，初步具有为人民服务和集体主义的思想，具有守信、勤奋、自立、合作、乐观、进取等良好的品德和个性品质，遵纪守法，养成文明礼貌的行为习惯，具有分辨是非和自我教育的能力。掌握必要的文化科学技术知识和基本技能，具有一定的自学能力、动手操作能力，以及运用所学知识分析和解决问题的能力，初步具有实事求是的科学态度，掌握一些简单的科学方法。

初步掌握锻炼身体的基础知识和正确方法，养成讲究卫生的习惯，具有健康的体魄。具有初步的审美能力，形成健康的志趣和爱好。学会生活自理和参加力所能及的家务劳动，初步掌握一些生产劳动的基础知识和基本技能，了解一些择业的常识，具有正确的劳动态度和良好的劳动习惯。

二　课程设置

根据九年义务教育小学阶段、初中阶段的培养目标和儿童、少年身心发育的规律设置课程。课程包括学科、活动两部分，主要由国家统一安排，也有一部分由地方安排。学科以文化基础教育为主，在适当年级，因地制宜地渗透职业技术教育；以分科课为主，适当设置综合课；以必修课为主，初中阶段适当设置选修课；以按学年、学期安排的课为主，适当设置课时较少的短期课。活动在实施全面发展教育中同学科相辅相成。学校在教育、教学工作中，要充分发挥学科和活动的整体功能，对学生进行德育、智育、体育、美育和劳动教育，为学生的全面发展打好基础。

（一）国家安排课程

学科

小学阶段开设思想品德、语文、数学、社会、自然、体育、音乐、美术、劳动等九科，有条件的小学可增设外语；初中阶段开设思想政治、语文、数学、外语、历史、地理、物理、化学、生物、体育、音乐、美术、劳动技术等十三科，还开设短期的职业指导课。所有学科都要加强基础知识和基本技能的教学，与此同时要重视培养和提高学生的能力，并根据各门学科的特点有机地渗透思想教育，促进学生个性心理品质的健康发展，全面完成学科教学的任务。

学科设置的基本要求：

思想品德

进行以"五爱"为基本内容的社会公德教育和一般的政治常识教育，教育学生心中有他人、有集体、有祖国，着重提高学生的道德认识，培养道德情感，指导道德行为，使学生初步具有分辨是非的能力。

思想政治

使学生初步明确社会主义道德的基本准则、公民的权利和义务，了解社会发展的一般规律，了解我国国情和建设有中国特色的社会主义的有关知识，使学生初步确立坚持中国共产党领导，坚持走社会主义道路的信念，初步树立道德观念、法制观念、国家观念以及阶级观点、劳动观点、群众观点、集体主义观点，初步具有社会责任感，提高分辨是非的能力。

语文

小学阶段使学生学会汉语拼音和 2500 个左右的常用汉字，掌握常用词语和一定的写字技能，会说普通话，会使用常用字典，打好听、说、读、写的基础。使学生从小热爱祖国语言文字，发展观察和思维能力，受到生动的思想、政治、品德教育和审美教育。

初中阶段使学生掌握现代语文的基础知识，学一点文言文，扩大识字量和常用词汇，较熟练地使用常用字典、词典等工具书。通过听、说、读、写的基本训练，提高理解和运用语言文字的能力，进一步发展观察和思维能力，受到较深刻的政治教育、思想教育和审美教育。

数学

小学阶段使学生掌握整数、小数、分数的基础知识和四则运算的技能，学一些简单的几何图形、简易方程和珠算知识，学一些简单的统计初步知识。培养初步的逻辑思维能力和空间观念，以及运用所学的数学知识解决一些简单实际问题的能力。初中阶段使学生掌握代数、平面几何的基础知识和基本技能，学一点统计初步知识、直观空间图形知识。进一步培养学生的运算能力、逻辑思维能力和空间观念，以及运用所学数学知识解决简单实际问题的能力。

外语

初中阶段开设英语或俄语、日语等，分两级水平：一级水平学习两年，掌握适量的基础知识，通过初步的言语训练，能进行简单的听、说、读、写活动；二级水平是在一级水平的基础上，继续学习一年或二年，掌握必要的基础知识，经过进一步的言语训练，具有初步的听、说、读、写能力，为继续学习外语打好基础。

社会

使学生初步认识常见的社会事务和现象，初步了解家乡的、祖国的、世界的历史、地理和社会生活等方面的常识，初步培养学生观察社会和适应社会生活的能力，使学生受到爱国主义教育和法制观念的启蒙教育。

历史

使学生掌握中国历史（包括乡土历史）、世界历史的基础知识和历史发展的基本线索，着重学习中国近、现代史的重要事件和主要人物，使学生受到爱国主义、社会主义和国际主义的教育，培养学生初步运用历史唯物主义基本观点分析问题的能力。

地理

使学生获得有关地球、地图的初步知识，掌握世界地理、中国地理（包括乡土地理）的基础知识，初步具有阅读和运用地图、地理图表的技能，初步理解人类活动与地理环境的关系，认识我国地理方面的基本国情，懂得有关人口、资源、环境等方面的基本国策，受到辩证唯物主义和爱国主义的教育。

自然

使学生初步认识自然界常见的物体和现象，初步了解人类对自然的利用、改造、保护与探索，培养学生爱科学、学科学、用科学的志趣和初步的观察、动手能力，使学生受到爱家乡、爱祖国、爱大自然和相信科学、破除迷信的教育。

物理

使学生在观察、实验的基础上，学习力学、热学、电学、光学等方面的初步知识，了解它们在实际中的应用，初步掌握一些力学、电学中的基本概念和规律。培养学生初步的观察能力、实验能力和运用所学物理知识解决简单实际问题的能力，以及实事求是的科学态度。

化学

使学生在观察、实验的基础上，初步掌握一些化学基本概念、基本原理和几种最常见的重要元素及其化合物的基础知识，初步了解他们在实际中的应用。培养学生初步的观察能力、实验能力和运用所学化学知识解决简单实际问题的能力，以及实事求是的科学态度。

生物

使学生在观察、实验的基础上，初步掌握关于植物、细菌、真菌、病毒和动物的形态结构、生理和分类等方面的基础知识，初步学习一些生物遗传、进化和生态等方面的基础知识并了解它们在实际中的应用，初步懂得人体形态结构、生理功能和卫生保健的基础知识。培养学生初步的观察能力、实验能力和运用所学生物学知识解决简单实际问题的能力，以及实事求是的科学态度。

体育

小学阶段使学生掌握体育、卫生、保健的基础知识，简单的体育运动技术。使学生养成锻炼身体、讲究卫生的习惯，增强体质，加强纪律观念，培养学习团结友爱、朝气蓬勃和勇敢顽强的精神。

初中阶段使学生掌握体育基础知识和体育卫生保健知识，初步掌握基本运动技能。使学生养成自觉锻炼身体的习惯，促进身体正常发育，增强体质，进一步加强纪律观念，培养学生团结合作的精神、竞争的意识和勇敢顽强的意志品质。

音乐

小学阶段主要学习我国优秀民族音乐作品，初步接触外国优秀音乐作品，使学生掌握浅显的音乐基础知识和基本技能。培养学生对音乐的兴趣以及对音乐初步的感受和表现能力，激发爱国主义情感和民族自豪感。

初中阶段主要学习我国民族优秀音乐作品，了解一些外国优秀音乐作品，使学生初步掌握音乐的基础知识和基本技能。增强对音乐的兴趣、爱好，进一步培养学生对音乐的感受、表现和鉴赏能力，以及爱国主义精神和民族自豪感。

美术

小学阶段初步接触我国民族民间的、国外的优秀美术作品，使学生掌握浅显的美术基础知识和简单的美术技能。增强学生对美术的兴趣和爱国主义情感，培养学生的观察能力、想象能力和美术欣赏能力。

初中阶段进一步了解我国民族民间的、国外的优秀美术作品，使学生掌握美术基础知识和基本技能。提高学生的观察能力、形象思维能力、美术欣赏能力和表现能力，陶冶学生高尚的情操，增强爱国主义精神。

劳动

通过自我服务劳动、家务劳动、公益劳动和简单的生产劳动，使学生初步掌握一些基本的劳动知识和技能。培养正确的劳动观念、良好的劳动习惯、热爱劳动和劳动人民的感情。

劳动技术

使学生掌握一些服务性劳动和工农业生产的基础知识与基本技能，也可使学生适当掌握某些职业的基础知识和基本技术。通过劳动培养学生具有正确的劳动观点和良好的劳动习惯，以及热爱劳动和劳动人民的感情。

职业指导

使学生了解关于就业和升学的方针政策，了解当地有关学校和主要职业的情况、职（专）业特点和不同职（专）业人员的素质要求，学习择业的一般常识。使学生能够根据国家需要及自身条件正确选择升学和就业的方向。

活动

本课程计划设置晨会（夕会）、班团队活动、体育活动、科技文体活动、社会实践活动和校传统活动等。

各项活动都要结合其特点，发挥学生的主动性和创造性，使学生受到政治、思想、道德教育，扩大视野，动手动脑，增长才干，发展志趣和特长，丰富精神生活，增进身心健康。

活动设置的基本要求：

晨会（夕会）

举行升旗仪式，进行时事政策和日常行为规范教育。教育学生热爱祖国，关心国家大事，遵守学生守则，养成良好的行为习惯。

班团队活动

有目的有计划地开展内容丰富，形式多样、生动活泼的集体活动。增强学生的组织观念和集体观念，培养学生自我管理和相互交往的能力。

体育锻炼

进行早操、课间操、眼保健操和其他体育锻炼。使学生增强体质，养成自觉锻炼身体的习惯。

科技文体活动

开展科技、文艺、体育等活动，由学生自愿参加。使学生增强兴趣，拓宽知识，增长才干，发展特长。

社会实践活动

参加社会生产劳动和社会服务、社会调查、参观访问以及军事训练等活动。引导学生接触工农，了解社会，认识社会主义制度的优越性，增强热爱劳动人民的感情和社会责任感。

校传统活动

从学校实际出发，因地制宜地组织有教育意义的活动，包括国家重大节日、纪念日和民族传统节日以及学校自定的科技节、体育节、艺术节、远足等活动。引导学生在丰富多彩的活动中生动活泼地发展。

（二）地方安排课程

为了适应城乡经济文化发展和学生自身发展的不同情况，本课程计划设置了地方安排课程。地方课程由各省、自治区、直辖市教育委员会、教育厅（局）根据本地实际情况和需要制定。

（三）课程计划表（笔者注：因篇幅占用过多，此处省略）

（四）说明

1. 学科和活动都要根据各自的特点贯彻理论联系实际的原则，对学生由浅入深地进行辩证唯物主义、历史唯物主义和无神论的教育；进行热爱社会主义祖国、增强民族自信心、自尊心的教育；进行加强民族团结，维护祖国统一的教育；进行艰苦奋斗、自力更生和热爱家乡、建设家乡的教育。

2. 小学语文课时中，各个年级每周设 1 课时写字课，一、二年级每周设 1 课时说话课，三年级以上各年级每周设作文课。

3. 初中毕业年级的数学教学内容分必修与选修两部分。准备就业的学生，可以只学必修部分的内容。

4. 初中二级水平的外语所需课时在地方安排课程中解决，一般按每周 4 课时安排。确实不具备师资条件的，经省一级教育行政部门批准，初中可以不设外语，课时由地方安排。根据需要并能解决师资和中小学教学衔接的地方，小学可在高年级开设外语，每周 2 或 3 课时，所需课时在地方安排课程中解决，小学阶段开设外语，使学生掌握所学语种的字母或少量的单词，培养简单的拼读能力，接触一定数量的短语和日常用语，打好语音、语调和书写基础,培养学生学习外语的兴趣,使学生敢于大胆说外语,为初中学习外语做好准备。

5. 学校应积极创造条件开足 3 课时体育课,确有困难的学校,经县一级教育行政部门批准,可暂按 2 课时安排。在体育教学中,要根据学生的年龄特点进行卫生保健教育。

6. 小学一、二年级可开设 1 课时劳动课,四年级以上各年级可增为 2 课时,所需时间从地方安排的课时中调整。农村小学的劳动课可与农忙假统一安排,根据需要与可能,高年级还可以学习一些当地实用的生产技能。初中劳动技术课根据需要,可用适当时间进行职业技术教育或参加工农业生产劳动。要重视实践环节教育,注意培养学生的动手能力。

7. 职业指导课一般是设在毕业年级的短期课,也可根据学生升学或准备就业的不同需要适当提前。所需课时在劳动技术课中安排。

8. 人口教育可结合地理、生物、思想政治等学科有关内容讲解。小学自然、社会,初中物理、化学、生物、地理等学科应重视进行环境教育;国防、交通等教育渗透在相关学科和活动中进行。所有这些方面的教育均不单独设课,也不进行考核。青春期教育,初中主要结合体育(卫生保健部分)和生物(生理卫生部分)进行,其任课教师由学校根据实际情况确定。小学高年级根据需要,可以安排青春期教育的短期课或进行个别指导。

9. 思想品德、思想政治、语文、社会、历史、地理、自然、生物、音乐、美术等学科,都要在本学科总课时中留出适量课时给各地安排乡土教材的教学。

10. 农村小学和初中的语文都应加强农村应用文和农村常用字的教学。农村小学可根据实际需要在高年级单设珠算课,还可适当补充计量、统计、记账方面的基础知识,所需课时在数学总课时中调整。农村高年级的自然课要结合本学科特点联系当地生产实际。

11. 为与学前教育衔接,小学一年级上学期的前两个月,每天上午安排 4 课时的学校,应该安排 1 课时的室外活动或体育、音乐、美术;在每节课中间再安排五分钟的休息或活动,也可提前五分钟下课,在教师指导下开展一些室外活动。小学低年级的音乐包括唱游,一年级的唱游可以多安排一些课时,低年级的各科教学要努力创造条件,改进教学方法,让学生学得更加生动活泼,同时要注意入学年龄和所受学前教育的不同,适当调整教学内容、要求和进度。

12. 小学和初中一般每周按五天半安排课程。每节课时，小学一般为40 分钟，初中一般为 45 分钟。小学、初中每天安排广播操 20 分钟；眼保健操上、下午各一次，每次 5 分钟。学校应统一安排体育课和体育活动，以保证学生每天体育锻炼 1 小时。

13. 体育锻炼与科技文体活动课时的分配，各地要从实际出发，做出明确的规定，其中科技文体活动每周不得少于 1 课时。

14. 小学一年级一般不留书面家庭作业，二、三年级家庭作业每天不超过 30 分钟，四年级不超过 45 分钟，五、六年级不超过 1 小时，初中不超过 1.5 小时。切实保证小学生每天睡眠 10 小时，初中学生每天睡眠 9小时。

三 考试考查

1. 义务教育阶段的学期、学年和毕业的终结性考查、考试是对学生的合格水平的考核。考核要全面，要通过对学科和活动的有关知识和能力等方面的考核，促进学生整体素质的提高和特长的发展。

2. 小学毕业考核，语文、数学为考试学科，其他为考查科目。语文、数学考试合格，思想品德考查合格，达到小学生体育合格标准，允许毕业。小学毕业考试在县级教育部门的指导下，一般由学校命题，农村也可由乡、镇教育管理机构组织命题，在基本普及初中教育的地区，不另举行小学升学考试。

初中毕业考核，在国家统一规定的毕业年级文化学科范围内确定考试学科，要严格控制考试学科数。其他科目则实行结业考试或考查。考试学科命题权限由各省、自治区、直辖市教育委员会、教育厅（局）确定。考试合格，思想品德考查合格，达到初中学生体育合格标准，允许毕业。地方安排的学科考核要求，由各省、自治区、直辖市教育委员会、教育厅（局）决定。

3. 考试以每学期进行一次为宜，考查着重在平时进行。除毕业考试外，各级教育部门要严格控制统一考试。

4. 考试、考查可采取闭卷、开卷的书面方式，也可以采用口试、操作等方式。成绩评定可以采用百分制，也可以采用等级制、评语制。

5. 考试命题要以教学大纲为依据，体现教学的目的和要求。要建立必要的审题制度。

四　实施要求

1. 本课程计划国家安排课程所规定的课程门类、教学内容、教学要求和课时分配，体现了国家对义务教育的基本要求，是各级教育部门和小学、初级中学组织安排教学活动的依据，是编定教学大纲和编写教材的依据，也是督导、评估学校教学工作的依据。各省、自治区、直辖市教育委员会、教育厅（局）在本计划的指导下，可结合本地区的实际情况进行适当调整，并对地方安排课程的课程设置、课时分配等做出明确规定。调整后的课程计划，报国家教育委员会备案，各地学校必须严格执行。

2. 本课程计划适用于全日制小学和初中，包括小学五年、初中四年的"五四"学制，小学六年、初中三年的"六三"学制和九年一贯制，也适用于小学五年、初中三年的过渡学制。九年一贯制的课程安排，可参照"五四"学制执行；"五三"学制的课程安排，可参照"五四"学制的小学部分和"六三"学制的初中部分执行。

3. 各地在实施本课程计划时，要认真组织指导学制、课程、教材、教学方法和考试、考查的改革试验。承担县（区）以上改革实验任务的学校，确需变动课程计划，须经批准。批准权限由各省、自治区、直辖市教育委员会、教育厅（局）规定。

4. 初级中等职业技术学校的课程计划，由各省、自治区、直辖市教育委员会、教育厅（局）根据不同职业技术的需要另行制定。民族小学、初级中学的课程计划，由有关省、自治区、直辖市教育委员会、教育厅（局）参照本课程计划的精神，结合民族地区的实际自行制订，并报国家教育委员会备案。

5. 农村复式教学点（班）、简易小学和非全日制小学，按本课程计划全面开设各学科尚有困难的，可适当减少学科门类，或只开设思想品德、语文、数学、常识，或只开设语文、数学，但都必须加强德育，积极创造条件开展文娱、体育活动。各级教育部门要根据本课程计划的精神采取切实措施对这些学校、教学点（班）进行指导和管理。

附 录 3

基础教育课程改革纲要（试行）
（2001 年 6 月 8 日　教育部印发）

改革开放以来，我国基础教育取得了辉煌成就，基础教育课程建设也取得了显著成绩。但是，我国基础教育总体水平还不高，原有的基础教育课程已不能完全适应时代发展的需要。为贯彻《中共中央国务院关于深化教育改革全面推进素质教育的决定》和《国务院关于基础教育改革与发展的决定》，教育部决定，大力推进基础教育课程改革，调整和改革基础教育的课程体系、结构、内容，构建符合素质教育要求的新的基础教育课程体系。新的课程体系涵盖幼儿教育、义务教育和普通高中教育。

一　课程改革的目标

1. 基础教育课程改革要以邓小平同志关于"教育要面向现代化，面向世界，面向未来"和江泽民同志"三个代表"重要思想为指导，全面贯彻党的教育方针，全面推进素质教育。

新课程的培养目标应体现时代要求。要使学生具有爱国主义、集体主义精神，热爱社会主义，继承和发扬中华民族的优秀传统和革命传统；具有社会主义民主法制意识，遵守国家法律和社会公德；逐步形成正确的世界观、人生观、价值观；具有社会责任感，努力为人民服务；具有初步的创新精神、实践能力、科学和人文素养以及环境意识；具有适应终身学习的基础知识、基本技能和方法；具有健壮的体魄和良好的心理素质，养成健康的审美情趣和生活方式，成为有理想、有道德、有文化、有纪律的一代新人。

2. 基础教育课程改革的具体目标：改变课程过于注重知识传授的倾向，强调形成积极主动的学习态度，使获得基础知识与基本技能的过程同时成为学会学习和形成正确价值观的过程。

改变课程结构过于强调学科本位、科目过多和缺乏整合的现状，整体设置九年一贯的课程门类和课时比例，并设置综合课程，以适应不同地区和学生发展的需求，体现课程结构的均衡性、综合性和选择性。

改变课程内容"难、繁、偏、旧"和过于注重书本知识的现状，加强课程内容与学生生活以及现代社会和科技发展的联系，关注学生的学习兴趣和经验，精选终身学习必备的基础知识和技能。

改变课程实施过于强调接受学习、死记硬背、机械训练的现状，倡导学生主动参与、乐于探究、勤于动手，培养学生搜集和处理信息的能力、获取新知识的能力、分析和解决问题的能力以及交流与合作的能力。

改变课程评价过分强调甄别与选拔的功能，发挥评价促进学生发展、教师提高和改进教学实践的功能。

改变课程管理过于集中的状况，实行国家、地方、学校三级课程管理，增强课程对地方、学校及学生的适应性。

二　课程结构

3. 整体设置九年一贯的义务教育课程。小学阶段以综合课程为主。小学低年级开设品德与生活、语文、数学、体育、艺术（或音乐、美术）等课程；小学中高年级开设品德与社会、语文、数学、科学、外语、综合实践活动、体育、艺术（或音乐、美术）等课程。

初中阶段设置分科与综合相结合的课程，主要包括思想品德、语文、数学、外语、科学（或物理、化学、生物）、历史与社会（或历史、地理）、体育与健康、艺术（或音乐、美术）以及综合实践活动。积极倡导各地选择综合课程。学校应努力创造条件开设选修课程。在义务教育阶段的语文、艺术、美术课中要加强写字教学。

4. 高中以分科课程为主。为使学生在普遍达到基本要求的前提下实现有个性的发展，课程标准应有不同水平的要求，在开设必修课的同时，设置丰富多样的选修课程，开设技术类课程。积极试行学分制管理。

5. 从小学至高中设置综合实践活动并作为必修课程，其内容主要包括：信息技术教育、研究性学习、社区服务与社会实践以及劳动与技术教育。强调学生通过实践，增强探究和创新意识，学习科学研究的方法，发展综合运用知识的能力。增进学校与社会的密切联系，培养学生的社会责任感。在课程的实施过程中，加强信息技术教育，培养学生利用信息技术的意识和能力。了解必要的通用技术和职业分工，形成初步技术能力。

6. 农村中学课程要为当地社会经济发展服务，在达到国家课程基本要求的同时，可根据现代农业发展和农村产业结构的调整因地制宜地设置符合当地需要的课程，深化"农科教相结合"和"三教统筹"等项改革，试行通过"绿色证书"教育及其他技术培训获得"双证"的做法。城市普通中学也要逐步开设职业技术课程。

三　课程标准

7. 国家课程标准是教材编写、教学、评估和考试命题的依据，是国家管理和评价课程的基础。应体现国家对不同阶段的学生在知识与技能、过程与方法、情感态度与价值观等方面的基本要求，规定各门课程的性质、目标、内容框架，提出教学和评价建议。

8. 制定国家课程标准要依据各门课程的特点，结合具体内容，加强德育工作的针对性、实效性和主动性，对学生进行爱国主义、集体主义和社会主义教育，加强中华民族优良传统、革命传统教育和国防教育，加强思想品质和道德教育，引导学生树立正确的世界观、人生观和价值观；要倡导科学精神、科学态度和科学方法，引导学生创新与实践。

9. 幼儿园教育要依据幼儿身心发展的特点和教育规律，坚持保教结合和以游戏为基本活动的原则，与家庭和社区密切配合，培养幼儿良好的行为习惯，保护和启发幼儿的好奇心和求知欲，促进幼儿身心全面和谐发展。义务教育课程标准应适应普及义务教育的要求，让绝大多数学生经过努力都能够达到，体现国家对公民素质的基本要求，着眼于培养学生终身学习的愿望和能力。普通高中课程标准应在坚持使学生普遍达到基本要求的前提下，有一定的层次性和选择性，并开设选修课程，以利于学生获得更多的选择和发展的机会，为培养学生的生存能力、实践能力和创造能力打下良好的基础。

四　教学过程

10. 教师在教学过程中应与学生积极互动、共同发展，要处理好传授知识与培养能力的关系，注重培养学生的独立性和自主性，引导学生质疑、调查、探究，在实践中学习，促进学生在教师指导下主动地、富有个性地学习。教师应尊重学生的人格，关注个体差异，满足不同学生的学习需要，创设能引导学生主动参与的教育环境，激发学生的学习积极性，培养学生掌握和运用知识的态度和能力，使每个学生都能得到充分的发展。

11. 大力推进信息技术在教学过程中的普遍应用，促进信息技术与学科课程的整合，逐步实现教学内容的呈现方式、学生的学习方式、教师的教学方式和师生互动方式的变革，充分发挥信息技术的优势，为学生的学习和发展提供丰富多彩的教育环境和有力的学习工具。

五　教材开发与管理

12. 教材改革应有利于引导学生利用已有的知识与经验，主动探索知识的发生与发展，同时也应有利于教师创造性地进行教学。教材内容的选择应符合课程标准的要求，体现学生身心发展特点，反映社会、政治、经济、科技的发展需求；教材内容的组织应多样、生动，有利于学生探究，并提出观察、实验、操作、调查、讨论的建议。

积极开发并合理利用校内外各种课程资源。学校应充分发挥图书馆、实验室、专用教室及各类教学设施和实践基地的作用；广泛利用校外的图书馆、博物馆、展览馆、科技馆、工厂、农村、部队和科研院所等各种社会资源以及丰富的自然资源；积极利用并开发信息化课程资源。

13. 完善基础教育教材管理制度，实现教材的高质量与多样化。

实行国家基本要求指导下的教材多样化政策，鼓励有关机构、出版部门等依据国家课程标准组织编写中小学教材。建立教材编写的核准制度，教材编写者应根据教育部《关于中小学教材编写审定管理暂行办法》，向教育部申报，经资格核准通过后，方可编写。完善教材审查制度，除经教育部授权省级教材审查委员会外，按照国家课程标准编写的教材及跨省使用的地方课程的教材须经全国中小学教材审查委员会审查；地方教材须经省级教材审查委员会审查。教材审查实行编审分离。

改革中小学教材指定出版的方式和单一渠道发行的体制，严格遵循中小学教材版式的国家标准。教材的出版和发行试行公开竞标，国家免费提供的经济适用型教材实行政府采购，保证教材质量，降低价格。

加强对教材使用的管理。教育行政部门定期向学校和社会公布经审查通过的中小学教材目录，并逐步建立教材评价制度和在教育行政部门及专家指导下的教材选用制度。改革用行政手段指定使用教材的做法，严禁以不正当竞争手段推销教材。

六　课程评价

14. 建立促进学生全面发展的评价体系。评价不仅要关注学生的学业成绩，而且要发现和发展学生多方面的潜能，了解学生发展中的需求，帮助学生认识自我，建立自信。发挥评价的教育功能，促进学生在原有水平上的发展。

建立促进教师不断提高的评价体系。强调教师对自己教学行为的分析与反思，建立以教师自评为主，校长、教师、学生、家长共同参与的评价制度，使教师从多种渠道获得信息，不断提高教学水平。

建立促进课程不断发展的评价体系。周期性地对学校课程执行的情况、课程实施中的问题进行分析评估，调整课程内容、改进教学管理，形成课程不断革新的机制。

15. 继续改革和完善考试制度。

在已经普及九年义务教育的地区，实行小学毕业生免试就近升学的办法。鼓励各地中小学自行组织毕业考试。完善初中升高中的考试管理制度，考试内容应加强与社会实际和学生生活经验的联系，重视考查学生分析问题、解决问题的能力，部分学科可实行开卷考试。高中毕业会考改革方案由省级教育行政部门制定，继续实行会考的地方应突出水平考试的性质，减轻学生考试的负担。

高等学校招生考试制度改革，应与基础教育课程改革相衔接。要按照有助于高等学校选拔人才、有助于中学实施素质教育、有助于扩大高等学校办学自主权的原则，加强对学生能力和素质的考查，改革高等学校招生考试内容，探索提供多次机会、双向选择、综合评价的考试、选拔方式。

考试命题要依据课程标准，杜绝设置偏题、怪题的现象。教师应对每位学生的考试情况做出具体的分析指导，不得公布学生考试成绩并按考试成绩排列名次。

七　课程管理

16. 为保障和促进课程适应不同地区、学校、学生的要求，实行国家、地方和学校三级课程管理。

教育部总体规划基础教育课程，制订基础教育课程管理政策，确定国家课程门类和课时。制定国家课程标准，积极试行新的课程评价制度。

省级教育行政部门依据国家课程管理政策和本地实际情况，制订本省（自治区、直辖市）实施国家课程的计划，规划地方课程，报教育部备案并组织实施。经教育部批准，省级教育行政部门可单独制订本省（自治区、直辖市）范围内使用的课程计划和课程标准。

学校在执行国家课程和地方课程的同时，应视当地社会、经济发展的具体情况，结合本校的传统和优势、学生的兴趣和需要，开发或选用适合本校的课程。各级教育行政部门要对课程的实施和开发进行指导和监督，学校有权力和责任反映在实施国家课程和地方课程中所遇到的问题。

八　教师的培养和培训

17. 师范院校和其他承担基础教育师资培养和培训任务的高等学校和培训机构应根据基础教育课程改革的目标与内容，调整培养目标、专业设置、课程结构，改革教学方法。中小学教师继续教育应以基础教育课程改革为核心内容。

地方教育行政部门应制订有效、持续的师资培训计划，教师进修培训机构要以实施新课程所必需的培训为主要任务，确保培训工作与新一轮课程改革的推进同步进行。

九　课程改革的组织与实施

18. 教育部领导并统筹管理全国基础教育课程改革工作；省级教育行政部门领导并规划本省（自治区、直辖市）的基础教育课程改革工作。

19. 基础教育课程改革是一项系统工程。应始终贯彻"先立后破，先实验后推广"的工作方针。各省（自治区、直辖市）都应建立课程改革实验区，实验区应分层推进，发挥示范、培训和指导的作用，加快实验区的滚动发展，为过渡到新课程做好准备。

基础教育课程改革必须坚持民主参与、科学决策的原则，积极鼓励高等学校、科研院所的专家、学者和中小学教师投身中小学课程教材改革；支持部分师范大学成立"基础教育课程研究中心"，开展中小学课程改革的研究工作，并积极参与基础教育课程改革实践；在教育行政部门的领导下，各中小学教研机构要把基础教育课程改革作为中心工作，充分发挥教学研究、指导和服务等作用，并与基础教育课程研究中心建立联系，发挥各自的优势，共同推进基础教育课程改革；建立教育部门、家长以及社会各界有效参与课程建设和学校管理的制度；积极发挥新闻媒体的作用，引导社会各界深入讨论、关心并支持课程改革。

20. 建立课程教材持续发展的保障机制。各级教育行政部门应设立基础教育课程改革的专项经费。

为使新课程体系在实验区顺利推进，教育部在高考、中考、课程设置等方面对实验区给予政策支持。对参加基础教育课程改革的单位、集体、个人所取得的优秀成果，予以奖励。

附录4

普通高中课程方案(实验)

中华人民共和国教育部制订
(2003 年 3 月 31 日)

普通高中课程方案以教育要"三个面向"的指示和"三个代表"重要思想为指导,坚持全面贯彻党的教育方针,认真落实《中共中央国务院关于深化教育改革全面推进素质教育的决定》和《国务院关于基础教育改革与发展的决定》,适应时代发展的需要,立足我国实际,借鉴国际课程改革的有益经验,大力推进教育创新,努力构建具有中国特色、充满活力的普通高中课程体系,为造就数以亿计的高素质劳动者、数以千万计的专门人才和一大批拔尖创新人才奠定基础。

一 普通高中教育的培养目标

普通高中教育是在九年义务教育基础上进一步提高国民素质、面向大众的基础教育。普通高中教育为学生的终身发展奠定基础。

普通高中教育应全面落实《国务院关于基础教育改革与发展的决定》所确定的基础教育培养目标,并特别强调使学生:

初步形成正确的世界观、人生观、价值观;

热爱社会主义祖国,热爱中国共产党,自觉维护国家尊严和利益,继承中华民族的优秀传统,弘扬民族精神,有为民族振兴和社会进步作贡献的志向与愿望;

具有民主与法制意识,遵守国家法律和社会公德,维护社会正义,自觉行使公民的权利,履行公民的义务,对自己的行为负责,具有社会责任感;

　　具有终身学习的愿望和能力，掌握适应时代发展需要的基础知识和基本技能，学会收集、判断和处理信息，具有初步的科学与人文素养、环境意识、创新精神与实践能力；

　　具有强健的体魄、顽强的意志，形成积极健康的生活方式和审美情趣，初步具有独立生活的能力、职业意识、创业精神和人生规划能力；

　　正确认识自己，尊重他人，学会交流与合作，具有团队精神，理解文化的多样性，初步具有面向世界的开放意识。

　　为实现上述培养目标，普通高中课程应：

　　（1）精选终身学习必备的基础内容，增强与社会进步、科技发展、学生经验的联系，拓展视野，引导创新与实践。

　　（2）适应社会需求的多样化和学生全面而有个性的发展，构建重基础、多样化、有层次、综合性的课程结构。

　　（3）创设有利于引导学生主动学习的课程实施环境，提高学生自主学习、合作交流以及分析和解决问题的能力。

　　（4）建立发展性评价体系。改进校内评价，实行学生学业成绩与成长记录相结合的综合评价方式；建立教育质量监测机制。

　　（5）赋予学校合理而充分的课程自主权，为学校创造性地实施国家课程、因地制宜地开发学校课程，为学生有效选择课程提供保障。

二　课程结构

1. 课程结构

普通高中课程由学习领域、科目、模块三个层次构成。

（1）学习领域

高中课程设置了语言与文学、数学、人文与社会、科学、技术、艺术、体育与健康和综合实践活动八个学习领域。

　　设置学习领域能更好地反映现代科学综合化的趋势，有利于在学习领域的视野下研制各科课程标准，指导教师教学；有利于整体规划课程内容，提高学生的综合素养，体现对高中学生全面发展的要求；同时，要求学生每一学年在所有学习领域都获得一定学分，以防止学生过早偏科，避免并学科目过多，有利于学生全面发展。

（2）科目

每一领域由课程价值相近的若干科目组成。八个学习领域共包括语文、数学、外语（英语、日语、俄语等）、思想政治、历史、地理、物理、化学、生物、艺术（或音乐、美术）、体育与健康、技术等12—13个科目。其中技术、艺术是新增设的科目，艺术与音乐、美术并行设置，供学校选择。鼓励有条件的学校开设两种或多种外语。

（3）模块

每一科目由若干模块组成。模块之间既相互独立，又反映学科内容的逻辑联系。每一模块都有明确的教育目标，并围绕某一特定内容，整合学生经验和相关内容，构成相对完整的学习单元；每一模块都对教师教学行为和学生学习方式提出要求与建议。

模块的设置有利于解决学校科目设置相对稳定与现代科学迅猛发展的矛盾，并便于适时调整课程内容；有利于学校充分利用场地、设备等资源，提供丰富多样的课程，为学校有特色的发展创造条件；有利于学校灵活安排课程，学生自主选择并及时调整课程，形成有个性的课程修习计划。

2. 课程设置及其说明

普通高中学制为三年。课程由必修和选修两部分构成，并通过学分描述学生的课程修习状况。具体设置如下：

说明：

（1）每学年52周，其中教学时间40周，社会实践1周，假期（包括寒暑假、节假日和农忙假）11周。

（2）每学期分两段安排课程，每段10周，其中9周授课，1周复习考试。每个模块通常为36学时，一般按周4学时安排，可在一个学段内完成。

（3）学生学习一个模块并通过考核，可获得2学分（其中体育与健康、艺术、音乐、美术每个模块原则上为18学时，相当于1学分），学分由学校认定。技术的8个必修学分中，信息技术和通用技术各4学分。

（4）研究性学习活动是每个学生的必修课程，三年共计15学分。设置研究性学习活动旨在引导学生关注社会、经济、科技和生活中的问题，通过自主探究、亲身实践的过程综合地运用已有知识和经验解决问题，学会学习，培养学生的人文精神和科学素养。

此外，学生每学年必须参加1周的社会实践，获得2学分。三年中学生必须参加不少于10个工作日的社区服务，获得2学分。

（5）学生毕业的学分要求：学生每学年在每个学习领域都必须获得一定学分，三年中获得 116 个必修学分（包括研究性学习活动 15 学分，社区服务 2 学分，社会实践 6 学分），在选修Ⅱ中至少获得 6 学分，总学分达到 144 方可毕业。

学习领域	科目	必修学分 （共计 116 学分）	选修学分Ⅰ	选修学分Ⅱ
语言与文学	语文	10		
	外语	10		
数学	数学	10		
人文与社会	思想政治	8		
	历史	6	根据社会对人才多样化的需求，适应学生不同潜能和发展的需要，在共同必修的基础上，各科课程标准分类别、分层次设置若干选修模块，供学生选择。	学校根据当地社会、经济、科技、文化发展的需要和学生的兴趣，开设若干选修模块，供学生选择。
	地理	6		
科学	物理	6		
	化学	6		
	生物	6		
技术	技术 （含信息技术 和通用技术）	8		
艺术	艺术或 音乐、美术	6		
体育与健康	体育与健康	11		
综合实践 活动	研究性学习活动	15		
	社区服务	2		
	社会实践	6		

三　课程内容

高中课程内容的选择遵循如下基本原则：

　　时代性——课程内容的选择体现当代社会进步和科技发展，反映各学科的发展趋势，关注学生的经验，增强课程内容与社会生活的联系。同时，根据时代发展需要及时调整、更新。

　　基础性——强调掌握必需的经典知识及灵活运用的能力；注重培养学生浓厚的学习兴趣、旺盛的求知欲、积极的探索精神、坚持真理的态度；注重培养搜集和处理信息的能力、获取新知识的能力、分析和解决问题的能力、交流与合作的能力。高中课程内容既进一步提升所有学生的共同基础，同时更为每一位学生的发展奠定不同基础。

　　选择性——为适应社会对多样化人才的需求，满足不同学生的发展需要，在保证每个学生达到共同基础的前提下，各学科分类别、分层次设计了多样的、可供不同发展潜能学生选择的课程内容，以满足学生对课程的不同需求。

　　国家通过制定各科目课程标准规定高中课程的主要内容和要求。

四　课程实施与评价

1. 合理而有序地安排课程

　　高中一年级主要设置必修课程，逐步增设选修课程，学生可跨班级选修；高三下学期，学校应保证每个学生有必要的体育、艺术等活动时间，同时鼓励学生按照自己的兴趣和需要继续修习某些课程，获得一定学分，也可以安排总复习。

　　学校在保证开设好所有必修模块的同时，要积极创造条件，制定开设选修课程的规划，逐步开设丰富多彩的、高质量的选修课程。

　　为加强集体主义教育，发展学生的团队精神和合作意识，高中三年以行政班为单位进行学生管理，开展教育活动。

2. 建立选课指导制度，引导学生形成有个性的课程修习计划

　　学校要积极进行制度创新，建立行之有效的校内选课指导制度，避免学生选课的盲目性。学校应提供课程设置说明和选课指导手册，并在选课前及时提供给学生。班主任及其他教师有指导学生选课的责任，并与学生建立相对固定而长久的联系，为学生形成符合个人特点的、合理的课程修习计划提供指导和帮助。学校要引导家长正确对待和帮助学生选课。

　　学校要鼓励学生在感兴趣、有潜能的方面，选修更多的模块，使学生实现有个性的发展。

3. 建立以校为本的教学研究制度

学校应建立以校为本的教学研究制度，鼓励教师针对教学实践中的问题开展教学研究，重视不同学科教师的交流与研讨，建设有利于引导教师创造性实施课程的环境，使课程的实施过程成为教师专业成长的过程。学校应与教研部门、高等院校等建立联系，形成有力推动课程发展的专业咨询、指导和教师进修网络。

4. 充分挖掘课程资源，建立课程资源共享机制

为保障高中课程的实施，学校应加强课程资源建设，充分挖掘并有效利用校内现有课程资源。同时，大力加强校际之间以及学校与社区的合作，充分利用职业技术教育的资源，努力实现课程资源的共享。

学校课程的开发要因地制宜，努力为当地经济建设和社会发展服务，注重普通高中教育、职业技术教育与成人教育的融合与渗透。农村地区的高中学校要结合农村建设和发展的实际开发课程资源。

学校课程既可以由学校独立开发或联校开发，也可以联合高校、科研院所等共同开发；要积极利用和开发基于现代信息技术的课程资源，建立广泛而有效的课程资源网络。

5. 建立发展性评价制度

实行学生学业成绩与成长记录相结合的综合评价方式。学校应根据目标多元、方式多样、注重过程的评价原则，综合运用观察、交流、测验、实际操作、作品展示、自评与互评等多种方式，为学生建立综合、动态的成长记录手册，全面反映学生的成长历程。教育行政部门要对高中教育质量进行监测。

参考文献

一 中文著作

1. 白月桥：《素质教育课程构建研究》，教育科学出版社 2001 年版。

2. 钟启泉：《现代课程论》，上海教育出版社 1989 年版。

3. ［美］迈克尔·阿普尔：《意识形态与课程》，黄忠敬译，华东师范大学出版社 2001 年版。

4. 张男星：《权力·理念·文化：俄罗斯现行课程政策研究》，教育科学出版社 2006 年版。

5. 谢少华：《权力下放与课程政策变革：澳大利亚经验与启示》，中山大学出版社 2002 年版。

6. 吕立杰：《国家课程设计过程研究——以我国基础教育"新课程"设计为个案》，教育科学出版社 2008 年版。

7. 利科尔：《解释学与人文社会科学》，河北人民出版社 1987 年版。

8. 成有信等：《教育政治学》，江苏教育出版社 1993 年版。

9. ［美］E. R. 克鲁斯克、B. M. 杰克逊：《公共政策词典》，上海远东出版社 1992 年版。

10. （清）章学诚：《文史通义·文德》，上海书店影印出版 1988 年版。

11. 黄书光：《中国基础教育改革的历史反思与前瞻》，天津教育出版社 2006 年版。

12. 白月桥：《课程变革概论》，河北教育出版社 1996 年版。

13. 瞿葆奎：《教育学文集·教育评价》，人民教育出版社 1989 年版。

14. 马克思、恩格斯：《马克思恩格斯选集（第 1 卷）》，人民出版社 1972 年版。

15. 吕达：《课程史论》，人民教育出版社 1999 年版。

16. 课程教材研究所：《20 世纪中国中小学课程标准教学大纲汇编·课程

（教学）计划卷》，人民教育出版社 1999 年版。

17. 陈寅恪：《金明馆丛稿二编》，上海古籍出版社 1982 年版。

18. 瞿葆奎、杜殿坤：《教育学文集·苏联教育改革（上册）》，人民教育出版社 1993 年版。

19. 瞿葆奎、雷尧珠：《教育学文集·中国教育改革》，人民教育出版社 1991 年版。

20. 金一鸣：《中国社会主义教育轨迹》，华东师范大学出版社 2000 年版。

21. 郭笙：《新中国教育四十年》，福建教育出版社 1989 年版。

22. 张俊洪：《回顾与检讨——新中国四次教育改革论纲》，湖南教育出版社 1999 年版。

23. 刘英杰：《中国教育大事典（1949—1990）》，浙江教育出版社 1993 年版。

24. 毛泽东：《毛泽东论教育革命》，人民出版社 1968 年版。

25. 列宁：《论国家》（《列宁选集》第 4 卷），人民出版社 1972 年版。

26. 陈景磐：《太平天国的教育》，湖北人民出版社 1958 年版。

27. ［苏］伊·阿·凯洛夫主编：《教育学》，陈侠等译，人民教育出版社 1957 年版。

28. 石鸥：《结构的力量——〈普通高中课程方案（实验）〉的理解与实施》，高等教育出版社 2004 年版。

29. 邓小平：《邓小平文选（1975—1982）》，人民出版社 1983 年版。

30. 李钢：《话语　文本　国家教育政策分析》，社会科学文献出版社 2009 年版。

31. 江泽民：《江泽民文选（第 2 卷）》，人民出版社 2006 年版。

32. 王浦劬：《政治学基础》，北京大学出版社 2006 年版。

33. 吴志宏、陈韶峰等：《教育政策与教育法规》，华东师范大学出版社 2003 年版。

34. ［英］黑尧：《现代国家的政策过程》，中国青年出版社 2004 年版。

35. 马立、潘仲茗：《普通高中课程计划问题研究》，教育科学出版社 1994 年版。

36. 陈振明：《政策科学》，中国人民大学出版社 1998 年版。

37. 张国庆：《现代公共政策导论》，北京大学出版社 1997 年版。

38. 孙绵涛：《教育政策论——具有中国特色的社会主义教育政策研究》，

华中师范大学出版社 2002 年版。

39. 联合国教科文组织国际教育发展委员会:《学会生存——教育世界的今天和明天》,教育科学出版社 1996 年版。

40. 钟启泉、张华:《世界课程改革趋势研究·课程改革国别研究》,北京师范大学出版社 2002 年版。

41. 〔英〕约翰·怀特:《再论教育目的》,李永宏等译,教育科学出版社 1997 年版。

42. 〔英〕丹尼斯·劳顿等:《课程研究的理论与实践》,张渭城等译,人民教育出版社 1985 年版。

43. 冯生尧:《课程改革:世界与中国》,广州教育出版社 2004 年版。

44. 钟启泉:《国际普通高中基础学科解析》,华东师范大学出版社 2003 年版。

45.《马克思恩格斯全集(第 7 卷)》,人民出版社 1982 年版。

二　中文期刊论文、学位论文等

1. 张红:《新中国基础教育课程政策的价值取向研究》,博士学位论文,东北师范大学,2008 年。

2. 胡东芳:《课程政策研究》,博士学位论文,华东师范大学,2001 年。

3. 王玲:《博弈视野下的课程政策研究》,博士学位论文,山东师范大学,2008 年。

4. 方宏常:《论我国三级课程政策的运行策略》,硕士学位论文,湖南师范大学,2004 年。

5. 郭晓明:《论基础教育课程政策的公正问题》,《教育理论与实践》2002 年第 4 期。

6. 国家基础教育课程改革实验工作评估团:《国家基础教育课程改革实验评估报告》,《国家基础教育课程改革与实验通讯》2002 年第 2 期。

7. 蒋建华:《走向政策范式的课程研究》,《北京大学教育评论》2004 年第 1 期。

8. 胡东芳:《课程政策:问题与思路》,《教育理论与实践》2002 年第 6 期。

9. 娄立志、孙亚军:《当代美国课程政策的代价分析》,《教育理论与实践》2006 年第 23 期。

10. 薛国凤：《美国课程政策的影响机构及作用方式研究》，《天津师范大学学报》（基础教育版）2009 年第 2 期。

11. 徐继存：《英国的课程政策与教学文化》，《外国教育研究》1999 年第 5 期。

12. 石筠弢：《好的课程政策及其制定》，《课程·教材·教法》2003 年第 1 期。

13. 胡东芳：《论课程政策的定义、本质与载体》，《教育理论与实践》2001 年第 11 期。

14. 曾荣光：《教育政策研究：议论批判的视域》，《北京大学教育评论》2007 年第 10 期。

15. 刘复兴：《教育政策的四重视角》，《清华大学教育研究》2002 年第 4 期。

16. 李剑鸣：《历史语境、史学语境与史料的解读——以弗吉尼亚州批准美国宪法大会中一条材料的解读为例》，《史学集刊》2007 年第 5 期。

17. 王永红、黄甫全：《课程现代化：跨世纪的思考——首届全国课程学术研讨会述评》，《课程·教材·教法》1998 年第 2 期。

18. 柳斌：《努力提高基础教育的质量》，《课程·教材·教法》1987 年第 10 期。

19. 王焕勋：《对于师范学院施行教育系教学计划中几个问题的认识》，《人民教育》1954 年 4 月号。

20. 中国驻纽约总领事馆教育组：《美国公民教育的现状及改进措施》，《世界教育信息》2006 年第 9 期。

21. 王本陆：《中国 30 年课程与教学改革的三大理论主题》，《中国教育学刊》2009 年第 2 期。

22. 旷习模：《谈谈〈九年义务教育全日制小学、初中课程计划（试行）〉中的课程设置》，《教育研究与实验》1993 年第 1 期。

23. 袁振国：《决策者的研究意识与研究者的政策意识》，《国家教育行政学院学报》2001 年第 1 期。

24. 张华：《世界普通高中课程发展报告》，《教育发展研究》2003 年第 9 期。

25. 洪非：《日本普通高中课程目标模式的嬗变与趋势》，《外国教育研究》1994 年第 6 期。

26. 徐斌艳：《面向 21 世纪中国中小学课程改革巡礼》，《外国教育资料》1997 年第 4 期。

27. 靳玉乐、张家军：《国外基础教育课程目标的特点及其启示》，《外国教育研究》2000 年第 4 期。

28. 刘志军：《发展性课程评价》，华东师范大学博士后研究工作报告，2002 年。

29. 吕宪军、王延玲：《综观国外课程评价谈我国改革思路》，《中小学教师培训》2002 年第 5 期。

30. 赵大成：《建立适应素质教育的考评体系——澳大利亚小学生的考评体系》，《外国教育研究》2000 年第 1 期。

31. 蔡敏：《美国基础教育学生评价改革述评》，《中国教育学刊》2003 年第 8 期。

32. 张华：《世界普通高中课程发展报告》，《教育发展研究》2003 年第 9 期。

33. 特约评论员：《补好真理标准讨论这一课，教育问题要来一次大讨论》，《教育研究》1979 年第 4 期。

34. 付宜红、李健：《义务教育课程改革实验全面铺开》，《基础教育课程杂志》2005 年第 9 期。

35. 陈钢：《精英文化的衰落与大众文化的兴起》，《南京师范大学学报》（社会科学版）2001 年第 4 期。

三　外文部分

1. Michael W. Apple, Politics and national curriculum policy: an essay review of documents from the N. I. E's Curriculum Development Task Force, *Curriculum Inquiry*, Vol. 7, No. 4, 1977.

2. Michael W. Apple, "Thinking 'right' in the USA: Ideological transformations in an age of conservatism", in B. Lingard, J. Knight and P. Porter (eds) *Schooling Reform in Hard Times*, London: Falmer Press, 1993.

3. Michael W. Apple, Michael W, Texts and contexts: The state and gender in educational policy, *Curriculum inquiry*, Vol. 24, No. 3, 1994.

4. Stephen J. Ball, What is policy? Texts, trajectories and toolboxes. *Discourse*, Vol. 13, No. 2, 1993.

5. Stephen J. Ball, *Education Reform*, Buckingham: Open University Press, 1994.

6. Robrn A. Barrow, *critical dictionary of educational concepts: an appraisal of selected ideas and issues in educational theory and practice*, New York: St. Martin's Press, 1986.

7. Linda S. Behar, *The knowledge base of curriculum: An empirical analysis*, Maryland: University Press of America, 1994.

8. Arno A. Bellack, History of curriculum thought and practice, *Review of Educational Research*, Vol. 39, No. 3, 1969.

9. Herbert Blumer, *Symbolic Interactionism: Perspective and Method*, Englewood Cliffs, N J: Prentice-Hall, 1969.

10. William L. Boyd, The changing politics of curriculum policy-making for American schools, *Review of Educational Research*, Vol. 48, No. 4, 1978.

11. William L. Boyd, The politics of Curriculum change and stability, *Education Researcher*, Vol. 7, No. 4, 1979.

12. Richard Bowe and Stephen J. Ball with Anne Gold (eds) The policy process and the processes of policy, in *Reforming Education and Changing Schools: Case Studies in Policy Sociology*, London: Routledge, 1992.

13. John A Codd. The construction and deconstruction of educational policy documents, *Journal of Education Policy*, Vol. 3, No. 3, 1988.

14. O. L. Davis, Jr. The nature and boundaries of curriculum history, *Curriculum Inquiry*, Vol. 7, No. 2, 1977.

15. John Dewey, *Liberalism and Social Action*, New York: Capricorn Books, 1963.

16. David Easton, *The Political System: an Inquiry into the State of Political Science (2nd ed)*, New York: Knopf, 1953.

17. Richard Elmore and Gary Sykes, "Curriculum Policy", in P. W. Jackson (Ed) *The Handbook of Research on Curriculum: A project of the American Educational Research Association*, New York: Macmillan, 1992.

18. Norman Fairclough, *Discourse and social change*, Cambridge: Polity Press, 1992.

19. Norman Fairclough, *Analysis discourse: Textual analysis for social research*, London: Routledge, 2003.

20. Barry M. Franklin, Curriculum history: Its nature and boundaries, *Curriculum Inquiry*, Vol. 7, No. 1, 1977.

21. K. Frey, "Curriculum politics", in A. Lewy(Ed.), *The International encyclopedia of curriculum*, Oxford: Pergamon Press, 1991.

22. John I. Goodlad, *The Changing School Curriculum*, New York: Fund for the Advancement of Education, 1966.

23. Ivor Goodson, "Towards curriculum history", in I. Goodson (Ed.), *Social histories of the secondary curriculum*, London: The Falmer Press, 1985.

24. E. H. Haertel, & J. LHerman, "A historical perspective on validity arguments for accountability testing", in *The 104th yearbook of the National Society for the Study of Education*, Part 2, Malden, MA: Blackwell, 2005.

25. A. S. Hughes, "Curriculum policies", in A. Lewy (Ed.), *The International encyclopedia of curriculum*, Oxford: Pergamon Press, 1991.

26. M. Frances Klein, *The politics of curriculum decision-making: issues in centralizing the curriculum*, New York: State University of New York Press, 1991.

27. Herbert M. Kliebard, "Curriculum past and curriculum present", *Educational Leadership*, Vol. 33, No. 4, 1976.

28. Herbert M. Kliebard, "Persistent curriculum issues in historical perspective", in W. Pinar(Ed.), *Curriculum theorizing: The Reconceptualist*, Berkeley, CA: McCutchan, 1975.

29. Herbert M. Kliebard, "Fads, Fashions, and Rituals: The Instability of Curriculum Change", in *Critical Issues in Curriculum Eighty-Seventh Yearbook of the National Society for the Study of Education*, University of Chicago Press, 1988.

30. Michael W. Kirst and Decker F. Walker, "An analysis of curriculum policy-making", *Review of Educational Research*, Vol. 41, No. 5, 1971.

31. Harold D. Lasswell, *A Pre-View of Policy Sciences*, New York: American Elsevier, 1971.

32. William E. Marsden, "Historical approaches to curriculum study", in W. E. Marsden (ed.), *Post-War curriculum development: An historical appraisal*, Historical of Education Society Conference Papers, History of Educa-

tion Society, 1979.

33. Lorraine M. McDonnell, "Assessment policy as persuasion and regulation", *American Journal of Education*, Vol. 102, 1994.

34. Robert E. Moon and Patricia F. Murphy, *Curriculum in Context*, London: Open University, 1999.

35. Ministry of Education. *Education and Research 2003 – 2008*, Publications of the Ministry of Education, Finland, 2004.

36. National Board of Education, *Framework Curriculum for the Senior Secondary School*, Helsinki, 1994.

37. Jennifer Ozga, "Studying education policy through the lives of the policy makers: an attempt to close the macro-micro gap", in S. Walker and L. Barton (eds) *Changing Policies. Changing Teachers*, Milton Keynes: Open University Press, 1987.

38. Michael Peters and James Marshall, *Individualism and community: Education and social policy in the postmodern condition*, London: Falmer, 1996.

39. William Pinar (et al.), *Understanding curriculum: An introduction to the study of historical and contemporary curriculum discourses*, New York: Peter Lang, 1995.

40. Thomas S. Popkewitz, M. A. Pereyra, B. M & Franklin, "History, the problem of knowledge, and the new cultural history of schooling", in T. S. Popkewitz, B. M. Franklin, & M. A. Pereyra (Ed.), *Cultural history and education*, New York and London: Routledge Falmer, 2001.

41. William A. Reid, "Curriculum theory and curriculum change: what can we learn from history?" *Journal of Curriculum Studies*, Vol. 18, No. 2, 1986.

42. William A. Reid, *The Pursuit of Curriculum: Schooling and the Public Interest (2nd ed.)*, Charlotte, NC: Information Age Publishing, Inc. 2006.

43. R. Reynolds, *A Model for Researching Syllabus Development and Curriculum Change*, Paper presented to AARE conference, Sydney: Sydney University, 2000.

44. Edward W. Said, *The World, the Text, and the Critic*, Cambridge, Massachusetts: Harvard UP, 1983.

45. John Galen Saylor and William M. Alexander with Arthur J. Lewis, *Curricu-*

lum Planning for Better Teaching and Learning (*4th Ed*) , New York : Holt , Rinehart & Winston , 1981.

46. William H. Schubert , *Curriculum : Perspective , paradigm , and possibility* , New York : Macmillan , 1986.

47. Edmund C. Short , " Curriculum Policy Research " , in F. M. Connelly (Ed) *The SAGE handbook of curriculum and instruction* , Los Angeles : Sage Publications , 2008.

48. Harold Silver Nothing but the past , or nothing but the present? *Times Higher Education Supplement* , 1 July , 1977.

49. I. E. Staples & G. Cawelti (etc.) *Impact of decentralization on curriculum : selected viewpoints* , Association for Supervision & Curriculum Development Pub , 1975.

50. Lawrence. Stenhouse , *An Introduction to Curriculum Research and Development* , London : Heinemann , 1975.

51. Row M. Skilbeck , *Curriculum Reform : an Oevrview of Trends* , (OECD) Paris , 1990.

52. Sandra Taylor (et al.) , Educational policy and the politics of change , New York : Routledge , 1997.

53. Daniel Tanner and Laurel Tanner , *Curriculum development : Theory into practice* (*2nd ed.*) , New York : Macmillan , 1980.

54. Daniel Tanner and Laurel Tanner , *History of the school curriculum* , New York : Macmillan Publishing company , 1990.

56. Decker F. Walker , " Approaches to curriculum development " , in J. Schaffarzick & G. Sykes (Eds.) , *Value conflicts and curriculum issues* , CA : McCutchan Publishing Corporation , 2003.

57. Decker F. Walker , *Fundamentals of curriculum : Passion and professionalism* (*2nd edition*) , Mahwah , NJ : Lawrence Erlbaum Associates , 2003.

58. Anna Yeatman , Bureaucrats , Technocrats , Femocrats , *Essays on the contemporary Australian State* , London : The Falmer Press , 1990.

后　记

本书是在笔者博士学位论文的基础上扩充、修改而成的。为了保留当年写完论文之后的心情原味，我将当时写的"后记"也一并放在这里，以此作为纪念。

后记(一)——写于 2010 年 5 月

在撰写学位论文的那些单调、艰难的日子里，曾以为，在某天论文定稿后，会很想写一些文字来剪辑留念这段岁月，会是百感交集，感慨万端，不知从何谈起……可是，当这天来临的时候，我却只想，将一切感受，安顿在心底，随时日一起向前。

有好久好久，蓬头垢面，蜗居在图书馆，没再去逛过街，没再去尽情感受大自然的节律。曾想象，在某天论文结束后，一定要去了解这个时代新的风尚，要裙裾飞扬，长发飘飘，恣意美丽，要去大自然中畅快呼吸……可是，当这天来临的时候，我却只想，安安静静地，看着窗外白花花的阳光，怔怔地感受幸福。

生活就是如此向前吧。想起阿尔弗雷德·苏扎的一段名言，他说：长期以来，我总有一种感觉，以为生活——真正的生活即将开始了。但是，每一次又会遇到这样或那样的障碍，那些未完成的事情，必须要及时打通关节，需要付出时间以及需要偿还的债务等，似乎只有完成了这些，生活才会真正的开始，最后，我才终于明白，正是那些障碍，构成了我的生活。

幸福是一段旅程，不是终点。世上没有什么通往幸福的光明大道，幸福本身就是路。所以，每一时刻，都要用力生活，纵情舞蹈，就像没有人观望。

这个清明节那日，去老山拜祭了恩师王炳照先生。在见到他照片的那一刻，不禁潸潸，对先生说了好些语无伦次的话，诸如请他放心，不论求职还是博士论文，我都会努力……

后来又去了一趟，作为离开北京前与王先生的最后辞别。跪着，对他说，工作的事已尘埃落定，论文答辩的事已经在认真准备了，以后会用心工作，努力生活，一定要他放心……大滴大滴的眼泪划过我的嘴角，因这云天远隔，他再也无法分享了。也因为，要离开这座城市了，要割舍在这儿的那些年华、那些与时日一起成长起来的情谊了；以后亲临叩奠先生的机会，就没那么多了。

在此篇后记里，我很希望自己能精当地诠释先生所主张的一些教育思想、所秉持信奉的教育精神与信念，心底觉着，这才会是对恩师最好的、最深沉的纪念。可是，我跟随先生时间太短，加之资质愚钝，心浮气躁，很难说把握了先生所述所作的真义，甚觉没有资格置喙；当初是因为先生广博如海的学问才走到先生身边，可是，与他接触多了，对他有更多了解后，反而渐渐似乎忘记了他的学问，而更珍惜他的人品操守，比如他的平等待人、他的公平正直、他的宽容善良、他的谦虚清朗……

由此，浅薄的我只能剪辑一些铭感至深的片断，絮絮叨叨地来怀念这位恩师。

想起博士阶段在美国学习时，向先生汇报了我在国际比较教育年会和国际质性研究代表大会上所作报告的情形，先生鼓励说，"很高兴，你更敢大胆发挥了"；和先生叨叨着没来得及从国内带上西装，只好穿上旗袍参会了，先生看了照片，赞许道，"照片很漂亮，很有中国文化韵味"，让我一下释然。在告知他回国的日期后，先生邮件回复道，"一年苦读，收获不少，付出也良多。回来后，先好好休整一下"之类，那是七月初，可他自己呢，并不注意休整，总是忙碌不停，没有想到的是，就在那个月月底，他查出了绝症……

2009年的7月，正是甲流在全球肆虐的季节，我回国后不得不在学校的兰惠公寓接受一周的隔离。在隔离的第三日，接到一个电话，是王先生的声音，问我身体有没有什么不适，需不需要另外送些水果上去，如何安排一日的活动，劝我要耐心……那一刻，我泪眼婆娑，但含着笑意告诉他，我很享受这段包吃包住的日子，和他讨论着，"六畜清吉，丁口平安"，这些古人素朴的祈望，原来都是大事。

出"狱"后，终于能去办公室见先生了。本是欢喜雀跃，见时才发现，他瘦削了很多，气色亦有些暗沉，我的心一下变得担忧，他自己也说这几月体重下降得很快，觉着身体不太舒服。然后，他和我详细讨论了论文的整个框架，提了不少意见。那日，在办公室辞别后，让我没有料及的是，在我出门走了一小段距离后，先生竟又从办公室出来了，站到走廊中间，向我挥着手，目送了一程，站姿有些歪，很吃力很疲惫的样子；我回过头，笑靥如花，大声说着：快回吧，而眼泪在狠狠转身时倏地滑落……在先生离世后，每每想到这个细节，我就疼痛，那次挥手告别，好像就是一种天数，那是，我最后一次见到站着的先生……

我会记得，临终前两日，先生用微弱的声音对师母说，"我们永远在一起，这是最重要的。先走是一种幸福……"；会记得，先生留下一句，"美好的事情太多……"

最记得的将是，先生有颗柔软的心。先生从来都不愿给别人添麻烦，而对于别人的要求，却总是尽力满足，这两者都在于他能设身处地，为他人着想。先生竭力呵护着他人的"面子"、勇气或希望。我常常在想，在这种呵护中，必定是有先生对人的理解与怜惜，也必定是有隐忍的委屈在的。可先生让我们听到的，从来都是最最爽朗的笑声。想起《老子》中一个词"上善若水"——水是最柔软的。

关于先生身上的勤勉敬业、襟怀坦荡、处事旷达、奖掖后人等品质，有着太多太多的故事。有一天，当我有了自己的学生，我再给他们一一讲述先生的故事吧。

最忆是先生的笑容啊，慈祥而带着童真，在白发的芬芳中愈加温暖、祥和、纯净。

记得先生刚刚离去那会儿，一走进英东楼就顿觉心里空落，有好几次傍晚在校园遇到骑自行车的老人，暮色中的背影很像先生，心中猛地咯噔一下，不禁会快步，想上前看看。在那样熟悉的景物当中，在那些亲切生动的面孔当中，真的需要好些时日才会慢慢相信，先生是再也不会回来了。

日后无论在天涯何处，我想让自己总如先生所传递给我的那样，始终去相信人性的美好，总有着端庄大气的精神架构，不管平淡或繁华都坦然淡定，不事张扬地高尚和优雅，保持一颗柔软的心……

十分感谢国家留学基金委的支持，让我能在博士阶段前往美国哥伦比亚大学师范学院课程与教学系。感谢我的国外导师斯昆梅克（Frances Schoonmaker）教授。我是幸运的，能赶在她退休前追随她研究，回国前恰参加了她温馨的退休典礼。这个和蔼的老太太，已有些脚步蹒跚，从不吝惜她的赞美与鼓励；懒懒地斜坐在她家的地板上，吃着她烘烤的点心，听她娓娓道来，那样的场景，真令人怀念。要感谢师范学院中国教育研究中心的曾满超（M. Tsang）主任，他对中国学生的特殊关照与爱护，为我们的学习提供了很多便利。

要感谢课程与教学系的海切尔（Thomas Hatch）、莱斯科（Nancy Lesko）和约克森（Lyle Yorks）等教授，他们所讲授的"课程理论与历史""学校变革""质性研究"等课程，给予了我不少启发，感谢他们在百忙中能接受我的几次拜访。谢谢在那儿结识的同学费妲克（Larissa Fedak），在晚上的课程结束后，总会很"绅士"地开车送我回住所，尽管她并不顺路。

感谢日本广岛大学大学院教育学研究科丸山恭司教授。有趣的是，在这两年内，我们能在纽约、查尔斯顿和北京三个不同的城市遇上，每次都带着重逢的惊喜交流。最近的一次会面，我们就着绿茶，一聊就是四小时，成了老朋友。很荣幸能分享他的教育人生，以及他的教育哲学。

十分感谢徐梓老师在王先生离去后"收留"了我。徐老师对论文的修改甚为仔细，从标点、词句到布局谋篇，巨细无遗，而且，在各章的最后都作了详尽的评述。由此，我只能更加审慎认真，唯恐辜负他的这些辛劳。曾在博士刚入学那会儿，去听过徐老师在沙龙上的一次讲话，他旁征博引且用词古典雅致，极富文采与感染力，让我听得很是入迷。没有想到后来还能成为他的学生，所以，自己是真正幸运的。

很感谢所里的于述胜老师、施克灿老师、孙邦华老师、乔卫平老师等提出的宝贵意见。

感谢浙江师范大学教育学院田正平先生这几年来的一路鼓励。他的十余封邮件，我都单独存储在一个文档里。对于我在国外的学习，记得田先生在信中指导："从某种意义上讲，更重要的是学习对方的一些思维方式和研究方法，开阔眼界，为以后的进一步学习和交流打下基础。"这些慧见让我非常受益。在学习懈怠下来时，眼前就会晃悠2007年在杭州去田先生家拜访时的情形：那挨挨挤挤一屋子的书啊，是生命满满的充实，是为学的从容淡定。由此，砥砺自己，一定要心沉意静，含英咀华，多加积累，不要急于求成，不要空虚聊赖，不要心浮气躁……

感谢教育部国家教育发展研究中心的周满生教授。谢谢他接受我的拜访，和我探讨有关教育决策过程方面的问题，并向我引荐了其他可去咨询的教育部工作人员。

要谢谢于建福老师的耐心与谦和。去年年末，因论文的几个问题，去国家教育行政学院向他请教时，他的热情接待以及其后的关心与开导，让我铭感至深。

谢谢叶齐炼师兄、李永贤、胡淑云和周慧梅师姐们的慷慨相助，感谢人教社刘立德师兄赠予我的那些书籍资料。这些同门情谊，我会珍之若重。

感谢本院的裴娣娜老师、郑新蓉老师、王本陆老师、丛立新老师、易进老师、王永红老师等对我的关怀。

特别感谢本论文参考文献的所有作者。

感谢家人对我的理解、包容与宠爱。

汝之素年，谁予锦时？于生命中的那些温暖而美好的事情，我唯有满心的感激，会携着它们，走上新的征程。

而对于未来征途上的那些挫败与艰辛，我会始终警觉着拥有采取何种态度的自由，高贵而坚韧。

后记(二)——写于 2015 年 3 月

时间总是滔滔流过，我在苏州大学教育学院已经工作四年多了。

隔着这近五年的光阴，再来看当时的"后记"，只能宽容地报以微笑——那时的我，是个资深的学生。我本生性散漫，又在同一个文科专业从本科逛逛悠悠读到博士，多年"自由自在""慵懒"的学习生活后，写出来的文字变得更是闲散。如今，虽仍有王朔（作家）所自嘲的"骨子里残存的诗意"，但我只想写一篇能简则简的后记了。

毕业之后，因为我严重的拖延症，论文一直被抛之脑后。直到近两年，我才惊觉，自己那个小小的学术院落已经荒草萋萋、十分幽寂，于是开始慢慢拾掇，论文的修改也才提上日程。

这几年里，家中最大的变故是父亲在一次意外中去世了。在我心里，只要家中那些亲爱的面孔依然生动，他们健康平安，我就觉得，其他任何风雨都是能够勇敢去接受和面对的。可是，父亲那张熟悉的面孔却再也见不着了。想起一进家门，看到父亲遗像的那一刻，母亲挣脱亲友的搀扶拼命扑过来，哭号着劝慰跪倒在地的我，她怕我过不了这道坎儿。当时的痛，因尚在梦中，并未接受这个事实，痛得如同傻了似的；其后的那些寻常日子里，不经意地想起父亲，那种清醒的痛，才是最揪心的。那一年，我逃到了南美洲；有一日，桌上是阿根廷的红酒，当地的各种美味，本是好好的烛光晚餐，却在对父亲的怀念中，以泪流满面而告结束。

尽管我已经度过了那一段痛楚的岁月，可仍在某些时候，一种巨大的伤感会突地袭来。"子欲养而亲不待"的遗憾是要伴随我的终生了。

此时正是草长莺飞的季节，楼下的樱花正开得绚烂，我多么希望我的父亲仍能分享到这个世间的诸多美好与喜悦，包括这本书，我那学术院落里的一朵小小的花儿……

感谢我的老师、我的师兄徐梓，谢谢他一直以来的鼓励与提携。

感谢中国社会科学出版社的编审李炳青女士，谢谢她的耐心。没有她，就没有本书的出版。